CB143075

# Vale a Pena Ter Filhos!

## COMO DESPERTAR NO SEU FILHO O DOM DA DISCIPLINA INTERIOR

# Vale a Pena Ter Filhos!

## COMO DESPERTAR NO SEU FILHO O DOM DA DISCIPLINA INTERIOR

**Barbara Coloroso**

*Tradução*
HENRIQUE AMAT RÊGO MONTEIRO

EDITORA CULTRIX
São Paulo

Título do original:
*Kids Are Worth It!*

Copyright © 1995 Barbara Coloroso.

Todos os direitos reservados. Nenhuma parte deste livro pode ser reproduzida ou usada de qualquer forma ou por qualquer meio, eletrônico ou mecânico, inclusive fotocópias, gravações ou sistema de armazenamento em banco de dados, sem permissão por escrito, exceto nos casos de trechos curtos citados em resenhas críticas ou artigos de revistas.

O primeiro número à esquerda indica a edição, ou reedição, desta obra. A primeira dezena à direita indica o ano em que esta edição, ou reedição, foi publicada.

| Edição | Ano |
|---|---|
| 1-2-3-4-5-6-7-8-9 | 00-01-02-03-04-05 |

Direitos de tradução para o Brasil
adquiridos com exclusividade pela
EDITORA CULTRIX LTDA.
Rua Dr. Mário Vicente, 374 — 04270-000 — São Paulo, SP
Fone: 272-1399 — Fax: 272-4770
E-mail: pensamento@cultrix.com.br
http://www.pensamento-cultrix.com.br
que se reserva a propriedade literária desta tradução.

*Impresso em nossas oficinas gráficas.*

*A Anna, Maria e Joseph.*
*Desejo a vocês*
*a doce alegria decorrente*
*da busca da justiça e da conciliação.*

# Sumário

## Agradecimentos

Eu agradeço de coração:

A Jane Somerville e Adrian Zackheim, pela leitura do meu trabalho, me apoiando, encorajando e orientando ao longo dos três anos que antecederam sua publicação.

A Patrick Crean, por sugerir os cortes nas três versões anteriores deste livro.

A Jennifer Glossop e Michael Goodman, por procederem, com sua experiência em edição, aos cortes necessários.

A Meg Blackstone, por digitar todos os originais e me lembrar o tempo todo das questões relativas a pais e filhos pequenos.

Aos meus amigos e colegas, Jim Coombs, Dave Cummins, Connie Dembrowsky, Steve Jackson, Elizabeth Loescher, Patricia Hauck, George Saunders, Ronald Sloan e Judith Timson, por suas críticas e sugestões construtivas.

A Nancy Samolin e ao dr. Peter Marshall, por seus conselhos e incentivos ao escreverem dois livros e iniciar um terceiro enquanto eu trabalhava neste.

Ao meu amigo de infância, escritor e editor, Michael McNierney, por me ensinar a converter meus gestos, minhas expressões faciais e minha fala num texto coerente e inteligível.

Aos autores que cito ao longo do livro, cujos ensinamentos influenciaram bastante o meu trabalho.

Ao meu marido, Don, por me ensinar a lidar com o computador, a corrigir erros de sintaxe, a recuperar capítulos inteiros perdidos no disco rígido; e por rir, chorar e comemorar comigo enquanto nos dedicávamos aos nossos três filhos, educando-os e aprendendo com eles.

# Introdução

> ...porque são crianças, e por nenhuma outra razão, elas têm dignidade e valor simplesmente porque existem...
>
> — Barbara Coloroso

Minha trajetória rumo à maternidade nem de longe poderia ser considerada uma linha reta. No final da década de 1960, aos dezessete anos de idade, entrei num convento franciscano com o objetivo de me tornar freira, ao mesmo tempo que ingressava no primeiro ano da faculdade para me tornar professora de alunos excepcionais. Na época, eu nem imaginava como esses dois caminhos, anos mais tarde, influenciariam decisivamente meu desempenho como mãe. Os cursos sobre educação de crianças excepcionais que freqüentei durante aquele primeiro ano seguiam a orientação behaviorista, baseada em recompensas e castigos, gráficos, adesivos, estrelas, ameaças e subornos. O modelo funcionava com ratos; portanto, certamente funcionaria com crianças. Algo me dizia que não era correto manipular ratos e crianças com recompensas e castigos, ameaças e subornos, mas eu não conseguia traduzir em palavras o mal-estar que sentia, e além do mais não sabia o que pôr no lugar de tudo aquilo.

No ano seguinte, ao entrar para o noviciado canônico, também conhecido como o ano de silêncio e reflexão, mergulhei profundamente no estudo de filosofia e teologia. Foi durante essa época que comecei a questionar o que aprendera nos anos de formação escolar. Eu tinha uma série de argumentos na cabeça, parecidos com os que me vejo usando hoje com meus três filhos adolescentes. E esses argumentos eram tão fúteis na época quanto os que utilizo com meus filhos hoje. Já que não havia um vencedor ou perdedor final, quando comecei minha carreira como professora tentei reconciliar os métodos pedagógicos com meus princípios filosóficos, mas isso também não deu certo. Acreditar que as crianças valiam a pena simplesmente por existirem, não porque faziam algo ou se comportavam da maneira como eu queria, não combinava com recompensar o "comportamento adequado" e ignorar ou punir o "comportamento inadequado". Não ameaçá-las de um modo como eu mesma não gostaria de ser ameaçada entrava em conflito com "fazê-las obedecer para o seu próprio bem". E usar técnicas que preservavam a dignidade delas e a minha não condizia com negar comida a ratos ou a crianças, como punição. O que isso tudo tinha a ver com as raízes latinas de disciplinar com autoridade, ou seja, dar sentido ao aprendizado de uma criança? As crianças poderiam tornar-se responsáveis, criativas e alegres se fossem controladas, manipuladas e obrigadas a obedecer? Poderiam desenvolver um senso de disciplina interior se todo o controle viesse do lado de fora?

*Vale a Pena Ter Filhos! Como Despertar no Seu Filho o Dom da Disciplina Interior* é a minha resposta a essas questões. A resposta é mais uma abordagem do papel dos pais do que um conjunto de técnicas. Acreditar que os filhos valem a pena, não ameaçá-los de um modo como eu mesma não gostaria de ser ameaçada e me comportar de uma maneira que preserva a dignidade de todos não constituem em si técnicas específicas; antes de mais nada, a crença em tudo isso me permite ajudar meus filhos a desenvolver um senso de disciplina interior.

Com marido e três filhos, é claro que não sou mais freira. Assim como também não sou uma mãe perfeita. Em meio aos inúmeros ensaios e erros que cometi no processo de criar meus filhos, eu comentava com eles sobre a sorte que tinham por eu não ser uma mãe perfeita. Ao que Anna respondia: "E você também tem sorte, por não ter filhos perfeitos." Maria, por sua vez, perguntava: "Por que você não faz sempre o que pede aos outros para fazerem?" E Joseph uma vez perguntou a um grupo de professores que comparecera a uma de minhas palestras se gostariam que ele fosse "bom" ou "mau". Os professores riram, eu dei um gemido, e Joseph concluiu com a expressão mais inocente deste mundo: "Bem, eles querem saber o que você faria num caso ou no outro." As páginas que seguem são um relato do que eu faço, fiz, teria feito, gostaria de ter feito e pretendo fazer da próxima vez.

*São apenas palpites e suposições,*
*Palpites seguidos de suposições; e o resto*
*São orações, prática, disciplina, pensamento e ação.*

— T. S. Eliot, Four Quartets

## *Capítulo 1*

# Vale a Pena Ter Filhos!

Não acredite em nada apenas porque assim lhe disseram... Não acredite no que seu professor lhe diz apenas por respeito a ele. Mas, qualquer que seja a doutrina, depois de um exame e uma análise adequados, se você a considerar benigna, porque conduz ao bem, ao benefício, ao bem-estar de todos os seres — acredite ferreamente nela e adote-a como guia.

— PROVÉRBIO BUDISTA

Você veio aqui para encontrar o que já tem.

— PROVÉRBIO BUDISTA

Não existem regras fixas, respostas fáceis ou receitas para a educação dos filhos, mas eu acredito que a maioria de nós tem os recursos necessários para ser bons pais; a questão é encontrá-los. Nosso problema é que esses recursos geralmente estão escondidos no fundo de nossa caixa de ferramentas mental. Os mais acessíveis não nos servem bem. Eles nos foram legados, em geral sem más intenções ou malícia, por nossos pais, avós, irmãos e o resto da família, assim como pela sociedade. Muitas vezes, quando um martelo serviria bem aos nossos propósitos, levamos a mão à caixa de ferramentas e pegamos um enxó, sem sequer perceber. Não é de admirar que alguns de nossos trabalhos de carpintaria nessa área sejam tão malfeitos.

Para ter acesso aos recursos de que precisamos, devemos primeiramente nos conscientizar dos mecanismos inadequados, ineficazes ou destrutivos que estamos usando. Em seguida, temos que nos dispor a deixar de lado esses mecanismos antigos e começar a usar recursos que talvez sejam mais indicados para nós e nossos filhos.

Neste livro, vamos examinar detalhadamente esses mecanismos inadequados. Pode ser que alguns deles você nunca tenha usado ou mesmo considerado; outros você juraria que chegou bem perto de usar na noite passada. Observe-os e decida quais precisam ser mudados.

Converse com seus filhos sobre isso e peça a ajuda deles. Acho desanimador ouvir meu filho dizer, diante de outras pessoas, no parque da cidade, que eu o estou repreendendo quando estou bem no meio de uma boa repreensão, ou ouvir de uma de minhas filhas, também acertadamente, que a pergunta que acabei de fazer era, na verdade, uma bobagem. Mas em ambas as situações as crianças estavam certas, e eu tive a oportunidade de parar e começar de novo usando recursos mais adequados. Você não se sente bem pela maneira como tratou seu filho adolescente na noite anterior? Você "perdeu a paciência" quando seu filhinho decorou as paredes com tinta permanente? Você fica zangado, magoado ou constrangido? O questionamento e a análise são os primeiros passos para a mudança. Essa é uma via de mão dupla; ao pedir aos seus filhos que o ajudem a parar de usar mecanismos inadequados ou a fazer coisas que os auxiliem em seu crescimento, você também terá a possibilidade de mostrar-lhes que ter uma explosão de raiva no supermercado não vai levá-los a conseguir o cereal que desejam.

Ao começar a reconhecer os mecanismos ineficazes que fazem parte de sua caixa de ferramentas, você perceberá que pode substituí-los por recursos mais leves, mais confiáveis, mais construtivos, que não incomodem tanto.

Antes de identificar e classificar as ferramentas, é bom saber que tipo de caixa de ferramentas mental usamos para transportá-los. O tipo de nossa caixa de ferramentas pode ser definido pelas respostas a duas questões básicas:

1. Qual é a minha filosofia sobre a educação dos filhos?
2. O que pretendo com a criação dos meus filhos — influenciá-los e delegar-lhes poder ou controlá-los e torná-los obedientes?

## Qual é a Minha Filosofia Sobre a Educação dos Filhos?

Poucos de nós avaliam a própria filosofia sobre a educação dos filhos *antes* de ser pais. Então, depois de ter os filhos, quando estamos cansados e esgotados, tendemos a fazer como os nossos pais. As falas de nossa mãe saltam na ponta da língua, apesar de termos jurado que nunca falaríamos daquela maneira. Levantamos a mão para bater em nosso filho exatamente como fez nosso pai para bater em nós, e no entanto juramos que nunca bateríamos em nossos filhos. Em pânico, consultamos desesperadamente livros a respeito da educação dos filhos e procuramos assistir a todas as palestras sobre o assunto de que temos notícia.

Contudo, muitos dos chamados especialistas na educação dos filhos defendem uma série de técnicas absurdas, contraproducentes e pouco saudáveis. Se não considerarmos nossa própria filosofia sobre a educação dos filhos, não seremos capazes de separar o que é bom do que é ruim; não conseguiremos questionar com firmeza "a maneira como as coisas sempre foram feitas" ou rejeitar premissas falsas como "se foi bom para mim, então é bom para os meus filhos". Mas, conhecendo a nossa própria filosofia, poderemos examinar as diversas técnicas de educação dos filhos, incluindo as que estamos usando no momento. Se uma técnica não se enquadra na nossa filosofia, independentemente de quem a defendeu ou de que tipo de pesquisa existe por trás dela, não precisamos utilizá-la. A meu ver, os três princípios seguintes são os mais adequados para avaliar não só as minhas próprias técnicas de educação dos filhos como também as de outras pessoas:

1. **Vale a pena ter filhos!** Tenho a certeza de que você também acredita nisso, porque sei que você não está educando seus filhos por dinheiro.
2. **Não vou tratar um filho de um jeito como eu mesmo não gostaria de ser tratado.** Se não quero que façam isso comigo, não há sentido em fazer com meu filho.
3. **Se uma técnica funciona e preserva tanto a minha dignidade quanto a de meu filho, eu a adoto.** Só porque a técnica funciona, não quer dizer que seja boa; ela deve funcionar e preservar não só a minha dignidade como *também* a de meu filho.

## VALE A PENA TER FILHOS!

Vale a pena ter filhos *simplesmente* porque os filhos são crianças e por nenhuma outra razão. Elas têm dignidade e valor simplesmente porque existem. Não precisam atestar seu valor como seres humanos, não têm de provar que são importantes para nós, tampouco precisam merecer nossa afeição. Nosso amor por elas não pode ser condicional, embora as coisas de que gostamos ou não gostamos possam sê-lo. Não precisamos gostar do penteado delas, do brinco no nariz nem dos sapatos esquisitos. Nosso amor deve ser algo com que elas possam contar, algo que saibam que existirá sempre, mesmo quando estiverem com problemas e nós não nos encontrarmos por perto. Estar com elas quando descansam confortavelmente em nossos braços, sorrindo para nós pela primeira vez, é fácil; ser solidário quando surgem os seus primeiros dentes, quando elas têm cólicas e choram durante a noite inteira não é. Estar presente quando aprendem a andar de bicicleta é fácil; estar lá quando batem o carro da família não é. Estar presente quando atuam numa peça da escola é fácil; ficar do lado delas quando telefonam da delegacia de polícia não é.

> ***Niyimpa kor ntsetse ba*** *- "É preciso uma aldeia inteira para educar uma criança."*
>
> — Provérbio Africano

Acreditar que vale a pena ter filhos significa também acreditar que as crianças da vizinhança são igualmente importantes. Como adultos, precisamos estar dispostos a fazer os sacrifícios necessários para assegurar que todas as crianças de nossa comunidade tenham aquilo de que precisam: assistência médica adequada; alimentação, roupas e proteção; oportunidades de aprender, crescer e ser criadas num ambiente seguro. Isso é demais para uma pessoa fazer sozinha, mas é plenamente possível se acreditarmos, como sociedade, que vale a pena ter filhos, que eles compensam o tempo, a energia, os recursos e o compromisso necessários. Apenas afirmar que cremos nisso não é suficiente; temos de estar dispostos a pôr essa convicção em prática. Se dizemos que estamos comprometidos com o bem-estar de nossos filhos, então precisamos reconsiderar como, no âmbito da sociedade, gastamos nosso dinheiro.

Um cidadão libanês, preocupado com os contínuos bombardeios em sua terra natal, disse a um correspondente do jornal *The New York Times*: "Haverá paz quando começarmos a amar mais nossos filhos do que odiamos nossos inimigos." Se afirmamos que vale a pena ter filhos, temos que estar dispostos a comprová-lo com investimentos e também a dar uma retaguarda de apoio a eles.

## NÃO VOU TRATAR UM FILHO DE UM JEITO QUE EU MESMO NÃO GOSTARIA DE SER TRATADO

A norma ética de que devemos tratar os outros do jeito como nós mesmos gostaríamos de ser tratados, e não da maneira como *não* gostaríamos de ser tratados, existe em todas as grandes religiões do mundo:

1. **Bahaísmo:**
"É o nosso desejo que todos vocês se tornem uma fonte de bondade entre os homens e um exemplo de retidão para a humanidade. Cuidado para não gostarem mais de si mesmos que do próximo."
— Baha'U'llah, Gleanings, 315

2. **Budismo:**
"Não maltrate os outros, pois você também não quer ser maltratado."
— Undana-varqa: 518

3. **Cristianismo:**
"Como quereis que os homens vos façam, fazei-o também a eles."
— Lucas 6:31

4. **Confucionismo:**
"Seguramente, o preceito da misericórdia é: Não faça aos outros o que você não quer que lhe façam."
— Anacletos, XV, 23

5. **Hinduísmo:**
"Eis o resumo da virtude: trata os outros assim como gostarias de ser tratado.

Não faças a teu vizinho o que não gostarias que ele fizesse a ti mais tarde."
— O Mahabharata

6. **Islamismo:**
"Nenhum de vós será um crente enquanto não desejardes ao vosso irmão o mesmo que desejais a vós mesmos."
— Suna

7. **Judaísmo:**
"Não façam a seus companheiros o que é odioso para vocês. Esta é a pura Lei, o resto é comentário."
— O Talmude, Shabbat 31a

8. **Taoísmo:**
"O homem bom deve apiedar-se das tendências malévolas dos outros; rejubilar-se com suas conquistas; ajudá-los em suas limitações; estimar seus ganhos como se fossem os seus próprios e suas perdas da mesma maneira."
— O Thai-shang, 3

9. **Zoroastrismo:**
"A pessoa só é boa quando não faz aos outros o que não é bom para ela mesma."
— Dadistan-I Dinik, 94:5

A Regra de Ouro, como é chamada, pode nos servir inteiramente quando aplicada às nossas relações com os filhos. Se não tivermos certeza de que o que estamos fazendo com as crianças é correto, basta nos colocarmos no lugar delas e perguntar se gostaríamos que elas fizessem o mesmo conosco — não se *foi* feito conosco, mas se gostaríamos que fizessem conosco. Se a resposta for não, então teremos de nos perguntar por que chegamos a pensar em fazê-lo aos nossos filhos.

Se eu não gostaria de apanhar no rosto, por que bateria em meu filho? Se eu não gostaria que gritassem comigo quando eu cometesse um erro, por que gritaria com minha filha quando ela deixasse cair o bolo que preparei para a minha sogra? Se eu não gostaria de ser ridicularizado ao tentar aprender a patinar aos 43 anos de idade, por que iria ridicularizar minha filha quando deixasse o carro dar um solavanco ao passar da primeira marcha para a segunda, mesmo depois de ter sido instruída a fazê-lo suavemente uma dezena de vezes? Se eu não gostaria que comparassem minha destreza em jardinagem com a de meus vizinhos, por que iria comparar o desempenho do meu filho em matemática com o de suas irmãs mais velhas?

Não precisamos considerar apenas o aqui e agora para perceber que é melhor não tratar as crianças de um jeito como não gostaríamos de ser tratados. Se utilizarmos hoje técnicas de controle sobre nossos filhos numa tentativa de fazê-los obedecer, teremos problemas quando ficarmos velhos e essa próxima geração tiver aprendido (porque passamos anos ensinando-a) a controlar os mais fracos. Quando ficarmos velhos, eu lhe garanto, os mais fracos seremos nós. Não vou querer fazer a uma criança de sete anos algo que eu não gostaria que me fizessem aos setenta. É duro imaginar meu filho crescido me propondo um contrato embaraçoso para sair da cama e tomar o café da manhã bem cedo quando eu tiver setenta anos de idade. "Vamos, mãe. Lembre-se, se você se levantar da primeira vez que eu chamar, vestir-se sozinha e aparecer para o café a tempo, eu lhe darei uma cotação de cinco estrelas. Você poderá colocar essas cinco estrelas no quadro que afixamos acima da sua cama. Se tiver 25 estrelas na sexta-feira, poderá trocá-las por uma ida ao bingo com seus amigos." Seria ainda mais difícil me imaginar sendo agredida por expressar minhas opiniões — em outras palavras, por responder — quando tiver setenta anos. Pode parecer que dá certo, mas seria à custa do meu senso de dignidade e de auto-estima.

Uma boa maneira de avaliar uma técnica de educação dos filhos é se perguntar: "Eu gostaria que fizessem o mesmo comigo?" Por mais simples que a pergunta possa parecer, ela talvez seja decisiva para estabelecer o modo como vamos educar essa próxima geração. Eu acredito que, pela primeira vez na história, dispomos dos recursos necessários para romper com os períodos de distorções, abusos e negligência. Agora temos a consciência individual e coletiva dos danos que o abuso físico e emocional pode causar a uma criança, a uma família e a uma sociedade. Não sou ingênua a ponto de julgar que será simples fazer as mudanças necessárias. Haverá uma forte oposição por parte daqueles que acreditam ser donos das crianças, podendo, assim, dominá-las e controlá-las. Alguns lutarão até o fim para defender seu "direito" de maltratar os filhos física, emocional e sexualmente. Sei também que aqueles dentre nós que estiverem comprometidos com a mudança ainda terão de lutar contra os demônios internos, porque trazemos em nossas caixas de ferramentas instrumentos destrutivos que são heranças familiares consagradas, transmitidas de geração a geração.

Com muita freqüência, as crianças são tratadas como propriedade dos adultos, ficando expostas a maus-tratos por parte daqueles que são maiores do que elas. No final da década de 1800, Elizabeth Barrett Browning escreveu sobre crianças vítimas de abusos em fábricas:

*Ouçam o lamento das crianças, ó irmãos,*
*Antes que a dor venha com os anos...*
*Elas choram enquanto os outros descansam,*
*No país da liberdade.*

— DO POEMA "THE CRY OF THE CHILDREN"

Será que ainda não aprendemos a ouvir o lamento das crianças? Aparentemente, não. Em 1978, James Dobson escreveu em seu livro *Temper Your Child's Temper Tantrums*:

> Nas crianças pequenas muito teimosas, as pancadas brandas podem começar entre os quinze e os dezoito meses de idade (...) Administre as pancadas com um objeto neutro — ou seja, uma pequena chibata ou um cinto —, mas raramente com a mão (...) Uma pancada tem de doer, ou então não fará efeito (...) Algumas crianças teimosas precisam realmente apanhar, senão consideram suas vontades satisfeitas. No entanto, a criança submissa deverá receber sua última surra quando estiver para completar dez anos.

Ele ainda recomenda essas práticas nos dias de hoje ao falar aos pais em seus programas de entrevistas transmitidos internacionalmente pelo rádio.

Sob o pretexto da disciplina, a violência física e emocional contra crianças é legitimada e sancionada. ("Nenhum filho meu fala comigo dessa maneira. Vou lavar sua boca com sabão." "Uma boa surra não faz mal a ninguém." "Você é tão bobo! Até uma criança de três anos de idade poderia fazer melhor do que isso.")

Philip Grevin, um historiador, expõe o problema e sugere uma solução em seu livro *Spare the Child*:

> O passado exerce uma poderosa influência sobre o futuro ao moldar, no presente, sentimentos, atitudes e convicções. A dor e o sofrimento das crianças que foram vítimas de punições físicas ressoam através do tempo, primeiro durante os aparentemente intermináveis dias e noites da infância e da adolescência, e mais tarde ao longo da vida que levamos como adultos. Os sentimentos resultantes da dor causada pelas agressões de adultos contra crianças são, na maioria das vezes, reprimidos, esquecidos ou negados, mas na verdade nunca desaparecem. Tudo permanece gravado no âmago do nosso ser, e os efeitos das punições permeiam nossa vida, nosso pensamento, nossa cultura e nosso mundo.
>
> A prova está em toda parte — ao nosso redor, nos engolfando — e ainda assim, como o ar que respiramos, geralmente é invisível para nós. Quando ela ficar visível, com certeza começaremos a ver o nosso mundo e a nós mesmos de uma maneira diferente. Então teremos mais condições de pensar em alternativas para a coerção, as surras e os castigos dolorosos e de decidir ser mais protetores, carinhosos e generosos em vez de nos contentarmos com a punição física, transmitida de geração a geração.

A punição física é uma forma óbvia de abuso. Outras formas de abuso, não tão óbvias e freqüentemente toleradas, são o bombardeio emocional e a negligência. Ao ouvir constantes críticas e descomposturas, as crianças passam a se ver não mais como boas o suficiente, mas como totalmente más. ("Você não consegue fazer nada direito?" "Você é uma lástima. Antes não tivesse nascido." "Por que você não é como o seu irmão?")

Outras crianças são negligenciadas pelos pais. Elas podem ter todos os bens materiais que quiserem, mas não carinho, atenção ou palavras agradáveis de encorajamento — apenas frieza. O profundo sentimento de perda e tristeza não se manifesta em hematomas ou ossos quebrados, mas no coração ferido — um desamparo e um desespero que afetarão seu casamento, suas relações familiares e profissionais e seus momentos de lazer.

Ao assumir o compromisso de não tratar os filhos de um jeito como não gostaríamos de ser tratados, talvez encontremos alternativas responsáveis e eficazes para os recursos punitivos de ameaça, agressão física, abuso psicológico ou verbal, negligência ou abandono de nossos filhos.

### SE UMA TÉCNICA FUNCIONA E PRESERVA TANTO A MINHA DIGNIDADE QUANTO A DE MEU FILHO, EU A ADOTO

O fato de uma técnica funcionar ou parecer funcionar não quer dizer que ela seja boa. Um dos grandes problemas com as muitas formas de educar os filhos que usam o controle das crianças para torná-las obedientes é que a dignidade e o sentimento de auto-estima tanto dos pais quanto dos filhos são sacrificados em nome da modificação do comportamento ou do controle do comportamento. O controle do comportamento se baseia no poder e no comando. É uma maneira de manipular as crianças por meio de subornos, recompensas, ameaças e punições. Ele "faz" as crianças obedecerem, mas sem dúvida não preserva sua dignidade. O "bom comportamento" é comprado a um custo terrível.

## SUBORNOS, RECOMPENSAS, AMEAÇAS E PUNIÇÕES — PODER E CONTROLE

> *Nunca confie em recompensas e punições para promover um comportamento altruísta. Ambos os métodos passam uma mensagem errada: que a bondade é um artigo que pode ser comprado ou barganhado. No final, o apoio do carinho e o bom exemplo são as melhores lições para a criança na arte da compaixão.*
>
> — ELIZABETH NAVAR FINELY, "LITTLE BIG HEARTS", PARENTING

Em meus estudos na universidade, tive a oportunidade de constatar o poder da modificação do comportamento. Eu vi como funcionava — *em roedores*. Não é muito difícil constatar os perigos de sua aplicação em seres humanos. A técnica, por sua natureza, mantém a criança dependente e temerosa — dependente dos pais, em função das recompensas dadas pelo comportamento *positivo*, e temerosa de toda e qualquer punição que os pais irão conferir por um comportamento *negativo*.

Por mais extravagantes que sejam as palavras que as nomeiam, essas técnicas têm a ver com dominação, manipulação e controle — que não era exatamente o que você estava pensando quando recompensou seu filho com uma barra de chocolate por ele ter passado um dia sem bater na irmã, ou quando você se comprometeu a comprar um vestido novo para sua filha se ela arrumasse o quarto. Em vez de considerar os filhos como indivíduos únicos, com direito a expressar as próprias necessidades e a ser respeitados, os pais que adotam sistematicamente essas técnicas tendem a considerá-los como pessoas que precisam ser moldadas e levadas a se comportar da maneira como os pais querem que eles se comportem. E, quanto mais inconsciente for essa atitude, mais perigosa ela se torna.

Os subornos, as recompensas, as ameaças e as punições mantêm o controle nas mãos dos pais (algumas vezes literalmente) e passam às crianças a mensagem de que "Eu, como adulto, posso fazer você obedecer e o farei", geralmente acompanhada da justificativa de que é "para o seu próprio bem".

## SUBORNOS E RECOMPENSAS

*Fazer o bem pelo bem é bom.*

— James Nachtway

A dra. Alice Miller, escritora e psiquiatra, refere-se ao uso do reforço positivo de subornos e recompensas como "apedrejar a criança com beijos". ("Se você ficar bonzinho na loja, deixarei você brincar com seu amiguinho quando chegarmos em casa." Observe o uso das palavras *deixarei você*. O relacionamento com a criança se baseia no controle. "Se tirar cinco notas dez em seu boletim, eu lhe comprarei uma bicicleta." "Se você parar de chorar, poderá pegar um biscoito da lata.") A criança pode ficar quieta na loja, tirar as notas dez e parar de chorar, mas a mensagem ainda está relacionada a controle e manipulação. O controle é externo para a criança, não interno; suas reações são motivadas pelo pagamento, não pelo senso de auto-estima, autocontrole ou responsabilidade.

Kathy Tyler, uma mãe preocupada com o uso excessivo de recompensas exteriores na escola de seus filhos, escreveu um bilhete para a diretora:

> O modo que escolhemos para motivar as pessoas diz muito sobre como nos sentimos a respeito delas. Quando temos fé em alguém e respeito pela tarefa a ser cumprida, persuadir essa pessoa com ameaças é desnecessário. A fé e o respeito sozinhos inspiram sua ação. Contudo, se a tarefa parece desagradável para nós, ou o executor indigno de nossa fé, então recorremos à técnica da "cenoura pendurada"*. Essa técnica de "ameaça com truques"

* A autora se refere à técnica de pendurar uma cenoura à frente da cabeça do burro, para que ele, movido pela visão do legume, ande mais depressa. (N. do T.)

pode funcionar bem para treinadores de animais, mas duvido que seja adequada para criar uma futura geração de pensadores e pessoas capazes de resolver problemas. (Na verdade, até mesmo os treinadores de mamíferos marinhos descobriram que as baleias e os golfinhos reagem melhor a sinais de apreço como tapinhas, abraços e sorrisos.) (...) Parece que estamos tendo uma atitude mais de medo que de fé.

As crianças que são subornadas e recompensadas de forma sistemática têm mais probabilidade de se tornar adultos exageradamente dependentes da aprovação e do reconhecimento dos outros, perdendo a confiança em si mesmos e o senso de responsabilidade. As perguntas que elas farão com maior freqüência são:

- O que vou ganhar com isso?
- Quanto vão pagar?
- Isso tem alguma importância?
- Você gostou?
- Você me viu enquanto eu fazia aquilo?
- Estou fazendo direito?

## AMEAÇAS E CASTIGOS

*Se você quiser impedir que seu filho desenvolva uma consciência responsável e normal, que o capacitará a controlar a si mesmo, estabeleça seu relacionamento com ele com base em punições. Controle seu comportamento basicamente por meio de surras e sermões, especialmente sermões.*

— Ross D. Campbell, How To Really Love Your Child

Ameaças e punições são repressoras por natureza; são práticas adultas, baseadas em julgamentos, que impõem a autoridade de fora para dentro, em vez de reconhecer a independência interior das crianças. Provocam raiva e ressentimento, levando a novos conflitos. E, principalmente, roubam o senso de dignidade e auto-estima da criança. Elas podem assumir a forma de:

*Isolamento* ("Se você bater na sua irmã de novo, vai ficar no quarto pelo resto do dia.")

*Constrangimento e humilhação* ("Se você estiver mentindo, vou colocar um enorme nariz de cartolina no seu rosto, e você vai ficar parecendo o Pinóquio.")

*Vergonha* ("Que vergonha urinar na calça!")

*Isolamento emocional* ("Não venha me pedir um abraço... você foi malvado ao morder seu irmão.")

*Castigo* ("Se você falar outra vez assim com sua mãe, vai ficar de castigo por uma semana.")

*Força bruta* ("Abaixe aí, e nem se atreva a chorar. Se chorar, vou bater em você com mais força ainda.")

O uso desses reforços negativos degrada, humilha e desumaniza as crianças que são vítimas deles. Mesmo que elas parem de caçoar da irmã, não mintam abertamente aos pais, deixem de morder o irmão mais novo e não chorem, também terão aprendido a se comportar "de maneira adequada" apenas quando têm medo de ser apanhadas e punidas. Seu senso de valorização pessoal, responsabilidade e conduta adequada, responsável e consciente estará seriamente comprometido.

Diante da dominação, da manipulação e do controle por parte de alguém maior do que elas, as crianças experimentarão um destes três impulsos:

1. *Medo — fazer o que mandaram apenas por uma questão de medo.* ("Se eu não fizer o que ela está me pedindo, ela vai me pôr para dormir sem jantar de novo." "Ele vai me bater de novo se eu for à sua casa.") As crianças obedecerão o adulto somente até serem capazes de conseguir o que querem sozinhas ou estarem crescidas o suficiente para reagir ou fugir.

2. *Lutar — atacar o adulto ou descarregar a raiva nos outros.* ("Se ele me bater mais uma vez, vou matá-lo." "Se a mamãe pode me bater quando faço alguma coisa errada, não vejo por que não posso bater na minha irmãzinha.") Essa reação geralmente produz no adulto uma reação igual ou mais grave, e o ciclo se intensifica.

3. *Fugir — distanciar-se mental ou fisicamente.* Para escapar do pai ou da mãe controladores ou manipuladores, a criança impede que eles entrem em seu mundo de sentimentos, convicções e atividades, ou então acaba saindo de casa — é forçada a fugir para sobreviver. ("Estou bem, apenas me deixe em paz, sei cuidar de mim mesmo." "Não sei o horário do jogo, papai. Além do mais, não quero que você vá assistir." "Vou embora daqui. Vou tentar a vida lá fora.") Algumas vezes, a criança se volta para dentro de si mesma, e os resultados podem ser devastadores. A criança cujas necessidades e sentimentos são menosprezados, ignorados, punidos ou negados passa a acreditar que não tem valor ou importância e corre um alto risco de se envolver em promiscuidade sexual, uso de drogas e suicídio.

## Poder Criativo É Influência, Não Força

*Um homem convencido contra a vontade mantém sua convicção original.*

— Provérbio Alemão

Em meu primeiro ano de magistério, entrei na classe munida de todas as técnicas de controle do comportamento que adquirira nos cursos da faculdade. Tendo superado meu ano de silêncio e todas as dúvidas sobre controle e manipulação durante aquele período, eu achava que uma das minhas principais responsabilidades seria fazer meus alunos "obedecerem". Um menino de cinco anos e meio me ensinou o contrário. Ele simplesmente se recusava a sentar-se em seu lugar. Tentei usar todos os métodos que eu aprendera: "Sente-se, Jeff, por favor... Olhe como a Susie está sentada direitinho... Eu lhe darei cinco estrelas se você se sentar no seu lugar... O diretor vem vindo, sente-se, por favor!... SENTE-SE!" Nada funcionou, nem mesmo a abordagem direta. Ele me olhou direto nos olhos e me desafiou: "Vem me obrigar!" Eu me aproximei e forcei-o a sentar-se; ele ficou de pé outra vez. Então fiz uma coisa que eu nunca faria hoje: agarrei-o e me sentei, puxando-o junto comigo. Rindo de mim, ele anunciou: "Quando você se levantar, eu me levanto também." Com ele aprendi que eu realmente não poderia controlar as crianças e fazê-las obedecer. Mesmo com todas as minhas técnicas behavioristas, eu não conseguiria obrigá-las a fazer algo que não quisessem. Além de eu me sentir uma tola, Jeff continuou fora do seu lugar, e ambos saímos com a dignidade arranhada.

O que Jeff me ajudou a aprender, na prática, foi que os professores e os pais realmente enérgicos não tentam controlar seus alunos ou filhos por meio de ameaças, castigos ou recompensas — pois o tiro pode sair pela culatra. Na verdade, eles não tentam controlar as crianças nunca. Os métodos de controle constrangem ou frustram o comportamento, forçando as crianças a agir da maneira aprovada pelos adultos. Em geral, como resultado do controle, ou as crianças se tornam submissas, obedientes e condescendentes, ou partem para o extremo oposto e se rebelam contra toda e qualquer forma de autoridade.

Naquela tarde, voltei para casa completamente exausta, disposta a reavaliar meu papel como professora, meus métodos pedagógicos e meus objetivos. Não aconteceu da noite para o dia, mas acabei percebendo que, para ser de fato eficaz na sala de aula, eu teria de respeitar minha convicção de que as crianças valem a pena e tratá-las com a mesma dignidade e o respeito com que eu também esperava ser tratada. Só usaria, dali por diante, as técnicas que preservassem a dignidade de ambas as partes.

Alguns anos depois de minha desastrosa experiência com Jeff, durante uma aula a um grupo de adolescentes com distúrbios mentais, no laboratório de uma universidade, fui confrontada pelo meu orientador, que dava um curso sobre o controle do comportamento. Seus alunos de pós-graduação tinham vindo à minha sala de aula para observar e ficaram impressionados por eu não manter gráficos na parede, nenhum sistema simbólico de recompensas, nenhum marcador adesivo nem estrelinhas. Eu também não recorria a elogios, nem usava a força bruta ou ameaças, nem cortava privilégios. Perguntei ao meu orientador se ele achara que os alunos estavam "a contento", ou seja, se faziam o que se esperava deles. Bem, sim, eles estavam. Eles faziam sua tarefa sozinhos? Sim. Trabalhavam em conjunto? Sim. Resolviam os problemas sozinhos? Sim. Solucionavam os conflitos em conjunto? Sim. Estavam se matando uns aos outros ou aos inocentes observadores? Não. A defesa deu por encerrada a apresentação de provas. O que fazíamos estava dando certo.

Não acontecera tudo num dia. Muitos daqueles alunos tinham vindo de programas saturados de técnicas de mudança de comportamento baseadas na atribuição excessiva de deveres. Eram movidos por pontos da manhã à noite. Um ponto por levantarem da cama, dois pontos por sorrirem ao sair da cama e um terceiro por se vestirem — e esse total de pontos podia ser trocado pelo café da manhã. Não fiquei surpresa quando, em minha aula, eles perguntaram: "O que vou ganhar se fizer essa tarefa?" Minha resposta foi muito diferente das que eles costumavam receber: "Você vai ganhar o que tiver feito, só isso." Demorei algum tempo para convencê-los de que acreditava neles, de que sabia que eles eram capazes de cumprir as tarefas propostas e de que eles poderiam resolver os problemas sozinhos. Sim, o progresso deles foi registrado em gráficos, mas eles mesmos fizeram os gráficos. Não havia estrelinhas no final — apenas a satisfação de ver uma tarefa concluída e a oportunidade de passar para outra atividade. E eles aprenderam a confiar em que também poderiam superar o novo desafio.

O mesmo método funciona em casa. Uma criança de cinco anos que se esforça para aprender a andar de bicicleta só com as duas rodas precisa de apoio, no sentido literal e no figurado. Ela precisa de incentivo. ("Sei que você vai conseguir. Tente outra vez.") Ela não precisa de ameaças. ("Se você não se equilibrar na bicicleta agora mesmo, vai apanhar." "Você vai andar de triciclo pelo resto da vida.") E, depois de conseguir fazer tudo sozinha, ela não precisa de uma recompensa por superar uma etapa difícil. ("Se você aprender a andar de bicicleta, vou lhe comprar outra novinha." "Se você descer a rua sozinho, eu lhe compro um sorvete.") A satisfação e a fé em si mesma serão a melhor recompensa. Ela não será capaz de lhe dizer que tem essas coisas, mas a sensação de bem-estar que isso proporciona é tão profunda que instintivamente ela se esforçará para conseguir.

*A recompensa por uma tarefa bem-feita é tê-la feito.*

— Ralph Waldo Emerson

## Influenciar e Delegar Poder, e Não Controlar e Fazer Obedecer

*A verdadeira obediência é uma questão de amor, que torna a obediência voluntária, e não obtida pelo medo ou pela força.*

— Dorothy Day, Pacifista

Você quer influenciar seus filhos e delegar-lhes poder, ou controlá-los e fazê-los obedecer? É provável que a maior parte das pessoas diga que quer influenciar e delegar poder. Mas em geral nossas técnicas contradizem essa resposta e demonstram, de maneira muito convincente, que perdemos o controle sobre nossos filhos e os fazemos obedecer. Pode ser que não usemos a força bruta, mas mandamos nossa filha ficar de castigo no canto da sala quando ela bate no irmão menor. Obedientemente, ela vai para o canto, ou desafiadoramente se recusa a ficar de castigo, forçando-nos a recorrer a outras medidas punitivas. De qualquer maneira, ela não aprendeu a lidar com sua raiva de maneira responsável, e ainda não será seguro deixá-la sozinha na companhia do irmão mais novo.

**INFLUÊNCIA**

Haim Ginott, um dos maiores educadores de nossa época, ao comentar sobre a poderosa influência que exercemos sobre nossos filhos, afirmou:

> É a minha abordagem pessoal que cria o clima. É o meu humor no dia-a-dia que faz o clima. (...) Tenho um incrível poder de tornar a vida de uma criança triste ou alegre. Posso ser um instrumento de tortura ou um instrumento de inspiração. Posso humilhar ou divertir, ferir ou curar. Em todas as situações, é a minha reação que decide se uma crise se intensificará ou será superada e se a criança será humanizada ou desumanizada.

Se acreditamos que nossa meta é influenciar nossos filhos e delegar-lhes poder, nosso comportamento precisa fluir a partir dessa convicção. A primeira parte, a influência, é a mais fácil de fazer, porque a exercemos quer nos esforcemos para isso, quer não. A questão é: nossa influência será positiva, produtiva e responsável, ou negativa, improdutiva e irresponsável?

Seu hábito de fumar um maço de cigarros por dia não fará seu filho fumar também, mas seu modo de agir vai influenciar definitivamente o comportamento dele. Se você passa os fins de semana em atividades ao ar livre com seus filhos, em vez de ficar sentado à frente da televisão, as chances de eles se tornarem uns desocupados quando crescerem são mínimas — são mínimas mas possíveis. Se você cuida bem de si mesmo, seus filhos provavelmente cuidarão bem de si mesmos.

Nós influenciamos as pessoas que nos rodeiam e somos influenciados por elas o tempo todo. Se eu estivesse dando uma palestra e a platéia inteira se levantasse e fosse embora, ela influenciaria decisivamente o meu comportamento. Não que ela tivesse o poder de controlá-lo. Eu poderia continuar a falar para a sala vazia, se quisesse. Poderia decidir dar a mesma palestra da próxima vez, quem sabe provocando outro êxodo em massa, ou então poderia rever minha palestra e tentar descobrir como melhorá-la. Outra opção seria procurar um profissional mais experiente em meu ramo e pedir-lhe orientação ou conselhos. Você será influenciado — não controlado — pelas informações deste livro. O que você vai fazer com essas informações é uma escolha sua. Quem dera pudéssemos dar a mesma escolha às crianças.

*O amor é a capacidade e a vontade de permitir àqueles de quem gostamos que sejam o que escolherem por si mesmos, sem insistir para que nos satisfaçam.*

— Wayne Dyer

## DELEGAÇÃO DE PODER

*De uma pequena fagulha pode brotar uma poderosa chama.*

— Dante

O poder é como uma vela com uma chama enorme. Nossa chama como pais tem a possibilidade de acender a vida de cada criança com que entrarmos em contato e nunca ser diminuída. A beleza de delegar poder a outro ser humano é que nunca perdemos nosso próprio poder no processo. Na verdade, irradiaremos uma luz mais forte; e na velhice, quando nossa luz começar a falhar, e isso acontecerá, teremos a luz dessa nova geração para nos guiar. (Seria melhor esperar que essa luz seja bem mais brilhante que a nossa, considerando o legado que estamos deixando.)

Delegar poder aos nossos filhos implica primeiro dar-lhes um ambiente seguro, confiável, acolhedor — oferecendo-lhes amor incondicional, carinho, ternura e a preocupação com seu bem-estar físico, emocional e espiritual. Com uma base sólida de carinho em casa, podemos começar a dar a nossos filhos a oportunidade de fazer escolhas e tomar decisões, provendo uma estrutura sobre a qual eles possam se apoiar e aumentando suas responsabilidades e oportunidades de decidir à medida que crescem. Quando eles aprendem a tomar suas próprias decisões, tornam-se pessoas responsáveis, que agem segundo seus interesses, sustentando-se sozinhos e exercitando seus direitos, ao mesmo tempo que respeitam as necessidades e os direitos legítimos dos outros.

Se admitirmos que somos capazes de influenciar nossos filhos e delegar-lhes poder, logo perceberemos que não podemos controlá-los nem fazê-los obedecer. Então é hora de começarmos a substituir as estratégias manipuladoras do comportamento por outras: o encorajamento e a disciplina.

# Encorajamento, e Não Subornos e Recompensas

*Existe uma verdade universal que eu descobri no meu trabalho. Todo mundo quer ser amado. E a melhor coisa que temos a fazer é mostrar às pessoas que elas são amadas e capazes de amar.*

— Fred Rogers (De "Mister Rogers' Neighborhood"), em Parade

Em vez de dar recompensas e subornos a nossos filhos, devemos encorajá-los. Subornos, recompensas, estrelinhas, elogios — tudo isso vem depois que a ação foi feita do modo que queremos. São coisas altamente tendenciosas, que contêm a seguinte mensagem: "Você fez exatamente o que eu queria; você me agradou." A ênfase está toda nos pais. O encorajamento, por outro lado, pode ser feito a qualquer momento, é imparcial e enfatiza a importância da criança, expressando fé e confiança nela. Uma criança que tenta caminhar cai de rosto no chão. Ela não precisa de elogio. ("Você caiu bem. Belo tombo!") Ela não precisa de suborno. ("Venha até aqui e eu lhe darei um biscoito.") Ela certamente não precisa de castigo. ("Sua boba, quando é que vai aprender a andar?") Ela precisa é de encorajamento, de alguém que esteja ao seu lado para ajudá-la a se levantar, se for necessário, e para dizer-lhe: "Sei que você é capaz de fazer isso. Tente novamente."

O encorajamento inspira. Ele dá coragem e confiança. Acalenta e dá apoio. Ajuda a criança a desenvolver a confiança em si mesma e aumenta sua motivação interior. Encorajar uma criança significa transmitir uma ou mais das seguintes mensagens decisivas na vida de uma pessoa, seja com palavras, seja com atitudes:

- Eu acredito em você
- Eu confio em você
- Eu sei que você é capaz de lidar com isso
- Você tem quem o ouça
- Você tem quem cuide de você
- Você é muito importante para mim

As maneiras de expressar essas mensagens variam tanto quanto os pais que as expressam. Essas seis mensagens decisivas são concretas e não ambíguas. Não precisam de definição nem de explicação. Não podem ser fingidas e não há como não serem bem acolhidas se forem expressas com sinceridade.

Elas também conduzem à verdadeira disciplina, a alternativa criativa e estimulante ao castigo.

## Disciplina, Não Castigo

*A principal fonte da boa disciplina é crescer numa família carinhosa, ser amado e aprender a retribuir o amor recebido.*

— Benjamin Spock, Baby and Child Care

Em vez de castigar, podemos disciplinar nossos filhos. Ao contrário da crença popular, disciplina não é sinônimo de castigo. O castigo, por sua natureza, é controlado pelo adulto, requer julgamento por parte do adulto, impõe o poder de fora para dentro, desperta raiva e ressentimento e provoca mais conflito. Castigar é fazer algo à criança quando ela se comporta de um modo que os pais julgam impróprio ou irresponsável. O castigo subentende um forte componente de julgamento moral e demonstra a capacidade dos pais de controlar a criança pela força. Também ensina à criança que vale a lei do mais forte. Eu estremeço quando vejo um pai estapear uma criança de cinco anos e ao mesmo tempo gritar: "Você é um menino ruim, nunca mais bata no seu irmãozinho." O que a frase diz à criança é que, quando ela for maior, poderá bater em alguém menor do que ela — que é exatamente o que a criança acabou de fazer.

Em geral, a criança não sabe qual será o castigo, porque, na maior parte das vezes, a ligação entre o que ela fez e o castigo resultante é simplesmente arbitrária. Às vezes, a tentativa de controlar a criança é mais sutil do que a força física. Sob o disfarce de "conseqüências lógicas", alguns pais tentarão fazer os filhos "sentirem a dor" do mal que causaram em vez de achar um modo de resolver os problemas criados pelas ações das crianças. Uma conseqüência aparentemente lógica acaba sendo o castigo não físico, mas que ainda assim é castigo. A criança comete um erro na aula, e o pai lhe toma o *skate* como castigo. Outra não guarda seus brinquedos e descobre no dia seguinte que a mãe, para lhe dar uma lição, deu os brinquedos a uma associação de caridade local. Um menino de dez anos chega tarde para o jantar e é mandado para o quarto, sem comida, até o dia seguinte. Duas crianças brigam, e os pais as deixam de castigo durante um mês. De fato, nada disso tem sentido para uma criança (nem para um adulto sério).

## Disciplina com Autoridade

*As crianças são uma parcela extraordinariamente preciosa da sociedade; são particularmente alertas, sensíveis e conscientes do ambiente que as rodeia; e são bastante vulneráveis a maus-tratos físicos ou emocionais por parte dos adultos que se recusam a dar-lhes o profundo respeito e o afeto que elas merecem incondicionalmente.*

— Sabedoria dos Mais Velhos

A disciplina não é tendenciosa, arbitrária, confusa ou coercitiva. Voltando às raízes latinas, *disciplinar com autoridade* significa *dar sentido ao aprendizado*. Nossa meta como pais é dar sentido ao aprendizado dos nossos filhos — instruí-los, ensiná-los, ajudá-los a desenvolver a disciplina interior, uma ordenação do eu de dentro para fora, não uma imposição de fora para dentro. Qualquer técnica que não dê sentido ao aprendizado da criança nem preserve sua dignidade não pode ser chamada de disciplina — é castigo, não importa que nome lhe dêem. Os quatro passos da disciplina apresentados a seguir dão sentido ao aprendizado da criança de uma maneira que o castigo jamais conseguiria. A disciplina

1. Mostra às crianças o que elas fizeram;
2. Coloca o problema sob o controle delas;
3. Dá a elas opções para resolver o problema;
4. Preserva a dignidade delas.

Numa excursão com sua turma do terceiro ano da escola, meu filho, Joseph, quebrou um objeto antigo no Museu de História Natural. Poderia ter sido pior se ele tivesse quebrado, por exemplo, uma perna de dinossauro, que seria insubstituível. Ele teve muita sorte. Era apenas um utensílio, de fácil substituição. Fiquei muito aliviada ao saber que meu filho não foi castigado pelo que fez. Ele não passou pela palmatória — que é um castigo, não importa como você a considere. Não o mandaram para a sala do diretor — o que teria sido um castigo. Ele não teve de escrever quinhentas vezes "Não quebrarei mais nenhum objeto" — o que é um castigo. Nem foi impedido de participar da excursão seguinte — o que teria sido um castigo. Em vez disso, o professor explicou sabiamente a ele: "Joseph, você está com um problema sério, e eu sei que você vai conseguir superá-lo." Joe escreveu uma carta ao pessoal do Museu de História Natural, repôs o utensílio (o que por si só já foi uma excursão) e registrou por escrito como controlaria seus pés, suas mãos e sua boca de maneira criativa e construtiva na próxima excursão. Meu filho não foi castigado, foi disciplinado — eles lhe mostraram o que ele fizera de errado, atribuíram-lhe a responsabilidade pelo problema e deram-lhe meios para resolvê-lo, e ele manteve preservada sua dignidade.

Ao dar sentido ao aprendizado das crianças, a disciplina coloca em cena as conseqüências ou uma intervenção do mundo real, ou uma combinação das duas. Ela tem a ver com a realidade da situação, não com o poder e o controle do adulto.

As conseqüências do mundo real ou acontecem de forma natural, ou são conseqüências *razoáveis* que estão intrinsecamente relacionadas às ações da criança:

- Se uma criança puser os sapatos nos pés errados, seus pés doerão. *(natural)*
- Se uma criança sair de casa num dia frio sem casaco, ficará resfriada. *(natural)*
- Se um adolescente bater o carro, poderá usar o carro assim que conseguir pagar o conserto. *(razoável)*
- Se uma criança de doze anos pedir roupas emprestadas e as devolver rasgadas, terá de consertá-las. *(razoável)*

- Se ela continuar a estragar as coisas que obtém emprestadas, logo ninguém lhe emprestará mais nenhuma roupa. *(natural)*
- Se chegar tarde em casa para o jantar, a criança poderá comer comida fria *(natural)* ou aquecê-la. *(razoável)*

As lições devem ser dadas sem que os pais se alterem, brigando ou fazendo advertências. As conseqüências do mundo real ensinam às crianças sobre o mundo ao seu redor e mostram que elas têm um controle positivo sobre a própria vida. Elas podem tomar decisões e resolver problemas.

Se as conseqüências naturais não apresentarem perigo à vida, não resultarem numa afronta moral nem forem prejudiciais à saúde, é bom deixar que as crianças arquem com elas, sem advertências ou cobranças. Mas se as conseqüências naturais *forem* perigosas, moralmente afrontosas ou prejudiciais à saúde, os pais devem, sensatamente, intervir.

## CONSEQÜÊNCIAS EM QUE HÁ RISCO DE VIDA

Toda vez que a vida de um filho possa estar em perigo, não há nenhuma dúvida de que os pais devem intervir. Não é essa a ocasião para ensinar uma lição à criança.

Você não diria, por exemplo, à sua filha de um ano e meio que, se ela corresse para a rua, poderia ser atropelada por um carro, concluindo em seguida: "Experimente e verá." Não, você tem a obrigação de zelar pela segurança de uma criança pequena, de deixá-la num lugar em que você possa vê-la e impedi-la de ir para a rua. Com um ano e meio de idade, ela é muito nova para que você lhe diga: "Quando for atravessar a rua, vá pela faixa de pedestres, e só atravesse quando o sinal fechar para os automóveis."

Alguns pais argumentariam que, se uma criança é muito nova para entender uma conseqüência razoável e a conseqüência natural poria sua vida em risco, então "uma boa palmada no traseiro" é a solução. O filho de dois anos dos meus vizinhos mostrou aos pais a insensatez dessa argumentação. Ele entendeu a relação de causa e efeito, só que não da mesma maneira que seus pais. Depois de receber sua palmada no traseiro, quando ele quis ir para a rua outra vez, saiu correndo com as mãos nos bolsos traseiros das calças. O castigo geralmente ensina à criança que, se ela for fazer algo que não deveria, a primeira coisa com que deve se preocupar é "proteger o traseiro".

Se seu filho de dez anos ameaçasse pular do telhado de casa, você não diria: "Vá em frente e arque com as conseqüências do mundo real pelo seu comportamento irresponsável. Conversaremos depois que você aterrissar." Não, você seguraria a criança e lhe daria uma segunda oportunidade na vida. Se seu filho adolescente chegasse em casa completamente bêbado e o obrigasse a lhe dar as chaves do carro para ele ir à casa de um amigo, você não diria: "Vá em frente e arque com as conseqüências do mundo real. Não estou nem aí." Não, ou você controlaria seu filho, ou esconderia as chaves do carro, ou acionaria a trava de combustível — ou faria as três coisas juntas.

## CONSEQÜÊNCIAS MORALMENTE AFRONTOSAS

Lynn Leight, autora de *Raising Sexually Healthy Children*, coloca as questões morais na forma de quatro respostas à pergunta: "Por que eu não posso?"

1. Porque seria indelicado. (Por exemplo, a menina de oito anos diz que não vai convidar duas de suas colegas de classe para sua festa de aniversário, quando está convidando todas as outras meninas da classe.)
2. Porque dói. (O menino de quatro anos está segurando o gato da família pelo rabo.)
3. Porque é injusto. (O menino de seis anos continua pegando para si os brinquedos de outro menino de dois anos, age de modo "amável" e deixa-o confuso.)
4. Porque seria desonesto. (O adolescente lhe diz que vai fazer uma prova no lugar de um amigo.)

Em todas essas situações, os pais podem aproveitar a oportunidade para instruir o filho sobre as virtudes da generosidade, da compaixão, da justiça e da honestidade, dando a ele conselhos e opções para que se comporte de maneira virtuosa. Se você é um desses pais corajosos e abnegados, com princípios e valores que pretende manter, se você "faz o que diz", seus filhos terão um modelo maravilhoso com quem aprender e a quem imitar.

## CONSEQÜÊNCIAS PREJUDICIAIS À SAÚDE

Se a criança se comporta de um modo que poderia pôr sua saúde em grave risco, os pais, ou outro adulto atencioso, precisam intervir. Por exemplo, se um menino de doze anos se recusa a escovar os dentes regularmente depois de colocar um aparelho dentário, o dentista poderá remover o aparelho e sugerir que o menino o terá de volta quando estiver disposto a fazer o que for necessário para proteger os seus dentes *(razoável)*, em vez de deixá-lo sofrer a conseqüência natural e permanente de ter os dentes cariados. Da mesma maneira, um adolescente bulímico precisa da intervenção de adultos atenciosos antes que suas condições físicas e emocionais coloquem sua vida em risco.

Se a situação não oferecer risco de vida, não for moralmente afrontosa nem prejudicial à saúde, você deve se perguntar se as conseqüências naturais do que seu filho está fazendo darão sentido ao aprendizado dele. Se a resposta for afirmativa, fique de fora e deixe a natureza seguir seu curso. Se seu filho usar os sapatos em pés trocados, logo acabará percebendo. Estou para ver um adolescente com os sapatos em pés trocados; isso simplesmente não acontece!

# RSVP — Quatro Pistas sobre Conseqüências Razoáveis

Se não houver conseqüência natural ou se esta não der sentido ao aprendizado de seu filho, talvez seja o caso de apelar para as conseqüências razoáveis. Muitos pais brigam para impor conseqüências que são apropriadas e importantes. Se você tem que brigar para impor uma conseqüência, recue um pouco e se pergunte se está tentando castigar seu filho ou discipliná-lo. As conseqüências naturais simplesmente acontecem; as razoáveis requerem um pouco de raciocínio, mas não muita energia de sua parte, e com certeza não deveriam ser motivo de briga. A disciplina, por sua própria natureza, requer mais energia por parte do filho do que por parte dos pais. Com seu apoio e sua orientação, e com a ajuda dos quatro elementos da disciplina (ver pág. 28), a questão para o seu filho se resumirá a resolver um problema que ele criou e aprender com a experiência como um todo.

Da mesma maneira que a sigla "RSVP" é um pedido de resposta, uma conseqüência que seja razoável, simples, valiosa e prática convidará seu filho a uma atitude responsável. Quando você estiver em dúvida em relação a uma conseqüência, pode conferir se todas as quatro pistas estão presentes:

1. R — **É razoável?** Tem sentido e é adequado? Se uma criança quebra um copo, não seria razoável fazê-la apanhar os pedaços, mas pedir-lhe que segure a pazinha enquanto você recolhe os fragmentos seria. Mandá-la de castigo para o quarto não tem sentido; mas pedir que ela o ajude com a vassoura depois que todo o vidro tiver sido recolhido tem. Bater na criança não é adequado, tampouco obrigá-la a beber numa mamadeira, mas pedir-lhe para escolher entre dois copos de plástico para usar naquele dia é adequado.
2. S — **É simples?** Se você se vir preparando um contrato de dez páginas com seu filho adolescente quanto ao uso do carro familiar, estará procurando problemas, discussões e tentativas de achar brechas. ("Você me disse que eu não podia usar o carro se o deixasse sem gasolina; mas não disse nada sobre o óleo.") É muito melhor ensinar ao seu filho que a oportunidade de usar o carro traz certas *responsabilidades*. Bater num poste do estacionamento da escola poderia significar que ele teria de ir à escola de bicicleta enquanto o carro está no conserto e que teria de pensar num modo de pagar o conserto, além de talvez pagar o aluguel de um outro carro para você usar. Ao dispor as coisas em termos de "Se você tem um problema, procure um modo de resolvê-lo", você elimina a necessidade de pensar numa conseqüência para toda violação imaginável de uma lista de regras para usar o carro.

3. **V — Tem valor como um instrumento de aprendizado?** Fazer sua filha comprar um livro novo para a amiga, em substituição ao que ela estragou quando tentava ler enquanto tirava o esmalte das unhas, poderá ensiná-la a não fazer duas coisas ao mesmo tempo. O mesmo não aconteceria se você a repreendesse por ser tão irresponsável ou se a proibisse de pedir mais livros emprestados.
4. **P — É prático?** Dizer a seu filho que ele não poderá ir à escola até que tenha feito toda a lição de casa não é prático; dizer-lhe que, se não terminar a lição de casa antes de ir para a escola, terá de fazê-la antes de sair para brincar depois da escola é prático.

Se a conseqüência não se encaixar em nenhum desses quatro tipos, provavelmente não será eficaz, podendo tratar-se de um castigo disfarçado de conseqüência razoável. Uma mãe dizer à filha adolescente que ela não poderá dirigir o carro durante uma semana porque não voltou para casa na hora prometida e a mãe teve de chamar um táxi para ir à sua reunião é simples, mas não é razoável, não tem valor nem é prático. Considerando que é ela quem leva o irmão e a irmã à escola todas as manhãs, a mãe é que será castigada, pois a filha, além de ter uma folga, não precisará assumir o problema de ter chegado atrasada. Colocá-la de castigo por seis meses também é simples mas não razoável, valioso ou prático. Fazê-la pagar o táxi que foi preciso chamar é razoável, simples, valioso e prático. Se ela tem o hábito de se atrasar, talvez seja RSVP dizer-lhe que terá de achar outro meio para ir à sua atividade depois da escola às sextas-feiras, pois a mãe precisa do carro para ir à sua reunião.

O fato de Joseph quebrar o utensílio do museu deu-lhe uma oportunidade maravilhosa de ser disciplinado com a ajuda das conseqüências que eram razoáveis, simples, valiosas e práticas. Um castigo não lhe teria ensinado nada sobre como solucionar o seu problema. A disciplina lhe proporcionou os quatro passos para exercitar sua responsabilidade pelo próprio comportamento.

## Dar Sentido ao Aprendizado — Uma História Sem Fim

A disciplina não é só para crianças. Podemos nos beneficiar da disciplina em qualquer idade. Na verdade, se como adultos não conhecemos a verdadeira disciplina, será muito difícil disciplinar nossos filhos em vez de castigá-los.

Um velho amigo meu, que é escritor e editor, visitou-me um dia e, ao ver meus esforços para escrever este livro, se ofereceu para ajudar. Ele levou meu texto para casa e assinalou-o parágrafo por parágrafo, pedindo-me que lhe explicasse o que eu estava tentando dizer. Ele anotou tudo o que eu disse e começou a me orientar sobre como eu poderia dar um novo tratamento às minhas idéias, com ritmo, expressão e tom próprios. Foi difícil eu me desfazer das frases curtas que tinham funcionado tão bem nas palestras, mas que no papel pareciam sem graça e incompletas. Ele não fez isso para mim; ele não me obrigou nem me elogiou; não riu de meus esforços; e não me ameaçou. Eis o que ele fez:

1. Mostrou-me o que eu havia feito de errado. (Ele desmontou o texto.)
2. Colocou o problema nas minhas mãos. (Era o meu livro, e ele me disse que sabia que eu poderia fazer aquilo, mas precisaria cortar muita coisa e confiar em minha própria capacidade de escrever.)
3. Deu-me meios para resolver meu problema. (Ele me mostrou como fazer para passar das frases curtas para um texto escrito mais fluente, primeiro fazendo-o para mim, depois me ajudando a fazer, me observando fazê-lo e finalmente caçoando de mim, para ter certeza de que eu de fato estava dizendo o que queria.)
4. E o mais importante, em todo o processo, foi que ele manteve intacta minha dignidade como pessoa, oradora e escritora.

Se percebermos como o encorajamento e a disciplina são instrumentos poderosos na nossa vida, seremos capazes de dar independência a nossos filhos e tratá-los com a dignidade e a consideração com que gostaríamos de ser tratados.

> *Para mim, a vida não é uma chama efêmera como a de uma vela.*
> *É uma espécie de tocha incandescente que tenho segurado*
> *até o momento, e quero torná-la o mais ardente possível antes de*
> *passá-la às gerações futuras.*
>
> — George Bernard Shaw

É extremamente difícil, se não impossível, dar independência aos filhos se a nossa chama interior é ínfima ou inexistente. Para transmitir-lhes a mensagem de que eles valem a pena, precisamos, antes, acreditar que nós também valemos. Numa viagem aérea que fiz recentemente, a aeromoça, ao dar as instruções de segurança antes do vôo, acrescentou ao discurso habitual sua própria contribuição em matéria de sensatez: "Quanto aos que estiverem viajando com crianças pequenas ou de colo, dêem prioridade a suas próprias necessidades de oxigênio antes de ajudar os que precisarem. É imprescindível que vocês estejam com a máscara no rosto antes de ajudar outra pessoa. Vocês não terão nenhuma utilidade se não estiverem respirando." Os passageiros acharam graça, mas a mensagem serviu para lembrar a todos que, se não cuidarmos bem de nós mesmos, não poderemos ajudar ninguém. Quando proporcionamos a nós mesmos um ambiente agradável, seguro e acolhedor e damos a nós mesmos oportunidades de crescer e aprender, ganhamos a energia de que precisamos para delegar poder aos nossos filhos.

*Nós formamos um círculo de esperança.*
*Passamos a chama de um para o outro.*
*Se a minha chama apagar, a de vocês se acenderá.*
*Juntos criamos uma luz mais brilhante...*
*E cada chama é uma promessa em si mesma:*
*A escuridão não é a última palavra.*

— DAVID McCAULEY, AMERICAN FRIENDS SERVICE COMMITTEE

## *Capítulo 2*

# Três Tipos de Família

As famílias são miniculturas e compartilham uma mesma linguagem, as mesmas atitudes e o mesmo comportamento. Costumam exercer influência por toda uma geração, deixando seu legado à próxima.

— Carolyn Foster, M.A., The Family Patterns Workbook

Quem de nós é maduro o bastante para criar os filhos antes de eles chegarem? O valor do casamento não está em que os adultos produzam as crianças, mas em que as crianças produzam os adultos.

— Peter de Vries

Crianças são crianças, simplesmente em virtude de sua idade e do estágio de desenvolvimento humano em que se encontram. Mas os pais só são pais em relação a seus filhos. Se você não tem filhos, então não é pai ou mãe. Se tem filhos, você tem uma família. E se você está bem vivo e lendo este livro, então tem, ou teve, uma família de algum tipo, porque nasceu numa família, mesmo que nunca a tenha conhecido.

Todos nós tendemos a ser, até certo ponto, egocêntricos, pensamos nos relacionamentos a partir da relação do outro conosco. Quando pensamos na família, naturalmente pensamos em primeiro lugar nos indivíduos pelo modo como se relacionam conosco pessoalmente — ou não se relacionam, como pode acontecer —, porque é assim que sentimos a família: meu pai, minha irmã, meus filhos, meu marido, a mãe dele, o irmão dele, talvez os filhos dele de um casamento anterior. No entanto, podemos aprender muito sobre a educação dos filhos considerando a família como um todo, uma entidade em si mesma. Da mesma maneira que os indivíduos, a família também tem a sua própria natureza, a sua história e a sua estrutura de personalidade. Somos filhos ou pais dentro do contexto de uma família, e o tipo de família a que pertencemos faz toda a diferença no modo como educamos nossos filhos e na forma como eles crescem.

Há três tipos básicos de família: "parede de tijolos", "água-viva" e "espinha dorsal". O que distingue uma da outra é o tipo de estrutura que as mantém unidas. Essa estrutura afeta todas as relações familiares: os filhos com os pais, os pais com os filhos, os pais entre si, os filhos entre si e até mesmo o modo como a família como um todo se relaciona com o mundo exterior. Uma parede de tijolos é algo sem vida, feito para restringir, para manter dentro ou fora. Em uma família "parede de tijolos", a estrutura é rígida e é usada para o controle e o poder, que estão ambos nas mãos dos pais. Uma água-viva não tem nenhuma parte firme e reage a todo redemoinho e correnteza por que passa. Na família "água-viva", a estrutura é quase inexistente; não se percebe nem se admite a sua necessidade. Já a espinha dorsal é um eixo vivo, flexível, que dá forma e movimento ao corpo inteiro. Na família "espinha dorsal", a estrutura está presente, é firme, flexível e funcional.

A família "espinha dorsal" proporciona o apoio e a estrutura necessários para que os filhos percebam inteiramente sua singularidade e venham a conhecer seu eu verdadeiro, que é suprimido na família "parede de tijolos" e ignorado na família "água-viva". Eles se tornam independentes por meio da confiança em si mesmos, nos outros e no futuro. Estando seguros de seu eu individual, eles são capazes de sentir amor e simpatia por si e pelos outros. A família "espinha dorsal" ajuda seus filhos a desenvolver a disciplina interior, e, mesmo em face da adversidade e da pressão do meio, eles mantêm a fé em si mesmos e no próprio potencial.

As famílias "parede de tijolos" e "água-viva", embora em extremos opostos, tendem a criar filhos que sabem *em que* pensar mas não *como* pensar ou sentir e carecem da consciência do eu verdadeiro. Eles não têm fé em si mesmos nem esperança no futuro, e correm o risco de ser prejudicados ou destruídos pelos três cavaleiros do apocalipse adolescente: a promiscuidade sexual, o abuso de drogas e o suicídio. Nenhuma família proporciona a estrutura de que uma criança precisa para se desenvolver mental, física, sexual, emocional e moralmente como a "espinha dorsal". Os outros dois tipos de família talvez produzam filhos que, quando adultos, se considerarão impotentes e incapazes de ter uma vida verdadeiramente satisfatória.

Gloria Steinem, ao escrever sobre o eu verdadeiro em seu livro *Revolution from Within*, afirmou:

> Nós sabemos que, assim como as crianças, os adultos cujos sentimentos e preferências íntimas são ignorados, ridicularizados, punidos ou reprimidos acabam acreditando que existe algo congênita e profundamente "errado" com eles. E, ao contrário, aqueles que conseguem honrar esses anseios internos sabem o que é sentir-se à vontade consigo mesmos. (...) Uma coisa está clara: a mente humana pode imaginar ambas as coisas, como destruir a auto-estima e como alimentá-la — e a imaginação é o primeiro passo para a criação. A crença no eu verdadeiro é o que permite o nascimento do eu verdadeiro.

Ao examinarmos os três tipos de família, você talvez encontre um pouco de sua própria família em cada um deles. Alguns exemplos farão você se encolher ao reconhecer a cena do jantar em sua casa ontem à noite. Outros reafirmarão que, por mais difícil que tenha sido superar o conflito da última semana com seus filhos adolescentes, manter-se firme valeu a pena. A análise dos três tipos de família vai encorajar seu crescimento como pai ou mãe. A chave desse processo é reconhecer as mensagens e os mecanismos que você recebeu de seus próprios pais e ainda está pondo em prática; tomar consciência das mensagens que você passa a seus filhos, direta ou indiretamente; e dar-se conta do ambiente emocional e físico que você está criando para si mesmo e para seus filhos.

A psiquiatra Alice Miller resumiu, em seu livro *For Your Own Good*, os motivos de que precisamos para reconhecer e examinar nosso passado. "Descobri que seremos menos vítimas da (...) compulsão repetitiva se estivermos dispostos a reconhecer o que aconteceu conosco, se não alegarmos que fomos maltratados 'para o nosso próprio bem' e se não tivermos de evitar totalmente nossas reações dolorosas ao passado. Contudo, quanto mais idealizamos o passado e nos recusamos a reconhecer nossos sofrimentos na infância, mais os passamos, inconscientemente, para a próxima geração."

Você quer e precisa mudar? Gritar com seus filhos o deixou exausto e assustado? Há coisas que você não consegue mudar? Ter três bebês em três anos e meio significa não só cuidar de três crianças ao mesmo tempo como também enfrentar três adolescentes ao mesmo tempo.

Você tem feito coisas que o fazem sentir-se bem? Naquele passeio ao parque, você não se apressou, mesmo sabendo que os pratos, a roupa por lavar e os brinquedos espalhados ainda estariam lá quando você voltasse — e eles estavam, mas você e seu filho também estavam reanimados e mais relaxados.

## A Família "Parede de Tijolos"

*Os filhos precisam de pais que modelem sua disciplina em vez de lhes fazerem sermões. Eles aprendem com o que seus pais fazem de fato; não com o que eles dizem que fazem. (...) Quando os pais os disciplinam de forma rígida (e não fazem o que dizem), os filhos se tornam excessivamente disciplinados. (...) O filho excessivamente disciplinado é rígido, obsessivo, controlado e obediente demais, agradando às pessoas e se torturando com vergonha e culpa.*

— John Bradshaw, Homecoming

Na família "parede de tijolos", os blocos do edifício — os tijolos — unidos pelo cimento que constitui a família são a obsessão pela ordem, pelo comando e pela obediência, a devoção rígida às normas e a hierarquia rígida de poder. Os filhos são controlados, manipulados e obrigados a obedecer. Seus sentimentos são ignorados, ridicularizados ou negados. Os pais dirigem, supervisionam, censuram, impõem, ameaçam, relembram e se preocupam. A família "parede de tijolos" é essencialmente uma ditadura, talvez benevolente, mas sempre uma ditadura. Numa família "parede de tijolos", o poder equivale a controle, e tudo vem de cima.

## CARACTERÍSTICAS BÁSICAS DA FAMÍLIA "PAREDE DE TIJOLOS"

1. *Hierarquia de controle.* Os pais têm autoridade absoluta, impõem a ordem e sempre vencem. Às vezes, as técnicas são formas de controle óbvias, cegas. ("Quem manda aqui sou eu; você me obedecerá e pronto." "Não me importa o que o professor ou quem quer que seja disse, você vai fazer o que eu mandar.") Em geral, as técnicas são mais sutis, mas não menos prejudiciais. ("Por favor, faça como eu digo." "Esse é o jeito certo.")
2. *Ladainha de normas rígidas.* Expressões impositivas são usadas para obrigar o comportamento desejado. ("Arrume a sua cama assim porque eu quero." "Você vai ficar sentado aqui até acabar de comer o seu espinafre." "Enquanto estiver na minha casa, você não cortará o cabelo." "Por favor, não corte o cabelo; isso me irrita.")
3. *Pontualidade, limpeza e ordem.* Os pais impõem horários inflexíveis, recomendações desnecessárias e limites rígidos. ("Você tem de voltar para casa à meia-noite, nem um minuto depois." "Não toque em nada na loja, senão você vai ficar com as mãos cheias de germes." "Guarde todos os brinquedos exatamente como você os encontrou. Passei duas horas colocando-os em ordem.")
4. *Imposição rígida de normas por meio de ameaças verdadeiras, ou imaginárias, de violência.* A força bruta é usada com freqüência, e a falha em atender aos padrões esperados é corrigida com castigos severos. ("Vou quebrar o seu braço se você fizer isso de novo." "Não me importa se você tem dezesseis anos, mas não é grande o suficiente para não levar umas palmadas." "Abra a boca. Eu lhe disse que, se você falasse um palavrão de novo, lavaria a sua boca com sabão.")
5. *Tentativa de destruir a vontade e o ânimo do filho pelo medo e pelo castigo.* ("Não me venha com nenhuma desculpa. Simplesmente me dê as chaves do carro... você está de castigo." "Pare de chorar, ou eu o farei chorar de verdade." "Se você quer agir como uma menina, vá se vestir de acordo.")
6. *Rituais rígidos e aprendizagem mecânica.* Os pais impõem procedimentos rígidos para dormir, comer, vestir-se, brincar e em práticas religiosas. ("Não me importa se o filme não acabou, já está na hora de ir para a cama." "Coma essas ervilhas com o garfo." "Você não pode usar aquela camisa com essas calças." "Vá lá e faça tudo o que puder para ganhar." "Enquanto estiver nesta casa, você irá à igreja conosco." "Não fazemos as coisas desse modo.")

7. *Humilhação.* Os pais usam de sarcasmo, ridicularizam e embaraçam o filho para manipular e controlar seu comportamento. ("Como você pôde ser tão estúpido?" "Você é um bebê chorão. Não admira que ninguém queira jogar com você." "Uma tartaruga consegue correr mais rápido do que você.")
8. *Uso constante de ameaças e subornos.* Os pais alternam entre a cenoura e a vara. Os filhos nunca sabem o que esperar. ("Se você puser o som tão alto outra vez, vai ficar no seu quarto pelo resto do dia." "Se você parar de chorar, eu lhe darei um doce. Se não parar, então lhe darei um bom motivo para chorar.")
9. *Forte apoio na competição.* Os pais encorajam ou forçam os filhos a competir para conseguir o máximo de desempenho. ("Vamos ver quem faz os melhores biscoitos." "Você é o meu filho favorito... eu o amo demais." "Ela é mais inteligente do que você." "Se tentar com vontade, você pode tirá-lo do páreo.")
10. *O aprendizado ocorre num clima de medo.* Errar é ruim, e não há nenhuma margem para erro. A perfeição é a meta. ("Você amassou o carro, nunca mais poderá dirigi-lo de novo." "Se você urinar na calça, vai voltar a usar fraldas, como um bebê." "Sua irmã só tirou A no boletim. Não há desculpa para este B." "Você vai nos desapontar se não conseguir entrar na faculdade que cursamos.")
11. *O amor é altamente condicional.* Para obter afeto ou aprovação, os filhos têm de fazer como os pais querem, e não como gostariam. ("Se você não se comportar bem, não gosto mais de você." "Você manchou o nome da família. Estou envergonhado por você ser meu filho." "Quando se meter nesse tipo de problema, nem precisa telefonar para casa." "O menininho da mamãe nunca faria uma coisa dessas.")
12. *Papéis forçados, estritamente separados.* Os meninos aprendem a reprimir qualquer sentimento de fraqueza e têm medo de parecer vulneráveis. As meninas aprendem a temer os sentimentos de raiva e a expressar uma fragilidade aprendida. ("Meninos não choram." "Não seja um maricas." "Boas meninas não fazem isso." "Seu irmão trocará o pneu para você. Não quero que você suje as mãos." "Você é a menininha do papai.")
13. *Ensinam em que pensar, não como pensar.* Se os filhos aprendem em que pensar, são mais facilmente manipulados. Eles acabam acreditando que têm de pensar no que é certo para os outros, em geral à custa do que é certo para eles. ("Vista o casaco. Está frio lá fora." "Você não acha que devia mudar de vestido? Você fica melhor de vermelho." "Não faça sua mãe chorar." "Deixe seu pai orgulhoso de você.")
14. *Risco de promiscuidade sexual, uso compulsivo de drogas e suicídio.* Por não terem a auto-estima fortalecida, os filhos buscam afeto e aprovação por meio da sedução e da atividade sexual promíscua. Eles sentem muito rancor por si mesmos, uma raiva reprimida e ódio. ("Não sou bom." "Não faço

nada direito." "Se você me conhecesse de verdade, não gostaria de mim." "O que alguém veria de bom em mim?" "Eu sou fácil. Faço tudo o que você quiser." "Eu só quero fazer a dor passar." "Seria melhor estar morto.")

15. *Recusa de reconhecer a necessidade de pedir ajuda.* Os problemas pessoais são negados e escondidos dos outros membros da família. Os problemas familiares são encobertos pelo verniz do "está tudo bem" ou mantidos como "segredos de família". Buscar ajuda, seja como indivíduo, seja como família, é visto como um sinal de fraqueza. ("Papai não está bêbado, ele só precisa dormir um pouco. Ele trabalha tanto." "Não conte a ninguém sobre o que aconteceu ontem à noite." "Sua irmã só vai visitar seus tios durante alguns meses. Ninguém precisa saber aonde ela foi." "A vovó não precisa saber disso; ela ficaria doente." "Não precisamos de nenhuma ajuda, podemos resolver isso sozinhos. Terapia é só para pessoas realmente loucas.")

A família "parede de tijolos" dá às crianças pouca oportunidade de descobrir quem são, o que podem fazer e quem podem vir a ser. Não é permitido aos filhos expressar opiniões e sentimentos. Intimidados, coagidos, ameaçados com violência física ou vítimas reais de maus-tratos, eles costumam ficar complacentes e apáticos, e são facilmente conduzidos por qualquer figura de autoridade. Quando adultos, alguns procuram parceiros que os controlem e maltratem. Podem até maltratar os próprios filhos, perpetuando esse ciclo. Outros juram que nunca criarão os filhos do modo como foram criados e em vez disso dão um lar "água-viva" para os filhos. Outros ainda, agindo passivamente sem necessidade, guardam a raiva e o ressentimento até ficarem maiores, então soltam tudo em atos de violência contra si mesmos ou contra os outros.

Vista de fora, a família "parede de tijolos" costuma parecer unida como um bom ponto de tricô. Mas é só fachada. Debaixo da superfície há uma mistura volátil de raiva, ódio, degradação e frustração, contida pela força bruta, a coerção ou a intimidação e esperando para explodir.

## A Família "Água-Viva"

*As crianças que crescem num clima em que faltam o amor e a atenção, ou em que estes são dados com total inconsistência, entram na maioridade sem (...) um senso de segurança interior. Em vez disso, têm (...) um sentimento de "não tenho o bastante" e uma sensação de que o mundo é imprevisível e fugidio, além de dúvidas quanto a merecerem ser amados e valorizados.*

— M. Scott Peck, The Road Less Traveled

O extremo oposto da família "parede de tijolos" é a família "água-viva", que carece de uma estrutura firme e, assim como a família "parede de tijolos", abafa a demonstração saudável de sentimentos e emoções, embora de modos diferentes.

A família "água-viva" pode ser dividida em dois tipos, embora o efeito nos filhos seja o mesmo. O primeiro tipo é formado por pais que vieram de um lar "parede de tijolos" e que prometeram não educar os filhos do modo como foram educados. O problema é que nunca lhes permitiram desenvolver sua espinha dorsal e como resultado eles não sabem criar estrutura, consistência e limites seguros em sua própria família. O segundo tipo de família "água-viva" é formado por pais que abandonam os filhos, física ou psicologicamente, forçando-os a se afastar. Por causa de seus próprios problemas — que também podem ter se originado de uma educação "parede de tijolos" ou de uma educação "água-viva" —, eles têm dificuldade de cuidar de si mesmos, que dirá dos filhos.

## "ÁGUA-VIVA" TIPO A

O primeiro tipo de pais "água-viva" aprendeu o que, quando e como falar, agir e reagir; mas não aprendeu como pensar. Assim, quando chega o momento de desenvolver uma estrutura "espinha dorsal" em sua própria casa, ele não sabe como fazer. Como é possível? Ele nunca aprendeu a pensar ou a agir seguindo a própria intuição. Só sabe agir de acordo com as normas que lhe foram incutidas e reagir por medo. Não quer repetir os maus-tratos que sofreu, mas não sabe como substituí-los. Assim, fica extremamente negligente em relação à disciplina, coloca pouco ou nenhum limite e tende a sufocar os filhos. Tudo o que o filho quer, ele consegue, mesmo à custa das necessidades do pai. Uma vez que não reconhece as próprias necessidades, esse pai não percebe a diferença entre o que o filho apenas quer e aquilo de que o filho realmente precisa. Não há uma estrutura nos pontos críticos da vida cotidiana da família. Em vez disso, o caos predomina na hora de dormir, na hora das refeições, nas tarefas, nas mesadas, no ato de assistir à televisão, nas discussões e na solução de problemas.

Alguns comentários típicos de pais "água-viva" do tipo A são os seguintes:

"Ela vai para a cama quando está cansada. Não importa onde ela dorme ou se ela veste o pijama ou não. Eu sempre tive uma hora definida para dormir, e mesmo que tivesse um amigo em casa devia estar na cama às oito em ponto."

"Damos a ela o que ela quiser comer; não há nada de errado com uma rosquinha de chocolate no café da manhã e no almoço. Sempre tive de comer tudo o que era colocado na minha frente."

"Ele só será criança uma vez. Por que deveria passar a infância fazendo tarefas? Tive de trabalhar desde os seis anos."

"Se ela precisar de dinheiro, faço questão que tenha. Não quero que ela precise se preocupar com isso como eu precisei."

"Ele é inteligente o bastante para decidir o que quer ver na televisão. Meus pais só me deixavam ver o que eles queriam."

"Deixe que se batam; eles não vão se machucar. Nunca nos deixaram lutar em nossa família. Se o fizéssemos, apanhávamos. Se discordássemos de nossos pais, falávamos bem baixinho. Quero que ele possa dizer tudo o que quiser."

"Tenho de ir à loja comprar um novo taco para o vizinho. Minha filha perdeu o taco do garoto, e ele precisa de um para o jogo de hoje. Meus pais nunca me ajudaram quando eu tinha um problema. Teriam gritado comigo e me obrigado a caminhar os 32 quilômetros até a loja."

Quando a falta de estrutura resulta no mais absoluto caos, surgem problemas maiores. Então os pais, frustrados ou em pânico, tendem a retomar as únicas técnicas de educação dos filhos que conhecem: a rígida "parede de tijolos" de ameaças, subornos e castigos.

"Vá agora mesmo para a cama. Estou cansado de você acordado até tão tarde. Se não estiver dormindo em dez minutos, amanhã você irá para a cama às seis."

"Você vai comer tudo o que a sua avó lhe servir. Não quero que ela pense que criei uma criança mimada. Se comer tudo, lhe darei um sorvete no caminho para casa."

"Seu quarto está um horror. Se não estiver limpo até o meio-dia, vou entrar lá e limpar do modo como meu pai fazia."

"Olhe quanto dinheiro você desperdiçou. Você é igual a sua mãe: pensa que dinheiro dá em árvores. Se quiser gastar, ganhe você mesmo — eu precisei ganhar."

"Desligue essa televisão. Está ligada há seis horas sem parar. Chega de televisão pelo resto do mês."

"Cansei das suas lutas. Parem já os dois, ou lhes darei um motivo para chorar."

"Já cuidei demais dos seus problemas. Está na hora de você se cuidar sozinho. Vá a pé até a cidade e compre o papel para a escola. Não vou buscar para você."

Enquanto os pais vacilam entre "parede de tijolos" e "água-viva", os filhos ficam tão desorientados e confusos que perdem facilmente a noção de quem são. Em geral vão buscar conforto, apoio e reconhecimento com qualquer adulto que lhes dê algum tipo de segurança, consistência e estrutura. Como os seus equivalentes na família "parede de tijolos", embora por razões opostas, são muitas vezes atraídos por seitas ou gangues. O filho de pais "parede de tijolos" busca nesses grupos calor e segurança, assim como a sensação de fazer parte de um grupo, ao passo que o filho de pais "água-viva" espera encontrar alguma consistência e estrutura.

## "ÁGUA-VIVA" TIPO B

O segundo tipo de pais "água-viva" tem problemas pessoais que o mantêm quase totalmente centrado em si mesmo. Pode ser incapaz de cuidar dos filhos em razão da própria falta de auto-estima ou por causa de drogas, álcool, compulsão sexual ou distúrbio mental. Ou então pode estar envolvido demais com a própria vida para se preocupar com o bem-estar dos filhos. Um exemplo é o pai que é viciado em grupos de recuperação de viciados, comparecendo dia e noite a reuniões à custa da necessidade dos filhos de ter um pai ao seu lado. Em vez dessas formas de egocentrismo que se originam da tentativa de enfrentar os próprios problemas psicológicos — ou além delas —, os pais podem ser simplesmente viciados em trabalho ou destrutivamente egoístas, perseguindo as próprias metas sociais e profissionais em detrimento dos filhos. Eles podem simplesmente não querer cuidar dos filhos. Os comentários de pais "água-viva" do tipo B poderiam ser assim:

"Preciso ir a todas essas reuniões para não começar a beber de novo. Mantendo-me ocupado, não preciso pensar nessa obsessão."

"Mas quinta-feira é minha noite de jogo. Preciso desse descanso. Não posso ir à reunião da escola. Se vocês tiverem algum problema nos estudos, seus professores vão me informar."

"Desculpe por ter perdido sua peça na escola, o jogo de futebol e o horário no dentista, mas vejam o prêmio de reconhecimento que a mamãe ganhou por ter trabalhado tanto. Algum dia vocês vão entender tudo o que fiz por sua causa."

Ou, finalmente, o filho mais velho, com a chave da porta no pescoço, apanha a irmã mais nova no berçário do outro lado da rua, abre a porta da frente e encontra o seguinte bilhete: "Faça o jantar de vocês. Chegarei à meia-noite em casa. E deixe tudo arrumado."

No segundo tipo de família "água-viva", não há ninguém por perto para proporcionar um ambiente acolhedor, agradável e encorajador aos filhos. Eles começam a perceber que, se é preciso fazer alguma coisa, eles próprios é que têm de fazê-la sozinhos; não podem contar com ninguém. Sentem-se rejeitados e abandonados e começam a desconfiar dos outros. Sem necessidade, aprendem a mentir e manipular as pessoas para satisfazer suas necessidades básicas. Quando adultos, serão solitários e incapazes de amar. A desonestidade e a manipulação se tornarão um meio de vida para eles.

## CARACTERÍSTICAS BÁSICAS DE UMA FAMÍLIA "ÁGUA-VIVA"

1. *Anarquia e caos no ambiente físico e emocional.* ("Espere, deixe eu achar um lápis no meio dessa bagunça... Crianças, parem com isso... Não posso escu-

tar o que estão falando ao telefone... Não sei onde estão os seus sapatos... estão em algum lugar no armário, debaixo da pilha de roupas da caridade... Sei que estou atrasada com aquele relatório, não consigo me lembrar de onde o deixei... posso ligar de volta a você em um minuto? Vi a Jill brincando na rua de novo. Um dia ela vai aprender a ficar no quintal. Você tem esse tipo de problema para arrumar as coisas? Imagine só, os vizinhos tiveram a coragem de pedir à limpeza pública para me intimar a limpar a entrada da casa e a cozinha. Eu lhe juro, para mim o dia precisaria ter seis horas a mais. Ligue de novo depois, só conseguimos falar durante uma hora, agora preciso desligar.")

2. *Não há uma estrutura, normas ou orientação definidas.* ("As crianças comem quando têm vontade. Se engordarem, ficam gordas. Não é culpa minha." "Hora de ir para a cama, o que é isso?" "Você pode sair com a roupa que quiser. Não me importa que passe frio — a escolha é sua. Quando você tiver seis anos, talvez descubra que é melhor não usar *short* na neve.")
3. *Castigos e recompensas arbitrários e de momento.* ("Ontem, quando vocês estavam brigando, ignorei de propósito. Bem, hoje não estou a fim de ignorar isso. Se você só olhar para o seu irmão com aquele olhar vai levar uma surra." "Você é um doce de menina, vou lhe comprar aquele vestido bonito que estava querendo ontem.")
4. *Sermões e descomposturas são de uso corriqueiro.* ("Se você não tivesse gasto todo o seu dinheiro naqueles brinquedinhos, teria para esse grande." "Você é um bobo, mesmo. Deixe que eu vou pôr a mesa.")
5. *Segundas chances são dadas arbitrariamente.* ("Sei que eu disse que, se você batesse o carro, teria de pagar o conserto. Desta vez vou pagar, mas da próxima você terá de pagar sozinho, acredite no que estou dizendo.")
6. *Ameaças e subornos são comuns.* ("Se sair à rua, a polícia vai pegar você." "Se você se masturbar, vai crescer cabelo em suas mãos e então todo mundo vai saber." "Se você me der um abraço, eu lhe darei um biscoito." "Se você tirar só notas altas na escola, lhe darei aquele dinheiro que você pediu." — Isso costuma ser dito à criança que sempre tira notas baixas.)
7. *Tudo acontece num ambiente de caos.* ("Não posso fazer os outros ficar quietos enquanto você estuda. Onde você pensa que está? Numa biblioteca?" "Basta cozinhar um pouco de feijão e deixar que eles comam quando tiverem fome... não há um horário para a refeição em família." "Ele que amarre os cadarços dos sapatos. Talvez, quando cair de cara no chão, aprenda a fazer a coisa direito.")
8. *O comportamento de pais e filhos é regido pelas emoções.* ("Estou muito chateada e cansada para sair do sofá e fazer a comida das crianças. Elas vão ter de se virar sozinhas outra vez." "Fiquei zangado; por isso bati nele.")
9. *Os filhos aprendem que o amor é altamente condicional.* Para obter afeto ou aprovação, eles têm de agradar aos pais; sentem-se na obrigação de fazer os

pais sentirem-se bem. O reconhecimento e o amor devem ser conquistados. ("Seja uma boa menina para a mamãe." "Eu gostaria mais de você se você cortasse o cabelo." "Você me deixou tão feliz entrando na lista de honra. Quero que todo mundo veja o filho inteligente que eu tenho. Você puxou o meu lado da família.")

10. *Os filhos são facilmente conduzidos pelos colegas.* ("Vamos, não há ninguém na sua casa. Nunca vão saber que estivemos lá." "Se você me amasse, você faria. Você não vai ficar grávida, confie em mim." "Aposto que você vai se acovardar diante dele." "Todo mundo raspou a cabeça.")
11. *Risco de promiscuidade sexual, abuso de drogas e suicídio.* Por não ter a auto-estima fortalecida, os filhos procuram, na atividade sexual, afeto e aprovação; nas drogas, a sensação de fazer parte de um grupo ou uma válvula de escape; e, no suicídio, uma fuga da dor. Têm rancor de si mesmos, raiva reprimida e ódio. ("Se você gostar de mim, faço tudo o que você quiser." "Se me conhecesse de verdade, você não gostaria de mim." "Todo mundo está usando drogas." "Meus pais não vão sentir a falta de uma garrafa de uísque." "Meus pais simplesmente não ligam." "Tomo uma bebedeira e então me forço a vomitar. Eu me odeio quando faço isso." "Não agüento mais. Acho que vou explodir." "A pressão na minha cabeça está me matando.")
12. *Os pais ignoram os principais problemas familiares e não reconhecem a necessidade de procurar ajuda.* Os problemas mais importantes são vistos como preocupações secundárias. Geralmente, só quando alguém de fora reconhece um problema sério na família é que os filhos conseguem a ajuda de que precisam. ("Se não dermos tanta importância assim, isso acabará se resolvendo por si mesmo." "Ela está demorando para andar ou falar, mas tenho certeza de que não há nada de errado. Além do mais, não tenho tempo para levá-la ao médico." "Ele estava só bêbado. Poderia ter sido pior, se ele tivesse usado drogas." "Os professores não entendem mesmo. Eu cabulava aulas quando era jovem. Ela não vai morrer por perder algumas aulas." "Meninos são assim mesmo.")

Os dois tipos de família "água-viva" têm pouca estrutura externa ou interna. Prevalece um clima permissivo, de *laissez-faire*. Os filhos são sufocados ou abandonados, humilhados, envergonhados e manipulados. Eles ficam desagradáveis e mimados e/ou assustados e vingativos. Uma vez que não receberam nenhuma lição de vida positiva dos pais, vêem a si mesmos e ao mundo ao redor com pouco otimismo. Eles acabam tendo medo de se expressar. Mantêm os sentimentos sob vigilância e a espontaneidade em cheque; ou pendem para o outro extremo e ficam indiferentes, descuidados, incontroláveis e imprudentes.

Os filhos podem sobreviver, mas não prosperarão num ambiente "parede de tijolos" ou "água-viva". Eles precisam dos limites e da orientação que uma estrutura daria a sua vida, mas essa estrutura deve ser flexível, aberta, compassiva, adaptável às circunstâncias, e não como a ordem severa, rígida, fechada que vigora na família "parede de tijolos". Eles precisam de um ambiente estável que conduza à atividade criativa, construtiva e responsável, e não ao caos e à instabilidade da família "água-viva". Como pais, podemos proporcionar aos nossos filhos estabilidade e flexibilidade, bem como a oportunidade de prosperar, criando em nossa casa uma boa estrutura emocional, física e moral — a família "espinha dorsal".

## A Família "Espinha Dorsal"

*A capacidade de agir com e por amor, não ser violento, ser generoso e respeitar os direitos e as necessidades dos outros se manifesta naqueles que foram amados e respeitados generosa e sensivelmente.*

— Rita Nakashima Brock, em Christianity, Patriarchy And Abuse

A família "espinha dorsal" se apresenta de muitas formas, tamanhos e cores. Ela não procede de um determinado histórico pessoal nem de uma camada social específica. Não vive em bairros especiais. Não é necessariamente encabeçada por pais mais velhos ou mais jovens. Não é obrigatoriamente religiosa ou não religiosa, nem pertence a uma raça ou origem étnica específicas. Ela não se caracteriza tanto pelo que faz ou deixa de fazer, mas pelo modo como seus integrantes equilibram o senso de individualidade e o de comunidade em tudo aquilo que fazem. A interdependência é notória.

A família "espinha dorsal" também pode ser caracterizada por aquilo que não é: não é hierárquica, burocrática nem violenta. O pai "espinha dorsal" não *exige* respeito — ele o demonstra e ensina. Os filhos aprendem a questionar e a desafiar a autoridade que não seja edificante. Aprendem a dizer não, a escutar e a ser escutados, a ser respeitosos e a respeitar. Os filhos da família "espinha dorsal" aprendem a ser amáveis consigo mesmos e com os outros. Por serem tratados com compaixão, aprendem a ser compassivos consigo mesmos e com os outros, a reconhecer o sofrimento das pessoas e se dispor a ajudá-las. A família "espinha dorsal" proporciona uma estrutura de consistência, firmeza e justiça, além de tranqüilidade e paz, o que é indispensável para os filhos desenvolverem sua própria consciência de um eu verdadeiro. Em vez de serem submetidos ao autoritarismo e ensinados a controlar os outros, os filhos se tornam independentes e capazes de transmitir ao próximo o que aprenderam sobre o potencial do espírito humano.

## CARACTERÍSTICAS BÁSICAS DA FAMÍLIA "ESPINHA DORSAL"

1. *Os pais desenvolvem para os filhos uma rede de apoio usando seis mensagens decisivas na vida de uma pessoa passadas diariamente:*

   - Eu acredito em você
   - Eu confio em você
   - Sei que você é capaz de lidar com as circunstâncias da vida
   - Você tem quem o ouça
   - Você tem quem cuide de você
   - Você é muito importante para mim

   Por meio do amor, da aceitação e do incentivo, o senso de individualidade dos filhos é reconhecido, valorizado e apreciado.
2. *A democracia é aprendida na prática.* Nas reuniões familiares, formais ou informais, todos os integrantes da família estão cientes dos eventos, dos horários e dos problemas e são convidados a participar ao máximo, planejando atividades, contornando suas dificuldades de horário e solucionando conflitos. Os filhos percebem que seus sentimentos e idéias são respeitados e aceitos e que nem sempre é fácil satisfazer as necessidades e as vontades de todos os membros da família. Na proporção em que adquirem maior responsabilidade e capacidade de tomar decisões, recebem mais oportunidades de exercê-las. E, à medida que eles crescem, os pais ficam mais flexíveis.
3. *Cria-se um ambiente que leva a uma atividade criativa, construtiva e responsável.* Os ambientes físico, emocional e moral não são rígidos nem inflexíveis, nem são atravancados por escombros, mensagens misturadas ou modelos pobres. Os erros são considerados como oportunidades para aprender e crescer.
4. *As normas são estabelecidas de modo simples e claro.* Ao estabelecer as normas, os pais usam a própria sabedoria, seu senso de responsabilidade e a percepção das necessidades dos filhos, aumentando constantemente as oportunidades de os filhos tomarem as próprias decisões e aprenderem a estabelecer os próprios limites. ("O carro só vai sair quando todo mundo estiver com o cinto de segurança." "Você pode decidir que tipo de capacete de motocicleta gostaria de comprar. Se você quiser andar de motocicleta, precisa usar capacete.")
5. *As conseqüências para o comportamento irresponsável são naturais ou razoáveis.* Também são simples, valiosas e práticas. Não há nenhuma necessidade de ameaças, subornos ou castigo. ("Se você pisar nas poças, vai molhar seus tênis [natural]." "Você terá de repor a jaqueta que seu amigo lhe emprestou e você perdeu [razoável, simples, valiosa e prática].")
6. *A disciplina é aplicada com autoridade, o que inspira o aprendizado dos filhos.* Os pais mostram aos filhos o que eles fizeram de errado, atribuem-lhes a

responsabilidade pelo problema e dão-lhes meios para resolvê-lo. A dignidade deles é preservada.

7. *Os filhos são motivados a ser tudo o que puderem ser.* Eles são aceitos da maneira como são e induzidos e incentivados a ser mais do que pensam que poderiam ser. O aprendizado se processa num clima de aceitação e expectativa elevada. ("Você é capaz de fazer isso. Sei que é." "Tente alcançar o próximo degrau. Estou aqui para ampará-lo, se você precisar de mim.") Os pais sentem-se à vontade consigo mesmos e com as próprias ambições; assim, conseguem ser úteis quando a criança enfrenta um novo desafio. Os filhos têm tempo de aprender e aperfeiçoar suas aptidões.
8. *Os filhos recebem muitos sorrisos, abraços e bom humor.* Esses três itens são dados livremente e sem condições preestabelecidas. Ao ver os pais se acariciando e ao receber, também, carinho e atenção, os filhos aprendem que o toque é imprescindível à união humana. Eles vêem os pais desfrutando a vida e rindo com eles, e não deles.
9. *Os filhos têm uma segunda oportunidade.* Nesse caso, não se trata da chance arbitrária e sem responsabilidade usada na família "água-viva". Os pais atribuem claramente aos filhos a responsabilidade e as conseqüências razoáveis por um erro cometido. Quando os filhos erram — e eles sempre cometem erros —, recebem uma segunda oportunidade para tentar de novo, depois de terem sentido as conseqüências de seus erros da primeira vez. ("Você só poderá voltar a dirigir o carro depois de ligar para a companhia de seguros e providenciar o conserto do pára-choque traseiro. Até lá, vai ter de andar a pé, de bicicleta ou de ônibus.")
10. *Os filhos aprendem a aceitar os próprios sentimentos e a agir com responsabilidade em relação a eles, por meio de um forte senso de consciência de si mesmos.* Os pais colocam sua simpatia e seus sentimentos à disposição dos filhos, procurando modos adequados de expressar todas as suas emoções. ("Estou triste por ele estar se mudando para outra cidade. Eu vou sentir falta dele." "É bom chorar, filho. Também estou triste porque eles não serão mais nossos vizinhos. Você e Sam viveram ótimos momentos juntos. Vamos pensar em alguma coisa que o ajude a encarar a mudança de modo menos doloroso.")
11. *A competência e a cooperação são dadas como exemplo e encorajadas.* Os pais demonstram a capacidade de fazer uma variedade de tarefas e ajudam os filhos a desenvolver novas capacidades. Eles mostram aos filhos como trabalhar e se relacionar com os outros, ensinando-os assim a ser competentes, cooperativos e decisivos. ("Acho que você já está grande o suficiente para aprender a usar o cortador de grama. Veja como eu faço nesta parte do jardim, e depois você faz na outra." "Vamos ver onde podemos andar de bicicleta neste fim de semana. Desta vez, eu vou verificar as bicicletas. Quem

quer encher as garrafas de água, fazer os lanches ou definir o trajeto que vamos seguir?")

12. *O amor é incondicional.* Por serem crianças, e por nenhuma outra razão, eles têm dignidade e valor, simplesmente porque existem. ("Eu amo você." "Eu me divirto muito com você." "Se precisar de mim, estou aqui.")
13. *Os pais ensinam aos filhos como pensar.* Eles *os* encorajam a seguir a própria intuição, a ser espontâneos, a pensar e a agir de modo criativo, discutindo os problemas. Falam *com* eles, não *para* eles; eles ouvem os filhos, em vez de ignorá-los. Encorajam-nos a desafiar a autoridade que não seja edificante, como também a respeitar a verdadeira sabedoria dos mais velhos. Os pais incentivam nos filhos uma vontade de conhecer as coisas antigas e ao mesmo tempo um espírito de curiosidade para descobrir o novo. ("Quando você tiver uma forte impressão sobre alguma coisa, confie em sua própria intuição." "Você encontrará um modo de resolver aquele problema; sei que você é capaz de fazer isso." "Você pode me dizer como se sente a respeito desse problema e o que acha que devemos fazer para resolvê-lo?" "Eu ouvi o que você disse. Mas não tinha pensado nisso dessa maneira." "Se alguém em posição de autoridade lhe pedir que faça algo que seja indelicado, injusto, desleal, prejudicial ou desonesto, você precisa ouvir a sua própria consciência." "Seu avô aprendeu muito com a terra. Ele me ensinou, e eu gostaria de ensinar a você." "Se o seu coração é um músculo, como é que ele não se cansa como os seus músculos da perna?")
14. *Os filhos são protegidos da promiscuidade sexual, do abuso de drogas e do suicídio pelo reforço diário das afirmações que favorecem a auto-estima:*

**Eu gosto de mim.** Os pais podem transmitir essa mensagem de muitas formas, todos os dias, começando por gostar de si mesmos e deixar que os filhos saibam que são amados simplesmente pelo que são.

**Posso decidir por conta própria.** ("Você pode fazer isso. Sei que pode." "Diga-me: você acha que vai dar certo?")

**Não existe problema grande demais que não possa ser resolvido.** Aceita-se a realidade. Os problemas são resolvidos. ("Você não foi bem em matemática desta vez [realidade]. Eu sei que você é capaz de se esforçar para conseguir a nota e passar de ano [solução do problema]. Estou aqui para ajudar, se você precisar de mim." "Seus sapatos vermelhos ainda estão molhados [realidade]. Você pode escolher outro par para ir à escola [solução do problema].")

15. *A família se dispõe a procurar ajuda.* Os problemas não são negados ou escondidos. Os pais reconhecem quando precisam procurar o conselho dos mais velhos ou profissionais experientes e recebem os conselhos com a mente e o coração abertos. ("Vovó, preciso de ajuda com meu bebê. Nunca passei por isso antes." "Estamos tendo dificuldade para nos comunicar. Eu gostaria que uma terceira pessoa nos ajudasse. Nunca tive um filho adolescente.")

Ser um pai "espinha dorsal" não é fácil. Não há soluções instantâneas ou respostas seguras, apenas muitas oportunidades de crescimento. Se você não é já um pai "espinha dorsal", será ainda mais difícil. Caso você tenha se identificado com o modelo familiar "parede de tijolos" ou "água-viva", ou com uma combinação dos três modelos, lembre-se de que você não é capaz de mudar tudo da noite para o dia. Talvez precise de ajuda e apoio para fazer as mudanças necessárias. Pode ser que você encontre apoio num vizinho solidário, num amigo ou conselheiro. Talvez um profissional da área possa ajudá-lo a entender sua posição atual, aonde pretende chegar e o que fazer para chegar lá. E não ignore um de seus melhores recursos: seus próprios filhos. Os filhos tendem a crescer de um modo saudável e conseqüente se tiverem pais que estão crescendo de modo saudável e conseqüente. Além disso, os pais também podem aprender muito com os filhos.

*Eu posso imaginar o dia em que não consideraremos mais nossos filhos como pessoas a serem manipuladas ou mudadas, mas como mensageiros de um mundo que já conhecemos mas que há muito esquecemos, pessoas que podem nos revelar mais sobre os verdadeiros segredos da vida, e também sobre nossa própria vida, do que nossos pais foram capazes de fazer. Não precisamos que nos digam para sermos rígidos ou permissivos com nossos filhos. O que precisamos é ter respeito por suas necessidades, seus sentimentos e sua individualidade, assim como por nós mesmos.*

— RITA NAKASHIMA BROCK, EM CHRISTIANITY, PATRIARCHY AND ABUSE

Observando nosso passado, meu marido e eu descobrimos que ele descendia basicamente de um meio "parede de tijolos" e que o meu era basicamente "água-viva" tipo A. Os dois são, muitas vezes, atraídos um para o outro! O problema é que uma "parede de tijolos" e uma "água-viva" não resultam automaticamente numa família "espinha dorsal". Ambos tivemos de rever as mensagens e os mecanismos que herdamos de nossos próprios pais, ficar com as boas e nos livrar das que não serviam, procurar apoio e conselhos de outros adultos saudáveis e avaliar nossa estrutura familiar ou a falta de uma estrutura.

Examinando nosso histórico familiar, cada um de nós encontrou um legado consistente e pitoresco para passar aos nossos filhos. Também tivemos de reconhecer e enfrentar o alcoolismo e todas as suas mensagens de pesadelo que fizeram parte de nossa infância. Nós assumimos um compromisso conosco e com nossos filhos de fazer tudo o que fosse necessário para preencher as lacunas de nossa própria infância, de modo a não passar aos nossos filhos o legado destrutivo do alcoolismo que vimos passar de uma geração para a outra em nossas famílias.

Enquanto eu escrevia este livro, nunca me faltaram exemplos de experiência pessoal para a família "água-viva", e Don também não demorava a me fornecer exemplos para a família "parede de tijolos". E, se eu realmente precisasse de mais exemplos, nossos filhos sempre se lembravam de frases que havíamos dito e que podiam ser classificadas como "parede de tijolos" ou "água-viva". No entanto, as mensagens "espinha dorsal" já vinham mais facilmente. Era um alívio ver nossos filhos adolescentes, com uma freqüência cada vez maior, utilizando recursos do tipo "espinha dorsal" como reação imediata a situações do dia-a-dia.

Sabemos que nós e nossos filhos valemos o esforço e a dor de superar os conceitos antigos para estabelecer a nova estrutura "espinha dorsal" em nossa casa. Não é uma decisão passageira, mas um compromisso contínuo entre nós mesmos e nossos filhos. Se você descende de um dos dois extremos familiares, ou de um composto de todos os três, pode assumir esse mesmo compromisso. Vocês e seus filhos valem a pena.

*Ruminar o passado não leva a lugar nenhum. Assim, aprenda com o passado tudo o que puder e então deixe-o para trás. Lembre-se: não há nada que você possa fazer para mudá-lo, mas use as lições que ele lhe deu para melhorar o seu futuro.*

— ABRAHAM J. TWERSKI, WHEN DO THE GOOD THINGS START?

*"Como alguém se transforma numa borboleta?", ela indagou, pensativa. "Você precisa querer tanto voar que se disponha a deixar de ser uma lagarta."*

— TRINA PAULUS, HOPE FOR THE FLOWERS

## *Capítulo 3*

# Três Alternativas para o Não e Outros Planos B

> Se não mudarmos de direção, é provável que cheguemos ao lugar para onde estamos indo.
>
> — ANTIGO PROVÉRBIO CHINÊS

Agora que você já sabe qual é o tipo da sua caixa de ferramentas e que tipo de família o ajudou a criá-la, está pronto para começar a examinar o que há dentro dela. Algumas coisas ainda lhe servem, outras atrapalham e outras ainda estão esperando para serem usadas. Algumas precisam ser tiradas da caixa e jogadas fora, ao passo que outras só precisam ser modificadas. Se o que você está fazendo não vem dando resultados, está na hora de recorrer a um plano B.

## NÃO, DE JEITO NENHUM, NUNCA

Você já reparou com que freqüência dizemos não aos nossos filhos?

"Mãe, posso comer um biscoito?" "Não, vai tirar seu apetite para o jantar."

"Pai, posso ir à casa da Tracy?" "Não."

"Mãe, posso usar o carro?" "Não."

"Pai, posso passar a noite fora com meus amigos?" "Não!!"

Os filhos aprendem a não nos levar a sério nos grandes nãos porque mudamos de idéia quanto aos pequenos nãos. Quando precisar dizer não aos seus filhos e quiser que eles realmente acreditem no que você está dizendo, experimente uma das três alternativas abaixo.

## PRIMEIRA ALTERNATIVA: "SIM, DEPOIS"

"Mãe, posso comer um biscoito?" "Sim, depois."

Note que eu não disse: "Não, pode comer depois." A criança de cinco anos está pronta para lutar contra um não, mas como se luta contra um "Sim, depois"?

"Ah, mas, mãe, estou com tanta fome..."

"Certo, pegue um biscoito." Já passou algum tempo, pelo menos três segundos. Mas o mais importante é que você não trocou um não por um sim; era um sim desde o princípio. E não acrescente: "Mas você vai ter de comer todo o jantar." O que você vai fazer se ele não comer, pegar o biscoito de volta? Ah, as ameaças que fazemos!

## Segunda Alternativa: "Espere um Minuto"

"Pai, posso ir à casa da Tracy?" "Espere um minuto."

Não há nada de errado em pedir um minuto para refletir. Você poderia estar pensando: "*Nossa, talvez seja bom ter um pouco de sossego.* "Sim, pode ir." Ou: *Temos muito que fazer antes de nossas visitas chegarem, hoje à noite.* "Não, não pode ir." Pelo menos, quando você disser não, vai saber por quê. Quantas vezes dizemos não aos filhos sem ter nem a mais vaga idéia de por que o fizemos? Nem soa exatamente bem. Então devemos tentar evitar isso.

Se o seu filho quer uma resposta imediatamente, uma variante de "Espere um minuto" talvez funcione melhor:" Se você quer uma resposta agora mesmo, é não; se puder esperar um pouco, talvez."

## Terceira Alternativa: "Convença-me"

"Mãe, posso usar o carro?" "Convença-me."

Uso essa alternativa mais com adolescentes, mas ela pode ser usada com qualquer criança que saiba falar. Por que eu, na minha idade, deveria gastar toda a minha energia tentando convencer meu filho adolescente de que ele não pode usar o carro? É preferível que ele gaste sua energia de jovem para me convencer.

"Mãe, todos os meus amigos..." "Você não me convenceu."

"Mas você deixou a Maria." "Ainda não me convenceu."

"Mãe, se você não me deixar usar o carro, terá de nos levar para o clube." "Agora você me convenceu!"

Se você usou essas alternativas em vez de dizer repetidamente não para os argumentos sem sentido, então, quando seu filho de dezesseis anos lhe perguntar se ele pode passar a noite toda com os amigos, você poderá dizer *não!* Há um momento e um lugar certos para um não.

Eu trabalhei com jovens fujões, adolescentes grávidas e delinqüentes juvenis. Ainda não encontrei nenhum desses jovens problemáticos que não esteja implorando por alguém na vida para lhes dizer não. Dizer não para eles pode significar que eles são importantes o bastante para que alguém lhes imponha limites ou se preocupe com eles. Nós somos limitados pela espinha dorsal do nosso corpo. Existem coisas que não somos capazes de fazer por causa dela — agachar para trás, por exemplo. Mas a espinha dorsal permite que nos relacionemos de maneira criativa, construtiva e responsável com os outros. Somos limitados, da mesma forma, pela espinha dorsal moral e emocional. Há coisas que não fazemos, não porque "são contra a lei", "são contra a minha religião" ou "poderíamos ser pegos", mas simplesmente porque interiorizamos determinados nãos em nossa própria espinha dorsal moral. Eles integram o que chamamos consciência ou, em alguns casos, bom senso. Essa espinha dorsal ainda não está completamente desenvolvida na maioria dos jovens de dezesseis anos. Os pais "espinha dorsal" proporcionam tanto a liberdade quanto os limites necessários para ajudar os filhos a criar a própria espinha dorsal moral.

Quando seu filho lhe perguntar: "Posso passar a noite fora com meus amigos?", uma boa resposta é não! Ele provavelmente perguntará: "Por que não?" Nossa resposta típica como pais — "Porque eu disse que não" — é um argumento vazio. Mesmo que seu filho saia pela janela dos fundos depois que você fechar a porta da frente, ele ainda não saberá por que você disse não. Explique a ele por quê. Basicamente, há quatro razões: sexo, prisão, drogas e segurança pessoal.

"Meu filho, você não pode passar a noite fora por causa de quatro motivos: sexo, problemas com a polícia, drogas e segurança pessoal."

"Você não confia em mim!"

"Ah, sim, confio. Confio em você desde o momento em que sai de casa, toda manhã, até quando volta, à noite. Leva menos de dez minutos para uma pessoa se envolver com sexo, polícia ou drogas, e eu confio na sua determinação de não fazer isso. Veja, confio bastante em você. Mas depois da meia-noite, nesta cidade, quando todos estão em casa, não há muito mais a acontecer além de sexo, problemas com a polícia e drogas, e não quero vê-lo numa situação que você não saberia resolver."

"Mas, mãe, todo mundo sai à noite."

"Não é verdade; você não sai."

"Você não me ama."

"Amo, sim."

Seus filhos adolescentes não vão parecer tão impressionados. Muitos, contudo, se sentirão completamente aliviados, pois poderão dizer aos amigos: "Não posso sair porque eles não deixam." Você será o "desmancha-prazer" enquanto a espinha dorsal deles estiver se desenvolvendo.

Não importa que tipo de pais somos; precisamos nos lembrar de que nossos filhos têm livre-arbítrio e estão sujeitos à pressão dos colegas ou do meio. Não importa o que fizermos ou dissermos, alguns adolescentes sairão pela janela dos fundos depois que fecharmos a porta da frente. Se explicarmos a eles o motivo do não em vez de afirmar apenas "Porque eu disse que não", eles terão mais chances de sobreviver lá fora. Dizer não simplesmente não é o bastante.

É típico dos pais "parede de tijolos" dizer não simplesmente, usando as frases "Porque eu disse que não" ou "Porque você fará o que eu mandar". O não é usado como um instrumento de controle para forçar os filhos a ser obedientes. Na família "parede de tijolos", não são dadas explicações. O resultado é que os filhos se conformam, sem pensar na sua participação nas estruturas inflexíveis, impostas de fora para dentro, ou chegam ao extremo de rejeitar até mesmo os valiosos e saudáveis limites necessários para ter uma atuação responsável na sociedade.

Os pais "água-viva" raramente usam a palavra não, se é que o fazem. Isso costuma acontecer porque, tendo vindo de uma família "parede de tijolos", eles juram que nunca irão impor essa "rigidez" aos filhos. Outros pais "água-viva" não têm a espinha moral interiormente desenvolvida para resistir à cobrança dos filhos.

Os filhos de ambos os tipos de pais "água-viva" crescem sem limites e sem nenhuma orientação para ajudá-los a desenvolver uma estrutura moral interior; ou então, devido a uma necessidade de ordem e estrutura, são atraídos por pessoas que se encarregarão de impor essa estrutura em sua vida. E essas pessoas não serão, eu garanto, as mais indicadas para orientar seus filhos. Tanto as famílias "parede de tijolos" quanto as "água-viva" correm o risco de ver seus filhos serem facilmente conduzidos por cultos religiosos ou gangues, nos quais outra pessoa pensa por eles.

Os pais "espinha dorsal" economizam seus nãos para os assuntos importantes, quando não há volta, quando estão seguros do que querem dizer e pretendem executá-lo, pois é fundamental para a segurança e o bem-estar do filho. Junto com o não, eles dão uma explicação significativa. Os filhos, então, começam a desenvolver a própria estrutura moral interna que lhes permitirá atuar de maneira responsável e criativa na sociedade. Eles também estarão aptos a se levantar e bradar contra injustiças.

Economize seus nãos para os assuntos importantes, quando você realmente quiser dizer "Não!" Nas outras ocasiões, quando você sentir que o não está começando a se formar em seus lábios, pare e veja se uma das alternativas seguintes serviria melhor tanto para você quanto para os seus filhos:

1. "Sim, depois."
2. "Espere um minuto."
3. "Convença-me."

## A Repreensão

Joey saiu sem casaco. Ele não está congelando — isso seria uma ameaça à vida dele, e eu teria de intervir. Nesse caso, ele só está com frio. Eu posso repreendê-lo: "Se você tivesse vestido seu casaco, não estaria com frio." Isso ele já sabe. As repreensões contêm informações que os filhos já conhecem ou poderiam facilmente imaginar.

Algumas das repreensões mais clássicas são: "Se você não tivesse batido no seu irmão, não estaria de castigo no seu quarto." "Se você não tivesse comido todos os doces, não estaria passando mal." "Se você tivesse feito como eu falei, não estaria nessa confusão." "Se você tivesse estudado, não teria sido reprovado." Essas frases são parecidas com a de meu marido, quando diz: "Se você não tivesse dado marcha à ré sem olhar, Barbara, hoje teríamos dois carros." Não preciso dessa informação quando estou dentro do ônibus, assim como uma criança não precisa ouvir: "Se você tivesse vestido o casaco, não estaria gripado."

Em vez de repreender o meu filho, eu posso ir lá fora e perguntar: "Joe, você não está com frio?" Tiritando, ele talvez responda: "Estou congelando, vou colocar uma blusa." E eu direi: "Boa idéia." O filho decide como resolver um problema que ele criou. Você sabe tão bem quanto eu que, se entrar em choque com uma criança, acabará perdendo; se você sequer sugerir que ele deveria vestir um casaco, ele será capaz de agüentar até congelar para não admitir que você tem razão — especialmente se tiver treze anos. De maneira nenhuma ele deixará você ganhar.

Em vez de repreensões, os filhos precisam de oportunidades para resolver os problemas com os quais são confrontados ou que eles mesmos criaram. É importante que eles tenham um adulto para apoiá-los: "Você está com um problema, e eu sei que você é capaz de resolvê-lo."

## Perguntas que nos Levam Depressa a Lugar Nenhum

Existem quatro tipos de perguntas para as quais não existe uma resposta razoável e nenhum motivo importante para terem sido feitas.

1. *Perguntas sem uma resposta direta.* ("Por que, diabos, você escreveu em toda a parede?") Você alguma vez recebeu uma boa resposta para essa pergunta? É possível que você receba como resposta algumas histórias compridas e criativas, muitos pedidos de desculpas ou tentativas de pôr a culpa em outra pessoa; contudo, você terá de avaliar a resposta, já que fez a pergunta. Em vez de fazer uma pergunta, faça uma afirmação. As afirmações são muito mais produtivas. ("Vamos conversar sobre o que está escrito na parede." Ou "Dawn, você escreveu na parede. Agora, dê um jeito de limpá-la até o fim do dia.") O controle do problema e a necessidade de uma solução ficam onde devem estar — com a criança.
2. *Perguntas sem opções.* ("Quer fazer o favor de ficar quieto?") E se o seu filho disser não? Você está realmente lhe dando a opção de dizer sim ou não? As

perguntas sem opções na verdade são ordens disfarçadas de pedidos. As afirmações, de novo, são mais produtivas. ("Por favor, fique quieto por alguns instantes enquanto eu descubro para onde vamos.")

3. *Perguntas que castigam.* ("Você nunca é capaz de fazer nada direito?" "Sempre terei de ficar por perto para que você não se meta em problemas?") Essas são perguntas assassinas. Não servem a um propósito construtivo e com certeza atuam contra a auto-estima da criança. Um comentário afirmativo sobre o problema é mais eficaz. ("Você não alimentou a tartaruga hoje de manhã, e ela parece estar muito faminta." "Você precisa encontrar um modo de consertar a janela dos vizinhos.")
4. *Perguntas que parecem fracas, sem graça.* ("É uma boa idéia, você não acha?" "Você se importa se eu fizer um comentário?") Essas perguntas anulam seu poder de afirmação no papel de pai/mãe. Uma vez mais, as afirmações são mais fortes e fazem seu filho saber o que você realmente está sentindo. ("Eu gosto disso." "Preciso fazer um comentário.")

Antes de fazer uma pergunta, indague-se por que está perguntando aquilo. Você precisa fazer a pergunta? Está buscando informação? Uma afirmação funcionaria melhor? "Preciso de ajuda para fazer o bebê dormir" servirá melhor a você do que "Por que diabos essa criança não dorme?" As melhores perguntas são as que fazemos primeiro a nós mesmos antes de a dirigirmos a outra pessoa.

## Ameaças Vazias

"Eu quebro o seu braço, torço o seu pescoço. Você nunca, jamais, sairá de férias outra vez conosco!" Nós não somos pais perfeitos. Quando estamos cansados, exaustos, exasperados, aborrecidos e sem paciência, é fácil recorrer a ameaças vazias para pressionar os filhos a fazer o que deve ser feito. Se você ouvir essas palavras saírem de sua boca, controle-se, pois nem tudo está perdido. Você tem a opção de consertar com uma frase assim: "Falei sem pensar, na verdade não vou quebrar o seu braço. Preciso de cinco minutos para me acalmar e pensar no assunto antes de continuarmos a conversar. E também aceito sugestões."

## Ultimatos

"Se você não parar com isso agora mesmo, vai morar com o seu pai." Você acabou de gastar 10 mil reais com as custas legais para obter a guarda de seu filho e está ameaçando mandá-lo morar com o pai. "Se você não tomar jeito, menina, vou mandá-la para o orfanato." Você sabe que não fará isso, mas ela sabe?

Os ultimatos não deixam espaço para negociação ou manobra. Ao tentar impor o poder absoluto, você se colocou na posição de não ter nenhuma liberdade e deixou o resultado com a criança. E se o seu filho não parar de fazer o que estava fazendo? Você realmente vai obrigá-lo a morar com o pai? Se sua filha não tomar jeito, você vai mesmo mandá-la para um orfanato? Mais sério do que sua perda de poder é o medo do abandono que você inculcou em seu filho só ao fazer uma ameaça.

Em vez de ultimatos, que costumam ser feitos no calor da raiva, dê um tempo para se acalmar, depois volte a conversar com seu filho. "Jim, estou bravo de verdade, vou parar um pouco para me acalmar, então conversaremos sobre esse problema."

## Descomposturas (Sarcasmo, Zombaria e Vergonha)

"Sua irmã nunca fez uma coisa dessas." "Você é igual à sua mãe." "Você nunca vai prestar para nada." "Eu já imaginava que você faria uma coisa estúpida como essa." "Por que você simplesmente não cresce?"

As descomposturas são generalizações e rótulos que reduzem o senso de dignidade e de auto-estima da criança. Os filhos que foram tratados com descomposturas tendem a usar esse recurso contra si mesmos. "Sou um retardado." "Não sou bom para nada." E também em suas relações com os outros. "Você se acha um jogador de futebol?" "Você é idiota."

Por outro lado, as alternativas positivas são específicas e dirigidas ao problema, e não à criança. "Nicki, por favor, tire os pés de cima da mesa." "Por favor, enxagüe os pratos antes de ensaboá-los." "Você pode usar o carro depois que tiver um plano para consertar o amassado."

## Tenha Cuidado!

As estradas estão cobertas de gelo, e sua filha adolescente vai de carro à escola para assistir a uma peça de teatro. Seu primeiro impulso é dizer a ela que tenha cuidado. Ora, se precisa dizer a ela para ter cuidado, por que você lhe daria as chaves do carro? Uma alternativa seria a seguinte: "As estradas estão cobertas de gelo, mas sei que você é capaz de dirigir bem o carro [ou você não estaria lhe dando as chaves]. Vamos rever o que é preciso fazer se o carro derrapar." Diante disso, você provavelmente receberá uma resposta do tipo: "Ah, mãe!" Mas, se ela lhe disser como manejaria o carro, então deseje a ela que se divirta com o espetáculo. Se acontecer de ela dar um cavalo-de-pau na estrada, ela poderá lhe contar depois como foi. De qualquer maneira, ela já sabe que pode acontecer algum problema, que você confia na capacidade dela como motorista e que ela terá liberdade para conversar com você sobre o assunto sem medo de ser castigada. Se você se resumir a um "Tenha cuidado", talvez seja o seu vizinho que venha lhe contar que sua filha deu um cavalo-de-pau na estrada.

"Tenha cuidado" é, na verdade, um pedido, uma diretriz ou uma ordem disfarçada. Pode ser um modo de você tentar dizer ao seu filho que o ama e que se preocupa com ele. Se for esse o motivo para dizê-lo, diga simplesmente: "Amo você e estou preocupado." A autoria da afirmação fica onde deve ficar, com você.

## Pense o que Quiser, Mas é Melhor me Ouvir

Anos atrás, eu passei do ensino secundário para o ensino primário a crianças em crise, e, a certa altura, eu me vi no meio de uma crise, o que não é de surpreender, a não ser pelo fato de que era eu que estava em crise, e não as crianças. Eu tinha problemas regularmente com os pais porque me recusava a mandar os meninos das classes mais adiantadas vestirem o casaco e as luvas. Esses mesmos pais haviam dito que queriam que os filhos aprendessem a pensar por si mesmos, a tomar decisões e a não ser facilmente conduzidos pelos colegas. Não obstante, insistiam em que eu obrigasse seus filhos e filhas de dez anos a vestir o casaco e a colocar as luvas antes de sair para o frio.

Em vez disso, perguntei aos meus alunos por que eles achavam que deveriam usar casacos e luvas. Eles levantaram as mãos e responderam: "Porque minha mãe mandou", ou "Porque a gente pega pneumonia se não usar". A primeira, em si mesma, não é necessariamente uma boa razão, e a segunda não expressa a verdade.

Se você é professor ou professora além de pai ou mãe, aposto que já viu crianças que nunca se agasalham e que, para o seu espanto, nunca faltam. Elas vão à escola todos os dias. Nunca ficam gripadas, nunca pegaram catapora e certamente nem pneumonia. E também existem as crianças cujos pais as enchem de roupas, ligam o aquecedor do carro, levam-nas diretamente à escola e mandam um bilhete ao professor dizendo: "Não deixe meu filho sair no recreio hoje. Está muito frio." Essas mesmas crianças faltam durante metade do inverno por causa de febre, gripe ou aquela mesma pneumonia contra a qual o casaco e as luvas deveriam proteger. Obviamente, não é por isso que você usa casaco e luvas. Não minta aos seus filhos, se você quiser ensiná-los a pensar.

Eu expliquei a eles o verdadeiro motivo para se agasalharem. Segurando um pedaço de carne congelada, eu disse: "Crianças, olhem para esta carne; ela não se move, certo? Está bem fria, não está? Agora sintam seu corpo. Vocês estão bem quentes, não estão? Sintam seu coração, ele está batendo, não está? Se saírem com o casaco abotoado, vocês retêm todo o ar morno dentro do corpo, e assim seu coração continuará batendo. Se saírem com o casaco aberto ou, pior, sem casaco nenhum, vocês ficarão sem ar quente, e o ar frio penetrará em seus órgãos, o coração, os rins, o fígado, deixando-os gelados e duros como esse pedaço de carne!" As crianças exclamaram: "Argh!" Eu não menti para elas. É por isso que vocês usam casaco, pois assim seus órgãos não congelam. "Mas não se preocupem com isso, o corpo sabe cuidar de si mesmo; ele começa a se proteger tirando calor das partes sem as quais pode viver; dessa forma, as mãos serão a primeira parte a ser atingida." Em seguida, mostrei-lhes fotos de mutilações e dedos enegrecidos ou amputados por causa do congelamento. "É por isso que vocês devem usar luvas." A maioria das crianças saiu da aula decidida a não deixar seus órgãos congelarem.

Se você costuma pensar pelos seus filhos, provavelmente está passando adiante um mecanismo familiar bem batido. Procure lembrar-se da última vez que esteve na casa de seus pais. Quando você estava saindo, sua mãe falou: "Não se esqueça de fechar o casaco!"? Você já é um adulto responsável e ainda precisa ouvir: "Não se esqueça de abotoar o casaco." Ou então você está indo para a porta com seus filhos e seu pai diz: "Essa criança está com o casaco bem abotoado?" Prefira pensar por si mesmo, ainda que a mensagem subjacente seja: "É melhor você ouvir o que eu digo."

Richard P. Moffat conta a história de uma amiga que foi visitar a mãe num fim de semana. "Cansada depois de um dia de viagem, ela foi cedo para a cama, pegou um livro e começou a ler. Sua concentração foi interrompida algumas horas depois, quando a mãe bateu na porta e disse: 'É quase meia-noite. Você não acha que é um pouco tarde para ainda estar lendo?' 'Mãe', ela respondeu à mulher de 97 anos. 'Tenho 62 anos e posso ficar acordada até a hora que eu quiser!'"

Em vez de dizer aos filhos em que eles devem pensar, devemos proporcionar a eles bastante informação a respeito de si mesmos e do mundo que os cerca, bem como a oportunidade de tomar muitas decisões, incluindo algumas menos sábias. Desde que essas decisões não tragam risco de vida, não sejam uma afronta à moral nem prejudiquem a saúde, deixe que eles decidam e assumam as conseqüências de suas escolhas, pois assim aprenderão à medida que crescem.

A confiança em si mesmo é um dos primeiros passos para uma pessoa se tornar responsável, diligente, maleável. Segundo Faith Baldwin: "O caráter se constrói lentamente, mas pode ser demolido com uma velocidade incrível." Os filhos não precisam de muitos nãos, repreensões, perguntas desnecessárias, ameaças vazias, ultimatos, descomposturas, advertências ou ordens. Eles precisam é de apoio, explicações, incentivo, oportunidades para ser responsáveis e estímulo para pensar por si mesmos.

*Sejamos mais amáveis uns com os outros.*

— ALDOUS HUXLEY, NO LEITO DE MORTE

## *Capítulo 4*

# Eu Posso Ser Eu Mesmo

Quero que você se entusiasme por quem você é, pelo que você é, pelo que você tem e pelo que ainda pode ser por si mesmo. Quero inspirá-lo a perceber que é capaz ir além de onde está agora.

— VIRGINIA SATIR, PEOPLEMAKING

Você sorri quando seu bebê sorri para você, bate palmas quando ele dá o primeiro passo, ri quando ele diz "mamãe" pela primeira vez — ah, cuidar dos filhos é uma experiência maravilhosa, gratificante. Então você vê a temida palavra se formar nos lábios de seu bebê: "NÃO." Seu filho mal deixou de ser um bebê e atingiu a terrível idade de dois anos, entrou na primeira fase de rebeldia, e você já começa a procurar na certidão de nascimento uma cláusula sobre regressão no tempo.

As crianças tendem a se rebelar em três idades: aos dois anos, aos cinco e durante a puberdade. Elas se distanciam física e emocionalmente das pessoas que lhes são mais próximas, numa tentativa de afirmar sua individualidade e a própria independência. Os filhos se rebelam, aos dois anos, contra a mãe: "Eu posso ser eu mesmo, independente de você." O pai não entende por que a mãe não consegue lidar com essa criança caprichosa e independente de dois anos de idade; e a mãe quase enlouquece. (Acontece o inverso se quem cuida da criança é o pai.) Os filhos se rebelam aos cinco anos contra a mãe e o pai: "Posso ser eu mesmo, independente de vocês dois." Agora o pai fica maluco e a mãe o acalma: "Já passei por isso uma vez, isso passa." E durante a puberdade os filhos se rebelam contra toda a geração mais velha, da qual vocês e eu, por acaso, fazemos parte: "Eu posso ser eu mesmo, independente de todos vocês!" (Se você tem um filho de dois ou cinco anos ou na fase da puberdade e quer saber por que estava a ponto de estourar, agora já sabe. E, se o seu cônjuge está chegando aos quarenta, talvez você tenha quatro pessoas em casa na idade da rebeldia! Fique firme; isso passa, da mesma maneira que todos os aniversários passam.)

A cada fase de rebeldia, na tentativa de estabelecer uma identidade independente dos pais, os filhos encontram inúmeras maneiras de dizer: "Eu posso ser eu mesmo." A criança de dois anos teima em se vestir sozinha, abotoando o primeiro botão na terceira casa, pondo as calças ao contrário e os sapatos nos pés errados.

A criança de cinco anos tem um enorme prazer em contradizer o pai e a mãe publicamente quando um deles tenta relatar a um amigo um incidente que a envolva. ("Mãe, você entendeu errado. Não foi isso que eu disse para o meu irmão." "Mas, pai, você não entendeu nada da história!")

Para a dança na escola, a menina de treze anos decide não usar o vestido que você foi buscar na lavanderia e para isso gastou horas no trânsito na hora do *rush*. Em vez disso, ela prefere vestir as *suas* calças compridas e o suéter favorito do pai. ("Ninguém mais usa vestidos para dançar!")

Embora as três fases de rebeldia sejam uma boa experiência de crescimento tanto para os pais quanto para os filhos, é na terceira fase que os três tipos de família colhem o fruto de seu trabalho. Nessa fase, o adolescente quer dizer: "Posso ser eu mesmo, independente de toda a velha geração."

A menina chega com o cabelo frisado.

O pai "parede de tijolos" diz: "Nenhuma filha minha sai por aí com um cabelo desses. Vá alisar esse cabelo agora mesmo, ou não irá a lugar nenhum." A adolescente pensa: "Não posso ser eu mesma nesta família."

Ela entra na sala usando uma maquilagem que parece uma escala de cores primárias. O pai "parede de tijolos" diz: "Nenhuma filha minha sai daqui com um lixo desses no rosto. Vá limpar isso já, ou eu mesmo arranco tudo!" Ela pensa: "Não posso ser eu mesma nesta família."

O menino sai do quarto com os sapatos amarrados ao contrário. O pai "parede de tijolos" diz: "Amarre esses sapatos direito, senão não vai sair de casa." O adolescente pensa: "Não posso ser eu mesmo nesta família."

Durante meus anos de adolescência, uma amiga minha, que viera de uma família "parede de tijolos", frisava o cabelo, usava maquilagem e enrolava a saia na cintura *depois* de chegar à escola. Se seus pais fossem até o saguão da escola, não reconheceriam a própria filha! Porque, na frente deles, ela não podia ser ela mesma e expressar a pessoa em quem estava tentando se transformar. Minha amiga queria dizer: "Eu sou o que vocês imaginam só quando estou perto de vocês. Não posso dizer quem realmente eu sou — vocês não aprovariam."

Os pais "parede de tijolos" impõem normas rígidas e ditam uma série de fórmulas do tipo não-faça-isso e não-se-atreva. Não ensinam nem orientam; em vez disso, estão o tempo todo estabelecendo um desafio de vontades. Nesse choque de vontades na terceira fase de rebeldia, ou os pais ganham sem apelação e o filho reprime a raiva e a revolta ou as interioriza, ou o filho dá um salto decisivo rumo a uma rebeldia grave, arriscando a própria vida, assumindo atitudes contra a moral vigente ou pondo a saúde em risco. De qualquer modo, o adolescente perde seu senso de dignidade e auto-estima. Ele pensa: "Não posso ser eu mesmo nesta família."

*Quando alguém se esforça para agir de acordo com os padrões e os costumes que os outros querem que ele siga (...) essa pessoa, apesar de contemplar o próprio reflexo no espelho, nunca verá a si mesma.*

— MARY SUMMER RAIN, WHISPERED WISDOM

Os pais "água-viva" do tipo A não querem ficar alheios aos filhos adolescentes; querem competir com eles. A filha frisa o cabelo, a mãe também frisa o dela! Não há uma adolescente na casa; há duas: a mãe e a filha. A adolescente pensa: "Não posso ser eu mesma nesta família!"

O filho chega em casa com uma calça nova; o pai pergunta se ele pode emprestá-la. O filho pensa: "Não posso ser eu mesmo nesta família!"

O adolescente pratica um novo passo de dança que não representa perigo de vida nem uma afronta moral e também não prejudica a saúde (existem poucos desses por aí). Os pais "água-viva" dizem: "Ensine para nós." O pobre filho tem de agüentar os pais dançando na festa da escola. O adolescente pensa: "Não posso ser eu mesmo nesta família!"

Numa família "água-viva" do tipo A, o adolescente se esforça para conseguir qualquer tipo de reconhecimento de que ele é independente dos pais, é diferente deles, é um ser especial e capaz. O problema é que ele não aprendeu com os pais como fazer isso. "Não posso ser eu mesmo, nem mesmo sei quem sou 'eu'." A inconsistência e as mensagens confusas na família "água-viva" do tipo A desorientam tanto o adolescente que ele perde a noção de quem ele é.

Na família "água-viva" do tipo B, os pais proporcionam pouca ou nenhuma estrutura, supervisão ou direção; eles em geral estão ocupados com a própria rebeldia e ausentes de corpo ou espírito. É muito comum o adolescente chegar a extremos no que diz respeito a roupas ou a comportamento, numa tentativa de ser reconhecido. O filho diz: "Não posso ser eu mesmo. Ninguém nesta família sequer percebe que eu estou aqui. Preciso conseguir que me notem de alguma maneira! Por que a minha simples existência não é o bastante? Por que eles não se preocupam comigo?"

*Uma pessoa cuja individualidade é totalmente ignorada sente-se isolada da vida. É como se ela fosse apagada do mesmo modo como se apaga uma luz.*

— EVELYN SCOTT

Os filhos desses tipos de família não conseguem explorar os aspectos de sua individualidade nem sabem o que poderão se tornar. O adolescente "parede de tijolos" tem que ser o que os pais querem que ele seja; ou arriscar-se numa atitude extremamente rebelde, na tentativa de mostrar a eles que ele pode ser o eu que eles não querem que ele seja. O adolescente "água-viva" não tem um modelo ou uma orientação a seguir, nem uma estrutura responsável em que se apoiar. Sem a orientação dos pais, ele se apegará a outros que lhe ofereçam apoio, mesmo que isso signifique o sacrifício da própria integridade, ou então se retrairá, para não ser desapontado ou sofrer mais. Ao se fechar para a dor, ele se fechará também para as possibilidades de alegria que surgem quando a pessoa abraça a vida, assume riscos e se aproxima dos outros.

No papel de pai "espinha dorsal", quando o filho adolescente entrar com o cabelo frisado, o que você pode fazer é demonstrar que não gostou. (Se gostar, a rebeldia perderá o efeito, e ele terá de raspar a cabeça dos dois lados e pintar a parte de cima de vermelho para obter de você a reação de desdém que tanto quer.) Basta olhar para ele, dizer "Argh!" e então acrescentar: "Bem, o cabelo é seu." Você simplesmente deu ao seu filho adolescente a oportunidade de pensar: "Posso ser eu mesmo nesta família!"

Tia Lucy talvez reclame. Os pais "espinha dorsal" agüentam muitos sinais de desaprovação dos parentes "parede de tijolos". ("Você vai deixar seu filho sair de casa desse jeito?") Será preciso uma certa firmeza de sua parte para dizer: "O cabelo é *dele!*" Mas, como resultado, a despeito dos parentes "parede de tijolos", seu filho adolescente poderá afirmar: "Posso ser eu mesmo!"

> *Quando eu me aproximo de uma criança, ela me inspira dois tipos de sentimento: ternura pelo que ela é; e respeito pelo que pode vir a ser.*
>
> — Louis Pasteur

## Um Lado da Cabeça Raspado, com Duas Faixas de Cabelo Pintadas — A Rebeldia do Penteado

Don Shaw, o ex-administrador de "sexo e pecado" (orientador de educação sexual) da nossa delegacia de ensino, costumava dizer que, se você deixar seus filhos tomarem a maioria de suas decisões (desde que elas não representem risco de vida ou afronta moral, nem sejam prejudiciais à saúde) antes de alcançar a puberdade, eles dificilmente sentirão necessidade de se rebelar na adolescência, porque é difícil se rebelar contra a própria decisão pessoal.

Quando meu filho, Joseph, tinha onze anos, as normas de Don realmente influíram na nossa família. Joe chegou em casa e anunciou que queria raspar um dos lados da cabeça e pintar duas faixas de cabelo. Eu lhe respondi que, na verdade, não gostaria daquilo, mas, como não constituía risco de vida ou afronta moral, nem era prejudicial à saúde, e como o cabelo voltaria a crescer, eu poderia conviver com o fato. Fomos ao salão, e eu fiquei lendo um bom livro enquanto o cabeleireiro lavava o cabelo de Joe, comentando que muitas meninas dariam tudo para ter uma cabeleira igual à dele. Então Joe lhe disse o que queria, e o rapaz veio me perguntar: "Tudo bem se eu raspar um dos lados da cabeça de seu filho e deixar duas faixas pintadas?" Eu disse que não iria gostar nem um pouco daquilo, mas que não havia risco de vida, afronta moral nem prejuízo da saúde, e, afinal de contas, o cabelo cresceria depois. Ele me olhou e comentou: "Ele disse a mesma coisa!" Como os filhos aprendem depressa as normas!

O cabeleireiro raspou um lado da cabeça e deixou duas faixas. Ele conseguiu deixar o penteado com um certo estilo por um dia — que é uma habilidade própria dos cabeleireiros. No dia seguinte, Joe não sabia o que fazer com o lado raspado da cabeça. As irmãs, que normalmente o desprezavam, estavam no banheiro com laquê e musse, tentando ajudá-lo. Ele sobreviveu àquele corte de cabelo e a sete ou oito cortes ainda mais interessantes naquele mesmo ano. Então começou a sétima série com um penteado bastante tradicional.

Também sobrevivemos àquele ano, embora as reuniões em família às vezes fossem difíceis. Vocês precisavam ouvir o que diziam os parentes. "Barbara, você passa muito tempo longe de casa!" Era culpa minha que meu filho fizesse aquilo com o cabelo! Passo de cinco a sete dias por mês em viagens de palestras; fora isso, fico em casa, mas era minha a culpa de Joseph ter feito aquilo com o cabelo. (Se você, que é mãe, voltou a trabalhar fora depois de ter ficado não importa por quanto tempo sem ter um emprego fora de casa, esteja certa de que tudo o que acontecer de errado com seus filhos será por sua culpa, porque você "foi trabalhar". E se você tiver ficado em casa com seus filhos não importa por quanto tempo e algo der errado, será, de novo, por sua culpa: você os sufocou. Parece que não tem mesmo jeito!)

Outro comentário muito comum era: "Se você o deixou fazer isso aos onze anos, o que ele fará aos dezesseis?" Eu acredito que, se você deixar os filhos fazerem escolhas e cometerem erros *baratos*, esses erros e escolhas raramente se tornarão caros depois. Os filhos crescem aprendendo com o que é barato.

Numa ocasião, uma tia de Joey repreendeu-o pelo corte de cabelo. Maria, a irmã dele, saiu em sua defesa: "Tia, isso não representa um risco à vida, não é uma afronta moral, não faz mal à saúde e, além do mais, o cabelo já está crescendo de novo."

## Às Vezes, a Escolha das Palavras Faz Toda a Diferença

Uma das amigas de Maria pediu-lhe que fizesse trancinhas no cabelo dela. O namorado da garota gostou tanto do resultado que perguntou a Maria se ela poderia fazer o mesmo com o cabelo dele. Mais do que feliz por agradar, Maria trançou todo o cabelo dele cuidadosamente, procurando não deixar um fio sem trançar. Parecendo um porco-espinho, o menino entrou em casa com as meninas atrás dele, já prevendo a reação da mãe. Depois de observar toda a cena, a mãe exclamou: "Realmente, gostei da camisa que você está usando." Ela não fez nenhum comentário sobre o cabelo. Depois de dormir com as tranças durante duas noites e não obter nenhuma reação dos pais em relação ao penteado novo, ele pediu a Maria que o ajudasse a desfazer as tranças.

## Como Pensar, Não o que Pensar

O verdadeiro poder dos pais reside na capacidade de delegar poder aos filhos, e não em controlá-los e fazê-los obedecer. É fácil falar; difícil é fazer. Nós costumamos dizer que queremos que nossos filhos sejam responsáveis, diligentes, maleáveis, pessoas amorosas que sabem como pensar, e não só em que pensar. No entanto, geralmente nos vemos ensinando-os a pensar com base no que pensamos. Desde o tempo em que nossos filhos engatinhavam, nos ouvimos dizendo a eles: "Pense por si mesmo. Não esqueça o casaco e as luvas." "Pense por si mesmo. Você não tem de estudar para a prova?" "Se você tivesse guardado os sapatos no lugar certo, não estaria procurando por eles agora." "Quantas vezes tenho de lhe dizer para pensar por si mesmo?" Muitos filhos passam os primeiros anos da vida adulta tentando entender como pensar por si mesmos, porque aprenderam tão bem o que pensamos que raramente tiveram a oportunidade de praticar como pensar.

Para acreditar que podem resolver os próprios problemas, os filhos precisam de auto-estima, integridade e de uma noção de seu próprio poder. O hábito de assumir responsabilidades e tomar decisões ajuda a criar esse poder. Um modo excelente de ensinar aos filhos a arte de tomar decisões é permitir que eles pratiquem, guiá-los nesse processo sem fazer julgamentos e deixá-los crescer com os resultados de suas decisões. Os erros e as más escolhas passam a ser de responsabilidade da criança. O incômodo ou o desconforto que decorrem das escolhas só serão superados depois que ela entender o problema de maneira construtiva. Se ela tiver poder sobre a situação, sua dignidade, sua integridade e sua auto-estima serão reforçadas.

Uma vez que a responsabilidade e a tomada de decisões são pré-requisitos da disciplina, precisamos confiar que nossos filhos podem assumir responsabilidades e dar-lhes oportunidades de tomar decisões importantes ao longo da infância. As responsabilidades e as decisões precisam ser significativas e adequadas à idade. Pedir a um rapaz de quinze anos para cortar a grama é adequado; para uma criança de cinco, não é. Um menino de quatro anos pode ajudar a separar a roupa para lavar; um garoto de doze deve ser capaz de separar, lavar, secar, dobrar e guardar a roupa, o que não quer dizer que ele necessariamente faça tudo isso com alegria. Uma menina de seis anos não tem a experiência ou o conhecimento necessários para escolher a escola que irá freqüentar; já um adolescente de dezesseis tem capacidade de escolher os cursos que quer fazer;

um rapaz de dezoito anos pode decidir ir ou não à escola, sabendo e aceitando as conseqüências da escolha que fez.

Algumas coisas não são negociáveis. Em nossa casa, quem sair de bicicleta, não importa que tenha cinco, quinze ou quarenta anos de idade, terá de usar capacete. Nossos filhos sabem que o carro só sai quando todos os passageiros tiverem colocado o cinto de segurança.

Algumas decisões e responsabilidades os pais devem reservar a si mesmos. Embora os pais possam fazer escolhas diferentes, antes de mais nada cada um deles deve se perguntar: *Estou guardando essa decisão ou responsabilidade para mim porque não quero deixá-la para meus filhos por medo de perder o controle, ou porque essa atitude é própria de um pai consciente e amoroso?*

Observe as responsabilidades e decisões que você mantém para si e as que está disposto a deixar seus filhos assumirem. A partir do dia em que começamos a deixar que eles assumam responsabilidades e tomem decisões, até eles saírem de casa, é bom termos um plano para aumentar constantemente o número de oportunidades para que eles façam isso. Então, quando saírem de casa, eles serão capazes de tomar as próprias decisões e assumir a responsabilidade pelo próprio comportamento. Isso não acontece sem mais nem menos — precisamos fazer acontecer.

## Pijama Vermelho, Pijama Azul ou uma Peça de Cada

Anna, Maria e Joe conseguem tomar muitas decisões. Não conseguem tomar todas. Quando Joe era criança, eu não dizia: "Você quer ir para a cama ou não?" Essa não era uma decisão que ele podia tomar aos três anos de idade. Mas eu dizia: "Você quer ir AGORA para a cama com seu pijama vermelho ou ir AGORA com seu pijama azul?" Que pijama usar é uma decisão que uma criança de três anos pode tomar. Meu filho de três anos, obstinado e criativo, apareceu com a calça vermelha e o paletó azul. Isso não representava um risco à vida dele, não era uma afronta moral nem prejudicial à saúde, então por que não? Não teria sido a minha escolha, mas era uma pequena oportunidade para ele dizer: "Eu posso ser eu mesmo." Quando ele ia se vestir para ir à escola primária, eu dizia: "Aqui estão três tipos de roupa. Escolha um." Havia dias em que Joe misturava os três tipos de roupa. Cansada dos olhares de estranheza que as pessoas me dirigiam quando eu deixava meu filho na escola, fiz um *button*, que Joe ostentava orgulhosamente, no qual se lia em letras garrafais: "Eu me vesti sozinho!" (Tive vontade de "ressuscitar" aquele *button* mais tarde e pedir aos meus adolescentes independentes que o usassem.)

À medida que os filhos vão ficando mais velhos, as responsabilidades e as oportunidades de tomar decisões aumentam. "Maria, aqui estão as peças do uniforme da escola, e aqui está a roupa de brincar. Escolha alguma coisa do uniforme." Maria ainda costuma aparecer com camadas de roupas — todas as peças do uniforme, só que em camadas. Dia de ginástica: ela aparece de calça colante verde-escura, *collant* verde-claro, *short* vermelho, polainas brancas entre o *short* e os tornozelos, de modo que o verde da calça sobressaia; tênis de cano alto, sem cadarços (não faço a menor idéia de como eles param nos pés durante o dia inteiro), um camisão enorme listrado de vermelho, verde, amarelo e azul — o verde, naturalmente, não combinando com o do *collant*, de modo que o do *collant* se destaque. De novo, preciso me lembrar: não traz perigo de vida.

Nossa filha de dezoito anos vem escolhendo as próprias roupas desde que tinha dois anos e meio. Não dizemos: "Aqui estão três vestidos; escolha um. Estas são as peças do uniforme, estas as suas roupas de brincar." Ela já passou dessa fase. Consideramos que agora ela é capaz de escolher as próprias roupas. Eu gosto quando ela me pede conselhos, mas também confio em sua capacidade de pensar por si mesma.

## Meia Azul, Meia Rosa, Meia Amarela — A Escolha de uma Menina de Opinião

Os pais de uma garota de seis anos estavam preocupados porque a filha era incapaz de escolher as roupas certas para a escola, uma vez que a mãe sempre as separara, todas as manhãs, até aquele momento. Alguns dias depois de dar à filha a oportunidade de escolher as próprias roupas, a mãe ficou um pouco surpresa quando a filha apareceu para o café da manhã com uma meia azul em um pé e uma amarela no outro. Isso nunca teria acontecido quando era a mãe que escolhia as roupas. Ela fez um comentário sobre as meias de cores diferentes, e a filha respondeu: "Ah, sim, eu só consegui achar uma azul, uma rosa e uma amarela, e nós sabemos que cor-de-rosa e azul não combinam." A menina havia pensado e fizera o que lhe parecera ser a escolha lógica.

## Quando uma Escolha Não é Realmente uma Escolha? Quando é Feita com Restrições

Na família "parede de tijolos", quando os filhos chegam ao início da adolescência, em vez de responsabilidades crescentes e oportunidades de tomar decisões, há uma tendência por parte dos pais de recomeçar. ("Eis aqui três vestidos. Escolha um.") Até então, o filho adolescente aprendeu a agradar aos pais "parede de tijolos". Ele sabe que, se escolher o vestido "errado", o pai ou a mãe vão gritar: "Você não pode usar isso!" Ou dirão mais sutilmente: "Você pode usar esse vestido, se é o que quer. Só não diga seu sobrenome a ninguém." Uma resposta ainda mais ameaçadora seria: "Você pode usar esse vestido estranho na reunião da família, mas lembre-se de que sua avó tem coração fraco."

Os principais problemas surgem quando o adolescente decide que não quer mais agradar aos pais. Mais de uma vez, pais "parede de tijolos" me disseram: "Olhe para esse menino. Ele era um bom garoto, tão comportado, tão amável, tão bem vestido. Agora, olhe só para ele!" Eu respondia: "Vocês querem saber de uma coisa? Ele não mudou. Quando ele era mais jovem, ele se vestia como vocês mandavam; ele agia do modo como vocês recomendavam; dizia as coisas que vocês ordenavam. Ele sempre fez o que o mandaram fazer. É isso o que ele tem feito. Ele não mudou. Ele ainda ouve alguém que lhe diz o que fazer. O problema é que esse alguém não são mais vocês; mas os colegas dele. O menino não aprendeu *como* pensar."

## Sem Escolha, Sem Sentimento de Individualidade, Sem Integridade

Na família "água-viva", responsabilidades e oportunidades de tomar decisões não existem ou são ocasionais até o período da adolescência, e continuam assim depois. Esses adolescentes ou procurarão outros que os conduzam, ou aprenderão a ser totalmente auto-suficientes e se recusarão a confiar em quem quer que seja no que diz respeito a apoio, incentivo ou conselho. Os que costumam procurar os outros se ligam a líderes fortes, carismáticos, que preenchem uma lacuna ou uma necessidade. Os adolescentes logo adotam a visão do líder, mesmo que essa visão se aproveite de sua vontade, seu espírito e seu corpo. Na falta de um forte sentimento de individualidade, esses jovens só se definem em relação a quem se ligaram. Os que se mantêm totalmente auto-suficientes e ferozmente independentes nunca experimentam as alegrias e o bem-estar de ser interdependentes. O lema deles é: "Se tem de ser feito, eu o farei sozinho."

## Criança Decidida Mais Pais Solidários é Igual a Pensador Independente

Para os que têm filhos voluntariosos, eu gostaria de apontar uma característica desse tipo de criança que os pais podem não apreciar completamente, se os filhos ainda são muito novos. Nos últimos anos da adolescência e nos primeiros anos da fase adulta, esse tipo de filho dá muito menos trabalho aos pais do que os filhos mais dóceis. Os filhos dóceis são muito facilmente conduzidos quando crianças, porque granjeiam a aprovação e a satisfação dos adultos. Da mesma maneira, são influenciados com facilidade no período da adolescência, porque ainda buscam as mesmas duas coisas: aprovação e agradar aos colegas. Os filhos voluntariosos nunca se deixam conduzir por ninguém — nem pelos pais, nem pelos colegas. Portanto, alegre-se por seu filho ter bastante força de vontade enquanto pequeno e, quando as coisas ficarem difíceis entre vocês, dê-lhe um forte abraço e saiba que o pensamento independente que você está incentivando servirá bem a ele na fase da adolescência.

Observe as responsabilidades e as oportunidades de tomar decisões que você dá aos seus filhos em casa e verifique se elas estão aumentando à medida que eles crescem. Reserve para si as que você acha que precisa manter como pai ou mãe sábio e atencioso. O restante você pode entregar aos seus filhos.

Os adolescentes da família "espinha dorsal" sabem, desde muito pequenos, que os pais os ouvem e se preocupam com eles, e que sempre foram e ainda são importantes para os pais. Eles sempre puderam expressar seus sentimentos livremente, cometer erros, crescer com esses erros e dar os passos necessários para se tornar pessoas responsáveis, diligentes, maleáveis, amorosas, capazes de agir de acordo com os próprios interesses, cuidar de si mesmas, fazer valer seus direitos, ao mesmo tempo que respeitam os direitos e as necessidades legítimas dos outros. Eles começam verdadeiramente a desenvolver sua personalidade individual. Os pais "espinha dorsal" proporcionam uma rede de apoio por meio das seis mensagens decisivas na vida de uma pessoa; eles disciplinam dando sentido ao aprendizado dos filhos; ensinam a eles como pensar, não só em que pensar; permitem e encorajam toda rebeldia que não seja uma ameaça à vida, uma afronta aos princípios morais ou prejudicial à saúde. Os filhos dizem: "Posso ser eu mesmo nesta família."

Se você incentivar seus filhos, enquanto eles forem jovens, a expressar-se por meio de pequenas rebeldias, escolhas e decisões, quando eles chegarem à terceira fase de rebeldia terão a "espinha dorsal" que os ajudará a desenvolver a própria identidade.

*Dominar os outros é sinal de força,*
*Dominar a si mesmo é poder de verdade.*

— Tao Te Ching

## *Capítulo 5*

# Como Manter a Calma Sem Anular os Sentimentos

> Qualquer um pode ficar bravo — isso é fácil. Mas ficar bravo com a pessoa certa, na medida certa, no momento certo, com o propósito certo e da maneira certa... isso não é fácil.
>
> — ARISTÓTELES

Um aluno de nove anos da minha classe de alunos excepcionais ouvira dos pais, professores e orientadores que sua coordenação visual-motora era ruim, e que às vezes nem os olhos nem as mãos faziam o que o cérebro mandava. Um dia, porém, sua coordenação foi boa o bastante para dar um belo murro no queixo de outro aluno. Ele me olhou e se desculpou: "Eu disse à minha mão para não fazer isso, mas ela não me obedeceu."

Ele aprendera bem a lição, e esperava que essa desculpa funcionasse, como acontecia normalmente. Portanto, ficou muito surpreso com a minha resposta: "Você está bravo, e só *você* é responsável pelo modo como controla a sua raiva. Ninguém mais. Acho que você precisa de algum tempo para se acalmar e descobrir outra forma de controlar a raiva. Eu sei que você é capaz de fazer isso. Nesta aula, se uma pessoa bater em alguém, tem que se sentar, e não na nossa sala, mas na 'sala da oportunidade', que é a última chance de ela ficar aqui."

Acostumado a ter o seu comportamento desculpado por causa da deficiência, ele se queixou: "Mas ele me deixou bravo! A culpa não foi minha! Ele me *fez* bater nele." Ele tinha um caminho a percorrer antes de entender uma das verdades mais importantes do relacionamento humano: as outras pessoas não podem deixar você com raiva. Podem caçoar de você, provocá-lo ou tentar fazer você ficar com raiva, mas no fim é você quem escolhe a sua reação. E só você é responsável por essa escolha e por aceitar as conseqüências que advêm dela.

Um aluno de doze anos se atirou ao chão da sala de aula em pleno acesso de raiva. Como um aluno com necessidades especiais, ele estivera em tantos tipos de terapia que trazia todo o jargão na ponta da língua. Ele saberia me dizer se estava demonstrando o seu id, o seu ego ou o seu superego depois de passar por uma terapia freudiana; se era o opressor ou o oprimido, caso tivesse se submetido a uma terapia de Gestalt; e me diria se eu estava expressando o meu aspecto de pai, adulto ou criança, depois de algumas sessões de análise transacional. Na verdade, essa criança provavelmente tiraria uma nota mais alta do que a minha nos exames para o grau de mestre em disfunção emocional. Enquanto ele se debatia, agitando os braços e os pés no chão, eu fiquei ali parada, observando-o com descrença. Ele me olhou e, com toda a sinceridade, com uma lágrima rolando pela bochecha, choramingou: "Não posso evitar isso, sou emocionalmente perturbado!" Ele estava sendo sincero. E ainda não entendia que fora o seu comportamento, antes de mais nada, que o colocara numa classe de alunos com distúrbios emocionais e de comportamento. Se ele não agisse dessa maneira, não teria a "perturbação emocional".

Uma menina dessa mesma classe estava sempre tentando cuidar dos sentimentos de todo mundo ao mesmo tempo que se desculpava por ocupar espaço. Por ter sido vítima de maus-tratos e depois abandonada, ela se sentia culpada e amedrontada quando se via divertindo-se, e vivia em constante estado de alerta diante do menor sinal dos adultos de que estavam bravos, transtornados ou prontos para bater nela.

Nenhuma dessas crianças aprendera a aceitar os próprios sentimentos, a assumir a responsabilidade por eles e a reconhecer que podiam ser responsáveis pelo modo como agiam em relação a esses sentimentos.

Durante minha fase de crescimento, eu costumava atribuir minhas explosões de raiva ao meu temperamento instável, herdado, com certeza, do meu pai, que por sua vez dizia tê-lo herdado do pai dele. Eu observava esse temperamento em ação com regularidade, e acabei copiando-o. Aos dezoito anos, percebi que meu temperamento era independente do de meu pai — ele tinha o dele, eu tinha o meu, e só eu era responsável pela maneira como controlava o meu. Os sentimentos não iriam desaparecer. O que eu precisava era encontrar um jeito melhor de lidar com eles.

Mesmo agora, aos 45 anos, quando estou cansada, irritada, frustrada e com a paciência esgotada, o velho comportamento, o temperamento instável, está sempre à mão. Mas, sabendo que ele está lá, agora tenho a capacidade de reconhecer essa machadinha antes de usá-la com meus filhos. Eu consigo deixá-la de lado e esperar até encontrar um recurso mais adequado.

Quem cresceu com mecanismos destrutivos talvez nunca consiga se libertar totalmente, mas podemos ter o cuidado de não usá-los com nossos filhos. E devemos nos alegrar, pois, graças à nossa determinação e decisão, é provável que eles não encontrem esses mecanismos em suas respectivas caixas de ferramentas. Meus filhos me dão esperança. Eles não "herdaram" meu temperamento. Não acho que essa seja uma questão genética, mas sim de aprendizagem.

As crianças que, num acesso de raiva e frustração, atiram um livro de matemática pelos ares talvez não conheçam outros meios de expressar sua raiva. É possível que elas tenham visto os pais, irados, lançando pratos pela cozinha. As crianças que batem nos colegas podem ter sido agredidas e censuradas pelos pais por um mero erro ou apenas por estar no caminho deles. As crianças que se atiram ao chão esperneando e gritando quando não conseguem alguma coisa aprenderam que essa técnica fisga os adultos a quem elas estão querendo atingir. Essas práticas são todas aprendidas.

É possível ensinar os filhos a substituir esses atos irresponsáveis por expressões mais adequadas e responsáveis de seus sentimentos. Porém, em primeiro lugar, eles precisam saber que é correto sentir. É correto ficar contente, preocupado, alegre, triste, bravo, frustrado e magoado. Os sentimentos atuam como motivadores do crescimento ou como sinais de advertência de que algo precisa mudar. Quando estamos preocupados ou alegres, temos energia para crescer e nos expandir. Quando estamos zangados ou magoados, nossos sentimentos estão avisando à nossa mente e ao nosso corpo que algo não está bem e precisa ser mudado. Às vezes, o que precisa mudar não é a situação em si, mas a nossa visão dela. Ficar com raiva porque estou presa numa fila comprida do caixa, depois de ter escolhido com cuidado a fila que parecia estar andando mais rápido, é desagradável, improdutivo e, na verdade, faz a espera parecer mais longa. Por outro lado, se eu decidir atualizar o canhoto do meu talão de cheques enquanto espero, estarei mudando minha perspectiva da situação, uma vez que não posso, no momento, fazer nada quanto à fila. Escolher meu próprio caminho para reagir a uma situação é reconhecer que nem sempre sou capaz de controlar o que acontece comigo. O que posso controlar é como *lido com* o que acontece comigo. O mesmo se aplica às emoções. Os sentimentos não são bons nem ruins — são reais. O que fazemos com eles é de nossa responsabilidade. Ou eu fico com raiva e deixo essa raiva me consumir enquanto extravaso em quem estiver por perto, ou reconheço esse sentimento como um sinal de advertência de que algo precisa mudar — ou a minha atitude perante a situação, ou a própria situação. A escolha é minha.

Viktor Frankl, psiquiatra e sobrevivente do Holocausto, escreveu de maneira eloqüente, em *Man's Search for Meaning*, sobre as escolhas que fazemos: "Nós, que vivemos em campos de concentração, podemos nos lembrar dos que caminharam pelas cabanas consolando os outros e doando o seu último pedaço de pão. Talvez tenham sido poucos, mas foi o bastante para nos mostrar que tudo pode ser tomado de uma pessoa, menos uma coisa, a última das liberdades humanas: escolher uma atitude pessoal em qualquer circunstância — decidir o próprio caminho."

## Sentimentos nos Três Tipos de Família

### A FAMÍLIA "PAREDE DE TIJOLOS"

Na família "parede de tijolos", em que os pais exigem obediência e comandam pelo medo, os filhos aprendem, desde a mais tenra idade, a não expressar os verdadeiros sentimentos, o verdadeiro eu. As expressões espontâneas de alegria, preocupação e felicidade são abafadas, porque todos os sentimentos são abafados pelos pais. Raiva, hostilidade, oposição e tristeza são todos castigados. Finalmente, o filho se torna tão precavido em relação aos pais que não expressa nenhum sentimento espontaneamente; primeiro ele tem de "verificar" com os pais se o sentimento é correto.

Na família "parede de tijolos", quando os filhos pequenos exploram o ambiente, são esbofeteados, repreendidos com gritos por tocarem em alguma coisa ou então lhes dizem para ficar calados e quietos. Quando eles pisam numa poça de lama só por diversão, os pais ordenam que eles vão para dentro, se limpem e nunca mais façam aquilo de novo. Quando eles tentam consolar os irmãos que estão chorando, são advertidos a deixá-los em paz. Se eles param para pegar flocos de neve, ordenam-lhes que se apressem e entrem para não apanhar um resfriado. Sendo depreciados desse modo, os filhos começam a acreditar que não têm nenhum valor e passam a se sentir culpados e ansiosos quando estão contentes. Eles ficam sempre atentos aos menores indícios de raiva iminente dos pais. Como raramente vêem os pais sorrindo e desfrutando a vida, os filhos dificilmente sorriem e desfrutam sua própria vida. A mensagem implícita é que a vida é para ser suportada, não desfrutada.

Os sentimentos de raiva, medo, tristeza ou dor não são apenas abafados; são castigados diretamente ou negados. ("Não bata os pés, senão eu bato em você." "Não fale comigo assim, senão lavarei sua boca com sabão." "Na sua idade, você já deveria ser capaz de dormir com a luz apagada." "Você é um medroso." "Não chore, era só um esquilo." "Homens não choram." "Você vai continuar apanhando até parar de chorar e me dizer que sente muito." "Levante-se, o tombo não foi assim tão feio!")

Proibidos de expressar suas emoções, os filhos ficam presos em sua raiva, em seu medo, em sua tristeza e em sua dor. Às vezes, eles se recusam a reconhecer que estão com raiva ou magoados e não têm como liberar a energia produzida por esses sentimentos. ("É exatamente assim que meu pai é. Aprendi a conviver com sua rudeza. Ele só faz isso para o meu próprio bem." "Nunca choro quando ela me bate. Nunca deixarei que ela me veja chorar." "Não dói muito.") A energia se acumula por dentro, como a pressão do vapor em uma caldeira. Por fim, ocorre um dos três resultados abaixo:

1. **Atos passivo-destrutivos contra o eu.** Atos passivo-destrutivos contra o eu são um sinal de pouca auto-estima ou raiva de si próprio. Alguns exemplos são: afirmações depreciativas dirigidas a si mesmo, mutilação do corpo, compulsão sexual, vício em drogas, alcoolismo, doenças psicossomáticas, melancolia, distúrbios alimentares, depressão e o supremo ato autodestrutivo: o suicídio. Uma pessoa passivo-destrutiva costuma não tratar abertamente dos seus sentimentos ou culpar os outros por serem a "causa" deles. ("Tudo bem, não estou triste." "Ele me obrigou a fazer isso." "Ninguém se preocupa comigo de jeito nenhum.") Em vez de resolver o problema, os atos passivo-destrutivos destroem a pessoa que tem o problema.
2. **Atos de agressão contra os outros.** Atos de agressão contra os outros são ações praticadas deliberadamente para prejudicar as outras pessoas. Alguns exemplos são: brigas corporais, discussões, culpar os outros, extorsão, chutar o gato, maltratar crianças, espancar o cônjuge e assassinato. As pessoas agressivas tentam controlar os outros com a força bruta, a ofensa verbal ou uma combinação de ambos. ("Me dê o dinheiro, senão acabo com você." "Ei, idiota, ainda não terminou de amarrar os cadarços do sapato?" "Você está parecendo uma vadia! Venha cá, que vou lhe esfregar esse lixo na cara!") Os atos de agressão contra os outros não resolvem o problema original. Em vez disso, criam novos.
3. **Atos passivo-agressivos (uma combinação dos outros dois).** Os atos passivo-agressivos combinam os dois primeiros de um modo criativo, que indica que a pessoa não é responsável por si nem pelos outros. Em seu livro *Personal and Social Responsability*, Constance Dembrowsky, notável autoridade em educação voltada para a responsabilidade, descreve as pessoas passivo-agressivas como as que

> procuram atingir os outros de maneira furtiva, indireta. Não lidam diretamente com as pessoas ou com os assuntos, mas usam meios tortuosos para atingi-los por trás. (...) Fazem observações ou passam descomposturas sarcásticas e dizem que só estavam brincando. Fingem esquecer sua raiva, mas fazem o possível para mantê-la de várias formas: minando as situações; esquecendo coisas; fingindo entender mal e fazendo errado; chegando atrasadas mas sempre tendo uma boa "desculpa"; e interpretando as palavras de alguém literalmente e fazendo *exatamente* o que lhes pediram, mesmo sabendo que não era a intenção da pessoa. Na verdade, elas alimentam a raiva e usam a energia negativa para atingir a pessoa de quem têm raiva por trás, com artifícios indiretos, que sugerem que elas não fizeram aquilo de propósito.

O indivíduo passivo-agressivo destrói a si mesmo física, mental e emocionalmente; prejudica os outros; e cria mais problemas.

*Deus salve as crianças*
*presas no jogo*
*que vivem com medo*
*que escondem a dor*
*agredidas por demônios*
*gritando em vão*
*sentindo raiva*
*e depois fazendo o mesmo.*

— Steve Lynch, em The Carleton Voice

## A FAMÍLIA "ÁGUA-VIVA"

Na família "água-viva", os filhos não aprendem a identificar ou a expressar os sentimentos de maneira responsável. Com freqüência, os adultos exprimem os próprios sentimentos e reagem aos dos filhos de maneira extrema. Ou os pais sufocam o filho e procuram assumir as emoções dele, não o encorajando a resolver os próprios problemas e protegendo-o das conseqüências de expressar seus sentimentos, ou desconsideram totalmente os sentimentos da criança, por abandono ou negligência. ("Anime-se, não é assim tão ruim. Vamos tomar um sorvete e esquecer tudo." "Ah, vou telefonar para o seu amigo e dizer a ele que você não pretendia magoá-lo. Vamos convidá-lo para vir jogar aqui em casa." "Não fique triste por causa do seu esquilo. Eu arrumo outro para você." "Sei que você não pretendia bater nela. Além do mais, ela não deveria ter provocado você." "Não me aborreça agora. Não vê que já tenho problemas suficientes?")

Uma vez que os limites são poucos ou inexistentes na família "água-viva", os sentimentos dos pais e dos filhos se misturam, e a criança fica sem saber de quem são os sentimentos. O filho ganha um concurso na cidade. A mãe fica eufórica e o cumprimenta calorosamente: "Estou tão orgulhosa de você! Você me deixou tão feliz!" Os sentimentos do filho nunca são examinados nem reconhecidos; o que é enfatizado é o modo como a mãe se sente. O resultado é que o filho se vê na obrigação de manter a mãe feliz, ganhando cada vez mais concursos, mesmo se não quiser participar deles. O filho pensa: "Mamãe está tão contente, e eu me sinto culpado por não querer fazer as coisas que a deixam feliz; então, vou procurar ficar alegre por tomar parte nos concursos, mesmo que isso me faça mal ao estômago." Ele nunca encontra liberdade para dizer à mãe: "Só de pensar em outro concurso sinto medo." O filho aprende a fingir isso, fica confuso sobre o que realmente está sentindo e faz o que for preciso para agradar aos pais, sacrificando a si próprio. Ele permanece excessivamente atento aos sentimentos e às necessidades dos outros, prejudicando sua consciência de si mesmo. Ele aprende que seus sentimentos não são tão importantes quanto os das outras pessoas; aprende a cuidar dos outros à custa do próprio bem-estar mental e físico.

Se os pais "água-viva" livram constantemente o filho de emoções e situações, o filho aprende a ser dependente dos outros para definir os próprios sentimentos. Ele também fica impotente para resolver os próprios problemas e se apressa a pôr a culpa nos outros. "Não chore por causa do peixe-dourado, Susan. Eu sei que você pretendia alimentá-lo", diz o pai. "Todos nós nos esquecemos, às vezes. Além do mais, aposto que ele já estava doente quando seu amigo o deu para você. Vamos sair e arrumar um animal de estimação de verdade." Por fim, a criança começa a ficar com raiva e ressentida por não ser ouvida de verdade; ela passa a duvidar dos próprios sentimentos, e até mesmo a deixar que os outros resolvam as situações por ela, ou a agredir a pessoa que demonstrar ser capaz de solucionar os próprios problemas.

Se os pais abandonam ou negligenciam o filho, ele aprende a pôr de lado ou a esconder os sentimentos de medo, dor, tristeza e raiva, pois estes o impedem de cuidar dos sentimentos dos pais e, assim, de ser capaz de permanecer unido a eles. Ele aprende a não confiar nos outros e a manipular as pessoas para conseguir o que quer. Alegria, preocupações e felicidade são sufocadas. Por fim, o filho passa a ser ou muito auto-suficiente, não permitindo nenhuma intimidade em sua vida, ou um adulto carente, esperando o tempo todo que os outros o façam sentir-se seguro, amado e protegido. Talvez ele se torne um grande candidato a entrar para uma seita, uma gangue, uma rede de prostituição, ou então seja uma pessoa permanentemente infeliz e desapontada com o casamento. Ele pode desfrutar a vida, mas negligenciando a mente e o corpo, ou se transformar numa pessoa rabugenta que tiranize física e verbalmente as pessoas. Ou, na pior das hipóteses, ele será apenas um arremedo de ser humano, impiedoso e com um terrível espírito vingativo, golpeando a tudo e a todos que se interponham em seu caminho.

## A FAMÍLIA "ESPINHA DORSAL"

Na família "espinha dorsal", os sentimentos são tratados de um modo radicalmente diferente. Os pais costumam fazer cinco coisas:

1. **Reconhecem os próprios sentimentos e os identificam.** "Estou com raiva. Estou magoado. Estou chateado. Estou contente. Estou triste. Estou frustrado. Estou preocupado." Eles expressam todas as emoções. Os filhos os vêem rir e chorar, ficar alegres, tristes, com raiva, com dor, frustrados. Eles aprendem que é correto sentir e expressar os sentimentos.
2. **Admitem que estão com raiva, magoados ou com medo, então procuram agir de forma responsável e significativa ao comunicar essas emoções.** Não só verbalizam os sentimentos, mas também permitem que o corpo inteiro os expresse de um modo positivo. Não negam que estão tristes quando os olhos se enchem de lágrimas. Não negam que estão com raiva; por isso, saem do quarto pisando duro. Os filhos aprendem que há manei-

ras construtivas de superar um sentimento. Não precisam negar os próprios sentimentos ou se desculpar por eles.

3. **Fazem declarações afirmativas sobre si mesmos.** ("Eu consigo fazer isso!" "Eu cuido disso!" "Eu posso mudar!" "Perdi a calma desta vez, e vou reparar isso!" "Posso aceitar isso.") Essas declarações criam uma sensação de poder e controle sobre a vida pessoal. Os filhos aprendem que eles também são capazes de ter esse poder. Não há passividade a ser copiada.
4. **Reconhecem os sentimentos dos filhos como reais e legítimos, sem julgá-los.** ("Você parece estar se divertindo com esses flocos de neve. Está muito frio para mim aqui fora; vou entrar. Depois me conte quantos flocos pegou." "Você parece estar realmente triste por causa do seu cachorro. Quer sentar-se aqui comigo ou prefere ficar um pouco sozinho?") Os filhos aprendem que seus sentimentos são importantes, que os pais confiam na capacidade deles de lidar com esses sentimentos e que é certo contar com o apoio dos outros.
5. **Ensinam os filhos a lidar positivamente com os próprios sentimentos.** Quando os filhos expressam seus sentimentos de maneira irresponsável, os pais "espinha dorsal" aceitam os sentimentos como verdadeiros, identificam-nos e ajudam os filhos a encontrar expressões alternativas que sejam tanto responsáveis quanto positivas. Por exemplo, eles podem sair e dar uma longa caminhada ou um passeio curto, fazendo uma declaração firme de raiva ou enfrentando decididamente a pessoa de quem sentem raiva.

Às vezes, para ajudar os filhos a buscar atitudes alternativas basta fazê-los identificar o sentimento e afirmar o direito deles àquele sentimento. ("Parece que você está realmente brava." "É bom chorar quando se está triste." "Sei que é muito chato ter de sair do parque quando você está se divertindo tanto.") Parece fácil simplesmente identificar um sentimento e convencer a criança de que ela tem o direito de expressá-lo, mas é uma dura prova para os pais fazer isso quando o filho está no meio de um acesso de raiva.

## Acessos de Raiva

Acessos de raiva acontecem — não são planejados. Os pais podem prever sua ocorrência de maneira inteligente ou temer que eles aconteçam e então ignorá-los quando surgem. Nenhuma dessas atitudes evitará o acesso de raiva, e a segunda o tornará muitas vezes pior. Mas se os pais compreenderem o motivo desses acessos, serão capazes de se antecipar quando eles estiverem prestes a acontecer.

Os acessos de raiva normalmente ocorrem quando os filhos estão cansados, famintos, frustrados ou as três coisas juntas. Se os pais permanecerem tranqüilos, poderão ajudar os filhos eliminando a causa ou redirecionando a energia de um modo mais responsável e produtivo.

De modo geral, quando estão à beira de uma ruptura importante em seu desenvolvimento físico, mental ou psicológico, os filhos ficam muito agitados, frustrados, mal-humorados ou indignados. Pouco antes de as crianças aprenderem a andar ou a se equilibrar na bicicleta sem as rodinhas de apoio, ou de estarem aptas a combinar as letras para formar palavras, ou de começar a menstruar, os acessos de raiva parecem estar na ordem do dia, com calma ou discussão, mas passam depressa.

Eles não se limitam ao período imediatamente anterior às rupturas importantes. As crianças também costumam ter seus ataques nas três idades da rebeldia: aos dois anos, aos cinco anos e na puberdade. Em cada uma dessas fases, elas procuram se definir como pessoas distintas, independentes daquelas que lhes são próximas. Além disso, nessas idades, a capacidade de verbalização da criança geralmente não combina com seus estados emocionais. Você pode ter um filho de cinco anos que fale bem e tenha acessos de raiva, mas falar muito bem e ter uma capacidade de verbalização que coincida com seu estado emocional não é a mesma coisa. A criança pode falar muito e usar palavras impressionantes para sua idade, mas ligar as palavras certas aos objetos no mundo externo é muito mais fácil do que ligar as palavras certas a um sentimento. Para as crianças, a capacidade de verbalizar que estão cansadas, famintas ou frustradas tem que ser aprendida inúmeras vezes. Se a criança percebe que seus sentimentos são aceitos como verdadeiros e legítimos e é ajudada a expressá-los em palavras e a agir de maneira responsável enquanto está na primeira fase de rebeldia, ela terá mais facilidade para enfrentar os desafios das duas próximas fases. Ela encontrará em sua própria caixa de ferramentas os meios adequados para lidar com o cansaço, com a fome e com a frustração. Ela saberá que vai poder contar com o apoio e o incentivo dos adultos ao seu redor durante as próximas fases de rebeldia — especialmente na adolescência, quando estará lidando com o cansaço, a fome, a frustração e os hormônios!

Essas idéias parecem ótimas no papel, mas não são tão simples quando você está no corredor do supermercado, na frente dos parentes, que juram que os filhos deles nunca se comportaram desse modo, ou no ônibus, com vinte pessoas olhando para ver o que você vai fazer. Nessas situações, os pais "parede de tijolos" e "água-viva" têm reações bem previsíveis e sem dúvida improdutivas.

Os pais "parede de tijolos" agarram o filho e começam a gritar. ("Pare com isso agora, senão lhe darei um bom motivo para chorar." "Saia do chão agora mesmo, ou vai passar o resto da tarde na cama.")

Como resultado dessas ameaças, a criança aumenta o nível do acesso de raiva até que perde fisicamente o controle e desmorona no chão. Ela acaba dormindo devido ao cansaço, que chegou ao limite por causa do acesso de raiva. Ou, pior, com medo de apanhar, ela pára de chorar imediatamente e reprime os próprios sentimentos de fome, frustração ou cansaço. E aprende que seus sentimentos não são importantes.

Um pai "água-viva" tentará ignorar o acesso de raiva e fingir que ele não está acontecendo (o que é bem difícil de fazer), ou o aceitará como algo que precisa ser tolerado: "Ela sempre faz isso quando não consegue o que quer. Mas passa logo." Quando não passa (e normalmente não passa), os pais tentam subornar o filho para ele parar: "Se você parar de chorar, eu lhe darei este doce", ou "Comporte-se como uma boa menina e pare de chorar, e eu deixarei você ir no assento da frente do carro." Ou então os pais cedem e deixam o filho ter tudo o que quer: "Certo, você venceu, pode ficar com o caminhão. Mas pare de chorar, pois não agüento mais."

Se isso não funcionar, o pai "água-viva", ele próprio criado numa família "parede de tijolos", usará o recurso que ele sabe que vai funcionar, porque "funcionou" com ele: a força bruta com uma boa dose de voz alta. Ele agarra o filho e grita com ele: "Pare com isso agora, ou lhe darei uma boa razão para chorar." O filho não só se assusta e aprende a ficar superatento em defesa própria, mas também percebe que seus sentimentos não são importantes para os pais, nem mesmo são reconhecidos por eles. Ele aprende que pode conseguir o que *quiser* se chorar alto o bastante, mas se sente impotente e desamparado para conseguir aquilo de que realmente *precisa*.

Os pais "espinha dorsal", ao contrário, procuram entrar em sintonia com as necessidades do filho. Reconhecendo as origens de um acesso de raiva, eles se esforçam para evitar situações em que o filho se canse demais, fique extremamente faminto ou muito frustrado. Eles percebem que naquele momento a criança precisa de um cochilo, não de uma ida ao supermercado; ou que ela precisa comer alguma coisa enquanto caminha pelo corredor do supermercado e que ela talvez se sinta muito frustrada se não ganhar o cereal que viu anunciado na televisão.

Às vezes, porém, mesmo com o melhor dos planos, não é possível evitar os acessos de raiva. Você já está no corredor dos cereais, com metade da sua compra feita, e seu filho se atira no chão, chorando por não ganhar o famoso cereal. De repente, há dez adultos no mesmo corredor encarando você e seu filho fora de controle. A sua vontade, então, é fingir que não tem nada a ver com ele e que nunca o viu antes.

Ou você está numa reunião familiar e seu filho de dois anos resolve querer um pedaço do bolo *agora*, não depois. Todo mundo lhe diz o que fazer com essa "criança mimada". Sua própria mãe ameaça começar o que promete ser um longo discurso do tipo "Eu bem que avisei". Tio George acha que seu filho precisa de umas boas palmadas, e a esposa grita com ele por ser um bruto. Tia Ann tenta roubar um pedaço de bolo para o seu filho. E você simplesmente quer desaparecer dali.

Ou você está presa num ônibus, no meio de uma tempestade e de um engarrafamento, com um filho de dois anos e meio cansado, faminto e irritadiço e vinte adultos cansados, famintos e irritadiços, incluindo você. Todo mundo está com pressa, e o ônibus não sai do lugar. Suas bolachas acabaram, assim como suas idéias. Não há muitas maneiras de evitar o iminente acesso de raiva — na verdade, não há nenhuma. E, se o ônibus demorar mais tempo para chegar até o seu ponto, quem vai ter um acesso de raiva é você.

Mas, em todas essas situações, como pai ou mãe "espinha dorsal" você sabe que a última coisa que uma criança fora de controle precisa é de um pai ou uma mãe fora de controle. Conceda-se um momento para dizer a si mesmo que você vai superar essa situação. Se for possível tirar seu filho de cena, tanto melhor. Caso contrário, faça a próxima melhor coisa: finja que você saiu de cena e que aquelas pessoas olhando para você realmente não estão lá.

Se, no supermercado, seu filho se atirar no chão, agache-se ao lado dele e comece a esfregar-lhe o topo da cabeça e as costas, falando-lhe calmamente, identificando seus sentimentos e mostrando a ele que você está lá para ajudá-lo. "Eu sei que você está cansado [ou com fome, ou frustrado, ou as três coisas] e vou ficar aqui com você. Está tudo certo, você vai ficar bem." Diante dessa atitude, talvez você receba alguns olhares de desaprovação e até comentários agressivos! Assim que seu filho se tranqüilizar, dê-lhe um abraço e procure um modo de aliviar a fome dele ou sair da loja o mais rápido possível para que ele possa dormir como precisa, ou distraia a atenção dele do cereal dando-lhe uma incumbência que o faça correr para o próximo corredor.

Por mais difícil que seja, é mais fácil ser paciente com uma criança de dois anos durante um acesso de raiva do que com um adolescente fazendo a mesma coisa. Apesar disso, ele também precisa de ajuda para identificar seus sentimentos e descobrir um modo construtivo de lidar com eles.

Você está sentada à mesa de jantar para uma refeição familiar, e sua filha de sete anos por acaso comenta sobre a espinha no rosto do seu filho de catorze anos. Pronto! Seu filho adolescente grita com a irmã, diz que você nunca reage aos comentários rudes dela e vai esbravejando para o quarto, batendo a porta atrás de si.

O pai "parede de tijolos" se levanta da mesa e vai até o quarto do filho, gritando o tempo todo: "Você estraga todos os nossos jantares. Estou cheio de ver você atormentar sua irmã; você deveria ter vergonha de si mesmo por agir como uma criança de dois anos." O pai então envereda por um sermão sobre a moderação: "Se você não tivesse comido batatas fritas e chocolates, não teria essas espinhas."

Os sentimentos do adolescente são negados, e ele não sabe como agir diante da energia produzida por esses sentimentos. Ele vai ficar passivo: *Sou feio. Estou magoado. Ninguém se preocupa comigo. Estou agindo como uma criança de dois anos e não sei o que fazer.* Ou ficará agressivo e procurará oportunidades de provocar e atormentar a irmã mais nova, gerando um ciclo de caos e agressão. Ou se tornará passivo-agressivo, atingindo a irmã de um modo furtivo, fazendo observações sarcásticas, dizendo-lhe depois que só estava brincando; afinal, ela não pode agüentar uma brincadeira? Ele não se sente bem com o que está fazendo, mas não sabe como quebrar o ciclo e termina criando mais problemas para si e para a irmã.

A mãe "água-viva" diz ao adolescente que ele não deveria ser assim tão sensível — ou seja, que seus sentimentos não são importantes. Ou repreende a filha de sete anos por atormentar o irmão e vai "consolar" (leia-se "salvar") o adolescente. ("Ah, querido, sua espinha não é assim tão feia. Não dá nem para ver. Na sua idade, eu tinha umas trinta, pelo menos. Você é um menino bonito. Veja seus ombros e seu belo cabelo! Pare de chorar e venha comer a sobremesa conosco. Sorria para mim e deixe sua mãe feliz.") O adolescente aprende não só que os verdadeiros sentimentos não contam, mas também que ele é responsável por manter a mãe feliz, não importa o que esteja sentindo.

Como um pai "espinha dorsal", você pode respeitar a necessidade de seu filho de sair da mesa de jantar para se acalmar. Depois dê um abraço nele e diga que você entende como ele se sente por ter uma espinha no rosto; não é divertido. E como o comentário veio de uma menina de sete anos, mesmo que tenha sido suave, é como colocar sal numa ferida. Depois de reconhecer os sentimentos de seu filho como verdadeiros e legítimos, diga-lhe que, para expressá-los, não havia necessidade de ele sair pisando duro e bater a porta atrás de si. Sim, foi melhor sair da mesa do que bater na irmã, e, sim, é certo sair, mas, se ele quiser lidar com seus sentimentos de uma maneira madura, terá de parar de bater os pés e a porta. Quando ele observar a própria raiva, perceberá que ela estava mascarando outros sentimentos, como embaraço e frustração.

Leva tempo para ensinar os filhos a lidar com os sentimentos de forma positiva, mas fazendo assim você demonstra que os sentimentos deles são importantes, que você confia neles para lidar com esses sentimentos e que eles podem contar com o seu apoio e a sua orientação quando não conseguirem lidar bem com eles.

## O Confronto Positivo

Em certas ocasiões, o confronto é necessário, mas na maioria das vezes ele acaba se transformando numa discussão interminável, que desperdiça muita energia, só leva a mais discussão e não resolve nada. Os filhos precisam aprender maneiras melhores de fazer isso. Para enfrentar os problemas com eficácia, eles primeiro têm que entender a própria raiva:

- De onde ela veio? *(De dentro de mim.)*
- Ela está mascarando outro sentimento? *(Estou magoado, frustrado, desapontado ou amedrontado.)*

- Por que fico com raiva, afinal? *(Porque me preocupo. Se não me preocupasse, não ficaria com raiva. Não posso ficar com raiva de algo que não me importa ou de alguém com quem não me incomodo.)*

Uma vez compreendida a origem da raiva, a criança ou o adolescente estão prontos para encarar a pessoa de quem sentem raiva.

Se você pretende ensinar seus filhos a lidar com as situações de um modo positivo, a melhor maneira de começar é demonstrar isso para eles. Pense em como você enfrenta os problemas. Sua filha adolescente deixa as roupas e os tênis suados e malcheirosos, depois da corrida, exatamente onde ela os tirou: no chão, do lado de fora do chuveiro. Você opta por uma reação passiva, apanha as roupas e diz a si mesma que é melhor ela estar praticando corrida ao ar livre do que passar as tardes no *shopping center*? Ou o seu estilo é agressivo, e você atira as roupas pela janela? Ou é passivo-agressivo, e você apanha cada peça do vestuário e grava na memória uma lembrança odiosa? O problema não é grande o bastante para provocar uma briga de verdade, então você continua apanhando as roupas, dia após dia, até que finalmente sua memória se esgota e sobra lugar para gravar só mais uma recordação. A adolescente entra e atira um casaco sobre a cadeira, e você explode: "O que você pensa que eu sou, sua criada? Você é uma relaxada! Nunca mais vou apanhar nenhuma peça de roupa sua. Pode viver num chiqueiro que nem vou me preocupar!" Sua filha adolescente olha para você, completamente surpresa, pois não esperava uma explosão dessas, põe a culpa na sua tensão pré-menstrual e jura se afastar da sua vida até que você se acalme.

Nenhuma dessas reações condiz com seus sentimentos nem é uma maneira responsável e significativa de expressá-los. O problema não foi resolvido, e é provável que continue se manifestando. Ou os sentimentos continuarão se inflamando dentro de você ou se projetando sobre outras pessoas. Portanto, seus filhos procurarão resolver os problemas do modo como você os ensinou: de maneira passiva, agressiva ou passivo-agressiva.

Como um pai/mãe "espinha dorsal", você pode servir de modelo para seus filhos e mostrar-lhes como enfrentar outra pessoa que aparente aceitar os próprios sentimentos e os expresse de maneira responsável. Se você usar os sete passos seguintes, estará se preparando para um confronto eficaz e positivo:

1. **Quando estiver irritado ou com raiva, expresse isso num tom de voz de irritação ou de raiva.** Deixe que seu corpo inteiro se expresse numa mensagem direta, decisiva — não de maneira agressiva ou passiva. Diga o que está sentindo com voz firme. Você é capaz de exprimir a raiva sem que seu tom de voz soe como um grito ou um gemido esganiçado.
2. **Comente sobre seus sentimentos com a outra pessoa.** "Estou com raiva!" É fundamental que seu corpo e sua boca digam a mesma coisa. Agarrar

o casaco e atirá-lo ao chão, afirmando que você não está irritado, é uma atitude passivo-agressiva. Quando diz num sussurro que está com raiva, você não envolve o corpo na transmissão da mensagem. Na verdade, se você fala em voz baixa que está com raiva, a raiva provavelmente está mascarando outro sentimento, como a decepção ou a tristeza. Observe se seu corpo está expressando de fato o que você sente.

3. **Dê sua opinião em voz alta, mas evite ameaças veladas.** "Eu acho que cada um precisa pegar suas roupas sujas e colocá-las no cesto para lavar." Evite comentários do tipo: "Você nunca recolhe suas roupas." "Você é uma relaxada." Essas ameaças veladas só agridem a outra pessoa. Atenha-se à sua opinião. A essa altura, é melhor evitar o confronto, embora a outra pessoa talvez saiba a sua opinião.
4. **Elimine o intervalo de tempo entre a irritação e a expressão dessa irritação. Dê um retorno direto.** ("Nesta semana, eu recolhi, todos os dias, sua roupa íntima e a de corrida. Você as tira ao entrar no chuveiro e deixa lá.") Diga o que ela fez. Você não precisa falar que ela é assim desde que tinha dois anos ou que você nunca teve de apanhar a roupa dos irmãos mais velhos. Esse tipo de comentário não só a deprime como é provável que desperte nela ressentimento e raiva. Não lhe diga também que ela se esqueceu de jogar o lixo quatro semanas atrás, nem que ela estragou uma de suas blusas há dois meses. Dizer a um adolescente que você ainda está com raiva de várias outras coisas que ele fez há tempos não só é improdutivo (ele pode não se lembrar do incidente) como também é uma indicação de que você está tentando controlar sua raiva: você está guardando "marcas vermelhas de raiva na memória" e despejando-as todas de uma vez em cima dele.
5. **Defina o que você quer da outra pessoa.** ("Quero que você recolha sua roupa de corrida depois do banho, coloque no cesto de roupa suja e guarde seus tênis no armário.") Na maioria das vezes, basta dizer à outra pessoa o que você quer, sem acrescentar um ultimato. Às vezes, é suficiente fazê-la atentar para o problema. Mas, se você der um ultimato, tenha certeza do que quer dizer e cumpra o que prometeu. ("Se você não apanhar sua roupa depois do banho, vou colocá-la num saco plástico no banheiro e você terá de lavá-la sozinha.") Se você disser isso, faça exatamente como prometeu. Não vá apanhar a roupa e lavá-la no dia seguinte porque você sabe que sua filha precisa sair correndo para a escola. Não faça ameaças infundadas ou ameaças que você não pretende cumprir.
6. **Abra-se à perspectiva da outra pessoa na situação.** Dê a seu filho adolescente a oportunidade de falar e disponha-se a ouvir. É possível que vocês tenham expectativas diferentes ou que ele nunca tenha considerado o assunto, ou talvez, no caso das roupas e dos tênis, sua filha espere que você os apanhe depois. Muitas vezes, no confronto positivo, o problema é resolvido nesta fase. A pessoa que é confrontada concorda em fazer o que lhe pedem porque tem sentido e é justo.

7. **Negocie um acordo que convenha a ambos.** Se houver uma diferença de opinião ou uma discordância sobre a solução proposta, você vai precisar negociar uma solução que seja boa para ambos. Talvez sua filha prefira tomar banho no banheiro do andar térreo e deixar as roupas guardadas num canto até poder lavá-las no sábado. Talvez vocês dois concordem em que ela compre um cesto pequeno com tampa para colocar no banheiro, no qual ela possa deixar suas roupas depois de tirá-las. Decida, na ocasião em que vocês se entenderem, qual é o plano que funciona melhor.

Caso você se sinta pouco à vontade para optar por um confronto positivo, escolha um assunto sobre o qual precise discutir e pratique os passos na frente do espelho ou com um amigo de confiança, antes de enfrentar a pessoa de verdade. Você pode fazer do confronto positivo sua estratégia preferida depois de aprender a reconhecer seus próprios sentimentos de dor, tristeza, frustração ou raiva e dar-se um tempo para pensar antes de responder de imediato e se arrepender depois.

Quando se sentir confiante em relação a essa estratégia, ajude seus filhos a praticar os sete passos. Por não terem velhos hábitos para substituir por novos, eles são capazes de aprender mais depressa do que você. Nesse caso, você terá a oportunidade de aprender com eles.

Mesmo quando você usa os sete passos para uma briga justa, o confronto pode dar medo. Tanto as crianças quanto os adultos precisam reconhecer que, para que a briga *continue* sendo justa, é sempre plausível:

1. *Pedir um "tempo"* ("Nós dois estamos muito irritados para conversar agora. Vamos falar mais tarde." "Estou bravo demais para resolver isso agora. Preciso de um tempo.") Se uma das partes estiver muito brava ou transtornada para se expressar com calma e de maneira responsável, é importante pedir um tempo e voltar ao confronto mais tarde.
2. *Recuse-se a aceitar desaforos ou maus-tratos* ("Fico magoada quando você me chama de relaxada." "Por favor, não ataque minha família desse jeito." "Você pode estar com raiva de mim, mas não tem o direito de me bater.") Se uma das partes se torna desrespeitosa, verbal, física ou emocionalmente, a outra tem o direito de se recusar a aceitar os maus-tratos.
3. *Insista num tratamento justo* ("Não pegarei suas roupas emprestadas sem lhe pedir primeiro, e quero que você também me pergunte antes se pode pegar as minhas." "Eu bato na sua porta e peço permissão para entrar; portanto, quero que você faça o mesmo comigo." "Não é justo jogar minhas roupas de corrida no lixo só porque não as guardei. Temos de achar uma solução melhor.") O tratamento justo nem sempre é um tratamento igual ou idêntico, mas é *honesto*, *adequado* e *imparcial*.

Precisamos ensinar nossos filhos a reconhecer quando é necessário pedir um tempo; e a saber que eles têm o direito de não aceitar maus-tratos verbais ou físicos de ninguém e de ser tratados com respeito, dignidade e justiça. Eles também têm a responsabilidade de não deixar que as emoções assumam o comando da situação; de cuidar para não agredir física, verbal ou emocionalmente as outras pessoas; e de tratar os outros com o mesmo respeito e a dignidade que eles querem para si. A disputa justa permite que pais e filhos usem seus sentimentos como uma fonte de energia positiva para estabelecer e manter relações produtivas, mutuamente e também com as pessoas que não são da família.

Recentemente, minha filha Maria me disse que estava brava com uma amiga porque ela havia contado a um garoto que Maria pretendia convidá-lo para uma festa. Repassamos rapidamente os sete passos, e ela concluiu que os primeiros cinco eram suficientes para ela resolver o caso com a amiga. Eis os passos que ela escolheu para enfrentar a amiga:

1 e 2. "Estou magoada" (Não há problema em demonstrá-lo! Observe que o sentimento foi da raiva para a mágoa. A raiva realmente estava encobrindo sua mágoa.)
3. "Eu acho que tenho o direito de convidar qualquer menino para uma festa sem que você lhe conte primeiro."
4. "Eu lhe disse que ia convidar o menino novo para a festa. Confiei em você, achando que não ia contar a ninguém, especialmente a ele. Mas você contou, na segunda aula."
5. "Preciso saber se posso lhe contar esse tipo de coisa sem que você comente com ninguém."

O confronto foi simples e rápido, e ambas as meninas saíram ganhando. Maria expressou seus sentimentos, e a amiga se desculpou, dizendo que não percebera que a havia magoado. Como as crianças aprendem depressa!

Podemos aprender a manter a calma em situações tensas sem precisar anular nossos sentimentos. Ao perceber que eles são verdadeiros e legítimos e que temos a liberdade de escolher o que faremos com eles, a liberdade, como diz Frankl, "de escolher nosso próprio jeito de fazer as coisas", seremos capazes de reconhecer os sentimentos de nossos filhos como verdadeiros e legítimos e de ensinar a eles o melhor modo de expressá-los. Se respeitarmos nossos sentimentos e os deles, o confronto positivo se tornará uma maneira cada vez mais natural de resolver os conflitos.

*Os sufis nos aconselham a só falar depois que nossas palavras atravessarem três portões. No primeiro portão, devemos perguntar a nós mesmos: "Essas palavras são verdadeiras?" Se forem, deixamos que passem; se não, elas têm que voltar.*
*No segundo portão, perguntamos: "Elas são necessárias?"*
*No último portão, indagamos: "Elas são delicadas?"*

— Eknath Easwaran, Meditation

## *Capítulo 6*

# Realidades, Erros e Problemas

> Dá-me serenidade para aceitar as coisas que não posso mudar, coragem para mudar as coisas que posso mudar e sabedoria para perceber a diferença.
>
> — REINHOLD NIEBUHR

A maneira como nossos filhos aprendem a lidar com a vida tem muito a ver com o modo como nós, os pais, encaramos a vida e lidamos com os nossos próprios erros e problemas. Nossa atitude, assim como nossa ação, é importante. Se somos otimistas, buscamos soluções para os nossos problemas; se somos pessimistas, procuramos alguém para culpar.

Quando um dos pais "parede de tijolos" comete um erro, a culpa deve ser de outra pessoa. ("Se você não tivesse deixado sua bicicleta na calçada, eu não a teria atropelado." "Se você tivesse me chamado mais cedo, eu não teria chegado tão atrasado." "Se vocês dois não tivessem discutido o dia inteiro, eu não teria perdido a paciência hoje à noite.")

Os pais "água-viva" ou tentam fazer o erro parecer sem importância, ou o encaram como uma prova de que forças externas controlam o que acontece. ("Está certo. Essa bicicleta era velha e precisávamos comprar uma nova para você, de qualquer maneira." "Sempre chego atrasado. É uma característica da família." "Não consigo controlar meu temperamento. Faço o melhor que posso o tempo todo.")

Um pai "espinha dorsal" admite que cometeu um erro, assume toda a responsabilidade por tê-lo cometido, evita dar desculpas, procura resolver o problema decorrente do erro cometido, percebe se e como outra pessoa foi afetada e imagina o que fazer da próxima vez para que aquilo não aconteça de novo. ("Atropelei a sua bicicleta quando saí com o carro da garagem hoje. Eu devia ter olhado antes de dar marcha à ré. Vou ver se consigo consertá-la; senão, eu a levarei à oficina. Sinto muito por você ter de ficar sem a bicicleta por uns dias. Da próxima vez, vou olhar bem em volta do carro antes de sair, para ter certeza de que não há nada no caminho.")

Ao assumir o problema, você ensina a seus filhos como assumir a responsabilidade pelos próprios erros. Você poderia argumentar que seu filho não deveria ter deixado a bicicleta na calçada, e provavelmente teria razão. Mas, se assumir a responsabilidade por seu próprio erro (por não ter olhado antes de dar marcha à ré), você prepara o terreno para seu filho admitir que errou ao deixar a bicicleta na calçada. E também mostra a ele que, quando ele tiver idade suficiente para dirigir, será bom que adote o hábito de olhar em volta do carro antes de sair de ré.

Seu filho poderá escolher outro lugar longe da calçada para estacionar a bicicleta depois de consertada. Se ela ficar de novo na calçada, você não passará mais por cima dela, porque a verá ao olhar ao redor do carro. E seu filho ficará sem usar a bicicleta por uma semana, pois você vai tirá-la da calçada e trancá-la na garagem. As chances de ele deixar a bicicleta de novo na calçada serão muito menores.

Às vezes você se vê diante de problemas cuja origem não tem nada a ver com você. Talvez eles sejam oportunidades para você procurar o culpado, para dar uma desculpa e escapar da realidade ou para aceitar a realidade e resolver os problemas que vêm com ela.

Vários anos atrás, fiquei presa durante oito horas num aeroporto quando uma nevasca atrasou o meu vôo. Foi impressionante o modo como alguns passageiros encararam a situação. "Vocês não podem fazer isso comigo!" "Nunca mais vou voar nesta companhia aérea!" "Quero o meu dinheiro de volta!"

Algumas pessoas brigaram e esbravejaram durante oito horas; outras ficaram no bar durante oito horas; outras, ainda, leram durante oito horas. Os três grupos pegaram o avião oito horas depois. Algumas pessoas ainda estavam tão zangadas que pareciam querer estrangular o piloto, o que só teria nos atrasado ainda mais; outras, depois de oito horas no bar, mal paravam em pé e pouco se importavam com o avião; e outras tinham terminado de ler seu livro. Afinal, qual foi a última vez que tiveram oito horas seguidas para ler por prazer?

É o nosso ponto de vista que importa. Em geral, não temos capacidade de controlar o que acontece conosco, mas *podemos* usar o que está nos acontecendo. Uma das maneiras de fazer isso é distinguir entre o que pode ser mudado e o que tem de ser aceito. O fato de que o avião iria se atrasar por oito horas era uma realidade, algo a ser aceito. O que fazer com as oito horas era uma escolha de cada um. Algumas pessoas brigam e esbravejam ao longo de toda a vida, algumas passam a vida bebendo e outras lêem um bom livro.

Uma vez eu estava trabalhando com uma garota de dezesseis anos que estava grávida de cinco meses. Perguntei a ela quais eram os seus problemas; ela me olhou como se eu estivesse louca, bateu levemente no ventre protuberante e disse: "Estou grávida!" Eu respondi: "Esse não é o problema. Aos cinco meses o bebê já está quase pronto. Eu poderia apresentá-la para cinco mulheres que dariam quase tudo para estar no seu lugar: grávida de cinco meses com um bebê saudável. Estar grávida é uma realidade. Quais são os problemas que essa realidade está lhe trazendo?"

Ela começou a relacioná-los: "Meus pais estão me pondo para fora de casa. Meu namorado não se casará comigo, e quero ficar com este bebê."

"Menina, você está com um problema. Na verdade, você tem três grandes problemas, e sempre que se juntam dois ou mais problemas, estamos em apuros. A melhor maneira que conheço para resolver um apuro desses é separá-lo em problemas de solução possível. Cada um desses grandes problemas tem solução. Você pode lidar com isso, e há pessoas aqui que podem ajudá-la."

Um aluno meu de quinze anos chegou um dia e anunciou que estava saindo da escola. Perguntei qual era o problema, e ele disse: "Estou desistindo do curso."

"Isso não é problema", repliquei. "Na verdade, posso indicar a você três professores que o ajudarão a desfazer o seu armário e colocarão você para fora! Qual é o problema?"

"Fui reprovado em cinco matérias."

"Isso é um problema." ("Fui *reprovado* em cinco matérias" é uma realidade, e o curso de férias passa a ser o problema. "Fui *reprovado* em cinco matérias", ainda assim, é uma situação solúvel.)

Quando trabalhei com pais de crianças deficientes, fiquei impressionada com a energia e o dinheiro que alguns pais gastam tentando resolver a *realidade* dos filhos. Eles e os filhos fariam muito melhor se aceitassem a realidade da deficiência e investissem tempo, energia e dinheiro para resolver os problemas decorrentes da realidade. Se pudermos aceitar os fatos e resolver os problemas que vêm com eles, nos livraremos de muito sofrimento e ensinaremos nossos filhos a ver a vida com otimismo e decisão.

## Os Erros Servem para Aprender

Quando seu filho lhe comunica que tirou uma nota alta em ortografia e gramática, a maneira como você reage determinará a decisão dele de lhe contar ou não, na semana seguinte, que tirou uma nota baixa. Se você se excita muito com o desempenho do seu filho e alia esse desempenho à dignidade e ao valor pessoal dele, está encorajando-o a ver os erros como um reflexo negativo de si mesmo; algo a ser negado ou atribuído a outra pessoa.

"Estou orgulhosa de você; você puxou o lado da família da mamãe. Vamos pôr esse troféu em cima da geladeira para que o pessoal do lado do seu pai veja." Você faz isso e, depois, vai à reunião de pais na escola, pega a pasta do seu filho e descobre que nem todas as notas foram tão boas assim. Ele não teve coragem de mostrá-las a você porque aprendeu que em casa os erros são malvistos.

Em vez disso, não importa se a nota for alta ou baixa, simplesmente peça ao seu filho que lhe conte a respeito. Talvez ele descreva o prazer que sentiu ao se esforçar para conseguir a nota máxima ou diga como ficou desanimado, depois de ter estudado bastante e errado quase todas as questões da prova, ou, ainda, explique que agora reconhece que não levou o exame a sério e pretende melhorar na próxima semana. Ele não tem nenhuma necessidade de se desculpar por seus erros. ("A folha de rascunho era insuficiente." "A professora não deu tempo suficiente para eu terminar." "A menina atrás de mim continuou falando." "Puxei ao meu pai.") Em vez disso, os erros são encarados como oportunidades de aprendizado.

## De Quem é o Problema

Antes de começar a resolver um problema, é imprescindível saber quem é o responsável. Se você vai resolver um problema, primeiro tenha certeza de que a incumbência de resolvê-lo é sua. Na maioria das vezes, não é bom para ninguém se você resolve o problema de outra pessoa. No entanto, existem ocasiões em que a lógica e a emoção enviam sinais diferentes à sua mente. Você sabe que não deveria salvar seu filho da confusão em que ele se meteu, mas seria muito mais simples e mais eficaz tirá-lo da confusão só dessa vez; e, além do mais, ele amará mais você (ou antipatizará menos com você) se cuidar do problema para ele. Esses dois sinais são advertências de que você precisa parar e se perguntar que mensagem está passando ao seu filho ao se apressar a resolver o problema para ele. Lembre-se, a educação dos filhos não é nem uma profissão rendosa, nem uma competição de popularidade.

O oposto de salvar — lavar as mãos em relação a qualquer envolvimento nos problemas de seu filho, mesmo quando ele está enterrado até o pescoço neles e precisa, realmente, de sua ajuda e de seu apoio — também confunde e complica a questão de quem é o responsável pelo problema. Essa atitude poderá dar a seu filho a impressão de que você não estará lá quando ele precisar de fato de você.

Se você reconhece que está resolvendo ou evitando os problemas de seus filhos, talvez seja hora de reconsiderar algumas das antigas técnicas de educação dos filhos que você ainda está pondo em prática. Quais eram as reações dos seus pais aos seus problemas de criança? Eles resolviam as situações para você? Lavavam as mãos diante dos seus problemas? Às vezes faziam uma coisa, às vezes outra, de modo que você nunca soube o que esperar? Será que você está repetindo inconscientemente os comportamentos que aprendeu quando criança?

## Copo Quebrado – Uma Realidade a Ser Aceita, Dois Problemas a Serem Resolvidos

Os três tipos de família tratam a realidade, os erros e os problemas de maneira diferente.

Uma criança de três anos deixa cair um copo de vidro depois de você tê-la prevenido várias vezes para ter cuidado com o copo que ele teimou em usar em vez do normal, de plástico. Pronto! O copo está agora estilhaçado em mil pedaços, no chão.

Os pais "parede de tijolos" reagiriam assim: "Seu retardado! Juro que vai usar copos de plástico durante os próximos trinta anos! Saia agora mesmo da cozinha!" A mensagem não é: "Você está com um problema", mas "Você é um problema."

Os pais "água-viva" diriam: "Saia da frente, querido. Cuidado para não se cortar. Mamãe cometeu um erro. Dei-lhe um copo escorregadio. A culpa foi da mamãe. Tome, pegue outro copo e vamos colocar chocolate no leite para compensar. Vou arrumar a bagunça." A mensagem é: "Vou cuidar de você. Você não pode cuidar de si mesmo. Quando você comete um erro, a culpa é de outra pessoa."

Os pais "espinha dorsal" comentariam o seguinte: "Você está com um problema. Mas sei que é capaz de resolvê-lo. Corra, vá buscar um saco de papel." As crianças de três anos não podem recolher o vidro quebrado, mas podem segurar o saco de papel enquanto você coloca os cacos de vidro dentro dele. Depois que o vidro for recolhido, a criança será perfeitamente capaz de ajudar a limpar o chão. Então você lhe estende dois copos de plástico e pergunta: "Qual destes dois copos você gostaria de usar hoje?" Assim você passa a seu filho a seguinte mensagem: "Você está com um problema; sei que pode cuidar dele. Não estou aqui para resolver ou castigar; estou aqui para ajudar, encorajar e dar apoio."

A realidade é o copo quebrado. Isso não é algo a ser resolvido; só tem de ser aceito. Nenhuma briga ou discussão, lamentação ou queixa vai recuperar esse copo. Os problemas são limpar a sujeira e encontrar um copo adequado para a criança usar; esses dá para resolver. Seu filho não tem nenhuma razão para mentir ("Foi o gato que derrubou"), dar desculpas ("Você me deu um copo escorregadio") ou tentar esconder a evidência atrás da lata de lixo. Sua reação ao erro o ajuda a entender que a realidade é aceita e os problemas são resolvidos.

É possível delegar poder aos filhos passando-lhes a mensagem: "Você está com um problema; sei que é capaz de resolvê-lo." Podemos destruir esse senso de dignidade e auto-estima transmitindo-lhes a mensagem: "Você está com um problema, mas não acho que consiga resolvê-lo." Ou então uma mensagem ainda pior: "Você não está com um problema; você *é* o problema." É fácil passar essas mensagens negativas mesmo sem perceber, especialmente se tivermos sido criados com elas por nossos próprios pais. É preciso um esforço consciente e constante para transmitir mensagens positivas.

## O Dilema do Bolo Decorado

Minha filha mais velha derrubou o bolo de aniversário da minha sogra pouco antes da hora de sair para a casa da avó. Eu passara duas horas decorando aquele bolo e o havia posto num suporte branco forrado com um guardanapo branco. Querendo mostrar o bolo a um amigo, Anna agarrou o suporte depressa e levou-o de um balcão da cozinha a outro. Bolo e suporte não se moveram com a mesma velocidade nem na mesma direção. O bolo, tão cuidadosamente decorado, estava agora de cabeça para baixo no chão da cozinha, com a cobertura esmagada de maneira irrecuperável.

Apesar de todo o tempo que gastei na decoração desse bolo, tive de dar um passo atrás, respirar fundo e concluir que ficar histérica não seria nada bom. Gritar apenas ofenderia meus pulmões e os ouvidos de Anna; não reporia o bolo no suporte.

Olhei para Anna e disse: "Anna, você está com um *grande* problema."

Anna respondeu: "Mãe, eu tentei pegar o bolo!"

E eu disse: "Você tentou pegar, seu amigo tentou pegar; não funcionou. A *realidade* é o bolo esmagado. O *problema* é que precisamos levar um bolo para a vovó. Sei que você é capaz de resolver isso."

Ela olhou para o bolo, depois olhou para mim e disse: "Acho que posso salvar esse bolo."

E eu acho que podemos ajudar nossos filhos. Anna segurou o suporte, eu enfiei os dedos por baixo da cobertura esmagada, e juntas nós colocamos o bolo de volta no lugar. Os farelos das torradas do café da manhã que não haviam sido varridos do chão da cozinha embutiram-se na cobertura esmagada. Não era preciso dizer a Anna que toda a cobertura teria de ser raspada e uma nova devia ser feita.

Saí da cozinha, consciente de que Anna seria capaz de resolver o problema. E ela o fez, e até se divertiu bastante! Não se espera que você se divirta quando está sendo castigado, mas é certo se divertir se você está sendo disciplinado. Ao assumir a responsabilidade pelo problema e sua solução, Anna passou pelos quatro passos da disciplina:

1. **Ressaltar o que foi feito de errado.** Ela sabia que pegara o bolo sem cuidado; assim, não havia necessidade de mostrar-lhe isso.
2. **Atribuir a responsabilidade pelo problema.** Eu poderia ter dito: "Saia já da cozinha!" Em vez disso, disse-lhe que achava que ela era capaz de resolver a situação.
3. **Oferecer os meios de resolver o problema.** "Não vamos levar o bolo da vovó, e você vai dizer a ela por que não o estamos levando" sugere que o problema não pode ser resolvido e faz o filho se sentir infeliz e culpado. Ela achou um jeito de resolver o problema, portanto não precisei dar-lhe opções.

4. **Preservar a dignidade.** "Sua retardada idiota! Você não consegue fazer nada direito! É igualzinha ao seu irmão." Diminui a auto-estima e transmite a mensagem de que ela é o problema, e não a de que ela tem um problema passível de ser resolvido. "Anna, você pode resolver esse assunto" reforça a capacidade dela de solucionar problemas.

Eu quero que meus filhos entendam que, quando tiverem um problema, só necessitam de um bom plano, e não de uma boa desculpa. Ao culpar uma criança, procuramos uma desculpa, não uma solução. Se a criança aprende cedo a achar uma solução para o problema do bolo esmagado, então, quando crescer, é provável que não tenhamos de ouvir coisas assim: "Não é minha culpa se me embebedei." "Ela me fez fazer isso." "Você não me deu tempo suficiente." "Você se esqueceu de me avisar." "Ele me bateu primeiro."

## Levar ou Não Levar o Uniforme de Educação Física

Seu filho telefona da escola pela quarta vez na semana: "Esqueci de novo o meu uniforme de educação física." Aplausos para os pais que dizem: "Ele está bem aqui ao meu lado, no balcão da cozinha. Não posso levá-lo hoje. Sei que você há de encontrar um jeito de ir à aula de educação física sem o uniforme." Com que freqüência, no entanto, você leva o uniforme à escola e então dá uma repreensão no seu filho ao chegar lá: "Se você tivesse posto o uniforme na mochila, como lhe falei, ele estaria aí na hora da aula de educação física. O que preciso fazer, amarrá-lo no seu pescoço? Esta é a última vez que trago esse uniforme para você. Você sabe quanto tempo eu perdi para trazer esse uniforme aqui? Seu irmão nunca se esqueceu do uniforme!" Mas você o levou, apesar de tudo. Na maioria das escolas, não é uma ameaça à vida esquecer o uniforme de educação física; incômodo, sim, mas não uma ameaça à vida.

Posso ouvir você perguntando: "Espere um pouco, você quer dizer que nunca poderei levar um uniforme de educação física, um instrumento da banda de música ou um trabalho escrito que meu filho tenha deixado no balcão da cozinha?"

Os pais "parede de tijolos" dizem: "Nunca, nunca, nunca! Deixe-os sentir a dor! Isso ensinará vocês a ter responsabilidade."

Os pais "água-viva" dizem: "O tempo todo. Na verdade, chegarei à escola antes que ele dê pela falta."

Os pais "espinha dorsal" dizem: "Sim, de vez em quando, tudo bem; de vez em quando você pode levar o uniforme de educação física, o instrumento da banda ou um trabalho escrito que seu filho deixou em casa." Mas ouça o seu íntimo — a sua intuição. Se você está levando o uniforme de educação física pela quarta vez, algo em seu íntimo deve estar lhe dizendo que você provavelmente está tentando salvar o seu filho. Por outro lado, talvez sua intuição lhe diga o oposto. Às vezes, ela pode e deve se sobrepor à lógica e à emoção. Eu costumava levar as coisas da escola para meus filhos. Um dia, minha filha mais velha telefonou para perguntar se eu podia levar a sua mochila. Eu estava muito ocupada, e perguntei o que havia na mochila de tão importante que ela não pudesse dispensá-la naquele dia. Ela começou a chorar e disse: "Meus presentes dos namorados." Era o Dia dos Namorados do segundo grau. Levei a mochila com os presentes para ela. O mais lógico seria dizer a ela que os entregasse aos amigos no dia seguinte. Mas a angústia e o embaraço que ela sentiria por estar sem os presentes excediam em valor qualquer bem que eu pudesse lhe fazer recusando-me a levar a mochila.

Você alguma vez já trancou o carro e saiu, deixando a chave dentro? Eu já. Estava a caminho de um seminário, liguei para o meu marido e disse: "O carro está ligado, as chaves estão dentro dele, mas eu não. Preciso de sua ajuda." Don me acalmou, garantindo que iria em seguida me levar a outra chave; era isso que eu precisava ouvir. Eu não precisava de: "Mas que droga! Sei que você consegue resolver o assunto." Eu precisava de: "Bárbara, estarei aí num instante." Mas quando compramos outro carro, a primeira pergunta que Don me fez foi: "Será que esse você consegue trancar com a chave dentro?"

## A Intuição na Solução de Problemas

A intuição é um aspecto malcompreendido e negligenciado de nossa vida pessoal. Ela costuma ser confundida com emoção e sutilmente anulada pela expressão *intuição feminina*. Porém, a intuição é muito diferente da emoção, e é algo que toda mulher, todo homem e toda criança tem. Ser capaz de reconhecer, confiar e agir por intuição é essencial para uma vida harmoniosa, saudável, e é especialmente útil quando você se defronta com dificuldades e problemas complexos. Desde que lhe dispensemos a atenção devida, muitas vezes ela é capaz de apontar a saída de um impasse que o pensamento e a emoção apenas confundiram.

A intuição é, realmente, a voz e a manifestação do eu espiritual. Clarissa Pinkola Estés, no seu livro *Mulheres Que Correm com os Lobos*, fala da intuição como "um instrumento divino e (...) um cristal através do qual se pode ver com a misteriosa visão interior. (...) Esse grande poder, a intuição, é composto de lampejos interiores de visão, audição, percepção e conhecimento.

A intuição costuma proporcionar opções que não são imediatamente óbvias para o pensamento lógico ou a emoção. Quando está em contato com o eu instintivo, intuitivo, você tem mais escolhas. Se seu pensamento lógico e suas emoções não estão ligados à intuição nem são alimentados por ela, podem facilmente se perder. Mas, se estiverem em contato com ela, você pode, em uma crise (grande ou pequena), *responder* em vez de *reagir*. Quando a intuição, o pensamento lógico e as emoções estão interligados, atuam simultaneamente no sentido de encontrar a melhor solução para o problema.

Algumas expressões que usamos, como "Ouça a sua voz interior", "Algo no meu íntimo me diz que não é uma boa idéia" e "Tenho a impressão de que...", são, de fato, expressões da intuição, daquele conjunto de "lampejos interiores de visão, audição, percepção e conhecimento". Confie nela.

## A Intuição em Ação

Normalmente, é melhor deixar que as crianças sintam as conseqüências dos próprios erros e escolhas ruins, que assim se tornam uma responsabilidade dela. Elas aprendem que têm um poder verdadeiro sobre a própria vida. A mágoa e o mal-estar que decorrem das escolhas são superados depois que elas resolvem os problemas de maneira construtiva. Os pais "espinha dorsal", no entanto, reconhecem que há momentos em que é preciso contornar as situações e se sobrepor a esse princípio. O pensamento lógico diz: *Não, não ajude a criança, não a proteja tanto.* Mas o lado intuitivo diz: *Sim, neste caso, ajude-a, para o bem dela.* Saber quando ignorar a razão, os princípios ou as normas é uma das grandes dádivas da intuição bem desenvolvida.

Imagine que seu filho de dezessete anos acabou de terminar o namoro, amassou o pára-lama do carro da família, foi expulso do time de basquete da universidade, está sofrendo com o aparelho nos dentes e acordou esta manhã com o rosto coberto de espinhas. Não é um dos melhores dias para ele. Na verdade, o mundo parece estar desabando. Ele telefona da escola em pânico. O trabalho da aula de fotografia ficou na mesa da cozinha, e ele precisa entregá-lo na terceira aula. Você, por favor, poderia levá-lo para ele? Meu instinto diria que sim. E quando chegasse à escola eu lhe daria um abraço e lhe recomendaria que fosse forte; ele iria superar isso; eu sabia que ele conseguiria.

Agora imagine o seguinte: sua filha pequena acabou de sair da cama, de camisola, para ficar junto com o irmão bebê no quarto dele. Ontem ela caiu da escada, esfolou os joelhos e levou uma reprimenda da avó por tentar pegar a manta do bebê. Ela está cansada, ranzinza e quer que você a vista hoje. Ela sabe se vestir. A sua razão diz: "Não ceda. Ela precisa se vestir sozinha." Sua intuição sugere que você diga: "Vou vestir ou a sua camisa, ou a sua calça; você pode vestir a outra, e juntas calçaremos os sapatos. Vamos brincar assim."

## Seis Passos para Resolver os Problemas

*Um problema bem enunciado é um problema meio resolvido.*

— Charles F. Kettering

1. Identifique e defina o problema.
2. Relacione as opções viáveis para resolvê-lo.
3. Avalie as opções — analise as vantagens e as desvantagens de cada opção.
4. Escolha uma opção.
5. Faça um plano e *execute-o*.
6. Avalie o problema e sua solução. O que provocou o problema? Um problema semelhante poderia ser evitado no futuro? Como o problema atual foi resolvido?

Derrubar um copo, esquecer o uniforme de educação física ou deixar o trabalho escolar em casa são problemas relativamente simples de resolver. Às vezes, no entanto, filhos e pais se defrontam com problemas mais difíceis ou complicados, que não têm solução fácil. Se o problema for com um membro da família, os Seis Passos para Resolver os Problemas podem proporcionar a estrutura "espinha dorsal" necessária para encontrar uma solução. Quando o problema envolve toda a família, promover uma reunião familiar talvez seja uma maneira eficaz de enfrentá-lo e resolvê-lo. Alguns problemas podem ser solucionados com um ou outro método ou com uma combinação de ambos.

1. **Identifique e defina o problema.** Jeni perdeu a luva de beisebol do seu melhor amigo. Ele a quer de volta agora mesmo. Jeni lembra-se de tê-la guardado na caixa de brinquedos; mas, sem saber, colocou-a na caixa de brinquedos que seriam doados a uma entidade assistencial. A caixa e a luva se foram há muito tempo.
2. **Relacione as opções viáveis.** Jeni é capaz de propor duas opções: a) afastar-se do amigo; ou b) fingir que nunca viu a luva. Talvez você tenha o impulso de ridicularizar as opções que sua filha apresenta, mas você já não viu os adultos evitarem alguém a quem devem dinheiro ou fingirem nunca ter visto um livro que você lhes emprestou?

   Os filhos também são gente. Jeni propôs duas opções que alguns adultos proporiam. Isso não significa que sejam boas opções. A essa altura, deixe-a continuar relacionando alternativas sem julgá-las. No final, ela deverá escolher aquela que tiver mais sentido para ela. Lembre-se: você a está ajudando a aprender como pensar — não em que pensar. Outras opções possíveis seriam comprar uma luva nova para substituir a perdida; ou Jeni dar a própria luva para o amigo.
3. **Avalie as opções.** É importante que seja Jeni quem avalia as opções, com você ao lado dela dando orientação, apoio e incentivo. "A primeira não vai

funcionar: vamos para a escola juntos todo dia, e não quero evitá-lo, ele ficaria magoado. A segunda também não: ele nunca se esquece de nada, e não quero mentir para ele. A terceira não dá: não tenho dinheiro suficiente para comprar uma luva nova. E a quarta não é boa para mim: se eu der a minha, ficarei sem luva." Nenhuma das opções parece boa, mas se fossem boas não haveria um problema para resolver, antes de mais nada. É uma questão de escolher qual delas é a mais viável. Ao usar as quatro perguntas abaixo, Jeni conseguiu eliminar as duas primeiras opções sozinha.

Será indelicado?
Será prejudicial?
Será injusto?
Será desonesto?

A solução A seria indelicada; a solução B seria desonesta. As duas últimas são mais plausíveis. Se ela não tivesse visto nada de errado com as duas primeiras opções, seria o momento de oferecer uma orientação.

4. **Escolha uma opção.** Jeni decide que o mais fácil para ela seria dar a própria luva ao amigo. Levaria muito tempo para ela ganhar o dinheiro necessário para comprar outra e, além do mais, ela pode usar a luva velha do irmão. Ao escolher uma opção, é importante que a solução para o problema não crie um problema para outra pessoa. Se Jeni decidisse dar sua luva ao amigo e usar a luva do irmão, mas o irmão precisasse da luva, teria criado um problema para o irmão, portanto não seria uma boa solução. Jeni teria de procurar outra opção.
5. **Faça um plano e *execute-o*!** O passo mais difícil para uma criança talvez seja fazer um plano e levá-lo realmente a cabo. Assumindo a responsabilidade pelo que fez, Jeni vai até o amigo e, sem dar desculpas, explica o que aconteceu e oferece a própria luva em substituição à original. Surge um novo problema. O amigo lhe diz que não quer uma luva usada; quer a luva dele. As crianças precisam aprender que, se a primeira opção não funcionar, devem voltar às outras opções para ver se alguma delas funciona, ou, se não, explorar alternativas novas. Jeni explica que não pode devolver a luva original, mas que emprestará a própria luva ao amigo até conseguir ganhar dinheiro suficiente para comprar uma nova. Ela então corta a grama dos jardins da vizinhança para ganhar o dinheiro e substitui a luva por outra nova.
6. **Avalie o problema e sua solução.** Este provavelmente é o passo mais negligenciado na solução de problemas, mas é decisivo para o processo de aprendizagem.

- O que causou o problema? Pôr a luva no que parecia ser a caixa de brinquedos foi um erro, mas as chances de isso acontecer de novo são remotas. No entanto, se costumasse perder os artigos emprestados, Jeni precisaria observar seu comportamento e responder às perguntas seguintes de maneira diferente.

- Um problema semelhante poderia ser evitado no futuro? Jeni deverá tomar o maior cuidado antes de colocar a luva de um amigo em qualquer caixa. Outra opção seria encontrar um lugar para guardar tudo o que for emprestado. (Temos um banco perto da porta da frente onde colocamos os artigos emprestados de amigos ou inadvertidamente esquecidos em nossa casa.)

- Como o problema atual foi resolvido? Jeni tentou uma opção, que não funcionou. Mas a segunda deu certo. Ela pode se sentir bem com relação à sua capacidade de assumir a responsabilidade pelo erro e resolver os problemas decorrentes dele. Seu senso de auto-estima e sua integridade pessoal aumentaram bastante.

Os pais "parede de tijolos" provavelmente repreenderiam Jeni por ser tão irresponsável e então decidiriam como o problema seria resolvido. "Sua menina irresponsável, nunca mais peça nada emprestado aos seus amigos. Você ficará sem a mesada pelas próximas seis semanas para podermos comprar uma luva nova para o seu amigo!"

Os pais "água-viva" talvez repreendessem a filha e depois resolvessem o problema para Jeni. "Se você tivesse observado melhor a caixa, não teria posto a luva ali. Não diga nada para o seu amigo; em vez disso, vamos substituir a luva por uma igualzinha à dele."

É muito fácil para os pais tomar as decisões e dizer à criança o que fazer, mas é muito mais compensador ensinar-lhe a tomar as próprias decisões. Pelo processo de solução de problemas, Jeni aprendeu a ser uma pessoa decidida e responsável, que é capaz de agir em seu próprio interesse, defender-se e exercitar seus direitos, ao mesmo tempo que respeita as necessidades e os direitos legítimos dos outros. É possível confiar nela para assumir a responsabilidade pelos problemas que cria e encontrar a solução para eles.

## Reuniões de Família

*Nenhum problema resiste às investidas sistemáticas do pensamento.*

— Voltaire

Muitos problemas podem ser resolvidos apenas com os seis passos anteriores, mas às vezes eles são mais complexos ou afetam várias pessoas; portanto, é preciso fazer algo mais. Se as pessoas afetadas forem integrantes da família, como geralmente são, a reunião familiar talvez seja um instrumento valioso para a solução de problemas.

Uma reunião de família pode ser um foro onde os filhos aprendem a analisar situações, propor soluções e avaliar os resultados com a orientação, o apoio e demonstrações de pais e irmãos mais velhos. É uma oportunidade de reforçar aos filhos a noção de que o objetivo não é a dependência ou a independência, mas muito mais um sentimento de interdependência. Estamos todos ligados uns aos outros; o que fazemos ou deixamos de fazer influencia e afeta os que estão ao nosso redor. Uma vez que tenham idade suficiente para apresentar idéias para resolver um problema, os filhos podem ser incluídos no processo de solução de problemas. Os filhos mais jovens aprendem muito sobre o processo apenas observando os mais velhos cumprindo todos os passos numa reunião de família. Existem três requisitos básicos para uma reunião desse tipo:

1. **O problema deve ser importante e relacionado com todos os envolvidos.** O fato de Sue esquecer o uniforme de educação física não é importante nem diz respeito à sua irmã, mas o fato de Sue deixar as roupas molhadas penduradas por toda parte no banheiro é importante e atinge a irmã — e também o irmão, a mãe e o pai.
2. **Os pais devem proporcionar uma liderança neutra.** Se todo mundo apresenta idéias, opiniões e soluções, mas o pai, no final, determina como o problema será resolvido, não se trata realmente de uma "reunião de família". "Você terá de pendurar suas roupas molhadas em outro lugar, limpar as manchas de maquilagem da pia, retirar o secador de cabelos da tomada, pendurar suas toalhas, pôr o sabonete na saboneteira e limpar os espelhos antes de ir para a escola. Entendeu?" Todos os participantes precisam sentir que suas opiniões, sentimentos e idéias são importantes.
3. **O ambiente deve ser propício à participação de todos.** Uma mesa de jantar, onde todos estão sentados e podem ver uns aos outros, é mais propícia a uma reunião de família do que um carro, em que as cinco pessoas sentadas estão ansiosas para chegar ao trabalho ou à escola e só iriam ficar irritadas ao discutir sobre roupas molhadas, secador de cabelos, saboneteira e espelhos embaçados e sujos.

Numa reunião de família, os problemas devem ser expostos de maneira clara e simples, e então esclarecidos. ("Fico irritado, toda manhã, quando tenho de andar no meio daquele monte de roupa molhada para chegar à pia do banheiro." "Tenho medo de que haja um curto-circuito se o secador não for desligado da tomada no banheiro molhado." "Os espelhos parecem salpicados de confetes por causa do creme de cabelo respingado. Não sei dizer se são manchas no espelho ou se sou eu que estou com espinhas, na minha idade." "Mas não tenho tempo para limpar tudo de manhã, com as pessoas batendo na porta para eu desocupar o banheiro.") Os problemas são: as roupas molhadas, o secador de cabelos, o espelho respingado de creme e a falta de tempo para organizar tudo, de manhã, num banheiro compartilhado por cinco pessoas.

Todas as pessoas da família devem procurar várias opções e discutir a viabilidade das escolhas. Seria possível acrescentar um segundo banheiro, ou isso estaria fora de questão? Pendurar fora as roupas molhadas talvez funcionasse no verão, mas não num dia chuvoso de inverno. Pendurar um suporte com um rolo de papel-toalha no banheiro não seria muito favorável ao padrão estético de beleza da casa, mas poderia facilitar o trabalho de todos ao enxugar o espelho, quando ele estiver respingado com pasta de dentes, laquê, maquilagem e creme de barbear.

As soluções são propostas, e todos concordam com um plano de ação, que será executado. Sue tomará banho à noite, Jan de manhã; todos arrumarão a própria bagunça antes de sair do banheiro; a família investirá num secador de cabelos que desligue automaticamente; o pai mandará fazer uma prateleira que sirva para pendurar roupas molhadas na lavanderia.

Depois de um mês, os resultados são avaliados. Todos constatam que a mudança de horário dos banhos está funcionando; o espelho ainda precisa de um pouco mais de limpeza e menos creme; a prateleira parece ótima, mas seria mais conveniente se fosse mudada da lavanderia para o banheiro; e os filhos juram que, quando comprarem a própria casa, exigirão que ela tenha dois banheiros.

Ao apresentar as próprias idéias, ouvir os argumentos dos outros e cooperar para chegar a uma solução, os integrantes da família começam a ver que não há nada definitivamente certo ou errado, nenhuma maneira correta de resolver a maioria dos problemas. As escolhas em grupo envolvem dar e receber, abertura e cooperação por parte de todos os envolvidos. Todos percebem que são ouvidos, que uns se preocupam com os sentimentos dos outros e que por isso são importantes. As técnicas aprendidas em reuniões de família ajudarão os filhos a lidar satisfatoriamente com os problemas que surgirão em outras situações sociais.

Se nós, os pais, aceitarmos que os problemas são uma parte essencial dos desafios da vida, em vez de reagir a todo problema como se algo tivesse saído errado num universo que deveria ser perfeito, então poderemos demonstrar serenidade e confiança ao resolver os problemas dos nossos filhos. Nós temos capacidade de ensinar a eles que nenhum problema é tão grande que não possa ser solucionado. Ao dizer-lhes que sabemos que eles têm um problema e que são capazes de resolvê-lo, demonstramos uma atitude realista ao mesmo tempo que delegamos poder aos nossos filhos, possibilitando que eles tenham confiança em si mesmos e a noção do próprio valor.

*A sabedoria é o conhecimento do que fazer em seguida; a capacidade é o conhecimento de como fazê-lo; a virtude é fazê-lo.*

— David Starr Jordan

# Capítulo 7

# Como Tirar seu Filho da Cadeia e Outros Problemas Graves

É possível amar integralmente mesmo sem compreender tudo.

— A RIVER RUNS THROUGH IT — *ROTEIRO DE CINEMA*

Nossos filhos adolescentes têm livre-arbítrio e estão sujeitos a uma das forças mais poderosas do universo — a pressão dos colegas. Somente por isso, todos nós, pais, temos de enfrentar problemas gravíssimos que esses garotos criam para si mesmos. Apesar de serem mais difíceis de resolver que o das roupas jogadas no chão, os problemas graves também podem ser solucionados. É difícil dizer aos pais de um garoto de dezesseis anos que injeta heroína na veia que não há problema tão grande que não possa ser resolvido. Também é difícil dizer isso aos pais de um rapaz de quinze anos que tentou o suicídio. Ou a um pai cujo filho acabou de ser preso. A última coisa de que esses três garotos precisam é alguém que procure socorrê-los (isso não pode ser feito) ou castigá-los.

Enquanto o mundo inteiro cai sobre a cabeça deles, eles necessitam de alguém que os apóie e lhes diga: "Eu acredito em você. Eu confio em você. Sei que você é capaz de lidar com isso. Você tem quem o ouça, quem cuide de você, pois você é muito importante para mim. Não estamos preocupados com o que as pessoas dizem. Nós o amamos e estamos aqui — não para socorrê-lo, culpá-lo ou castigá-lo, mas para apoiá-lo e discipliná-lo." É imprescindível lembrar o último item, disciplina, porque sem ela a ajuda pode se transformar facilmente em salvamento apenas. Antes de mais nada, tire seu filho da cadeia.

## COMO TIRAR SEU FILHO DA CADEIA

Seu filho lhe telefona para informar por que não voltou para casa na hora de dormir — ele está preso. Os pais dos três tipos de família lidariam com a situação de maneiras muito diferentes.

Os pais "parede de tijolos" são inclinados a castigar. Eles próprios cresceram numa família em que a retaliação e o castigo eram a moeda comum. ("Você está na cadeia. Seu cabeça-dura! Fique aí a noite toda! A gente se vê de manhã. Até mais.") O que está implícito nesses comentários é: "Se você for bem-comportado, nós o amaremos; caso contrário, não. Nosso amor por você é altamente condicional."

Nosso amor pelos filhos tem de ser incondicional. As coisas de que gostamos ou não gostamos podem ser, e normalmente são, altamente condicionais. Não precisamos gostar do corte de cabelo esquisito, do brinco no nariz nem dos sapatos estranhos. Mas nosso amor deve estar acima de tudo isso. Além de todas as mensagens erradas que nosso filho adolescente recebeu, passar nem que seja uma noite só na cadeia, para aprender uma lição, poderia representar para ele uma situação de risco de vida, moralmente afrontosa ou prejudicial à saúde. Esse não é o momento de castigar; é hora de ajudar.

Mas também não é o momento de salvá-lo, que é o que os pais da família "água-viva" do tipo A tentariam fazer. Eles correriam até a delegacia de polícia o mais rápido que pudessem, a mulher repreendendo o marido durante todo o caminho. ("Eu lhe disse que isso aconteceria se você o deixasse sair com aqueles garotos. Eu sabia! Você lhe deu as chaves do carro muito cedo. Ele é muito jovem. Ele puxou bem ao seu lado da família! Foi tudo por sua culpa!") Então eles repreenderiam o filho. ("Eu sabia! Como você pôde fazer uma coisa dessas? Não devia ter saído com aqueles garotos. Eu lhe disse que eles arranjariam encrenca. Você nunca ouve o que eu digo.")

Apesar de tudo, os pais pagariam a fiança para libertá-lo. E compareceriam perante o juiz no lugar do filho — se é que deixariam o caso chegar a esse ponto. Se esses pais tiverem bastante influência na comunidade, os filhos nunca se verão diante do juiz.

As chances de o filho ficar longe de problemas são diretamente proporcionais à energia que o *filho* gasta, não à que você gasta. Não é bom salvar os filhos: você pagará a fiança para tirá-los da cadeia até ser um velho numa cadeira de balanço, porque eles nunca terão precisado crescer e arcar com as conseqüências dos próprios erros.

Os pais "água-viva" do tipo B, quando são encontrados, apressam-se a inverter as responsabilidades, passando-as às autoridades encarregadas de menores. ("Fique com ele; nunca mais vou conseguir controlá-lo.")

Como um pai "espinha dorsal", você vai para a delegacia de polícia o mais rápido possível, abraça seu filho adolescente e lhe diz: "Eu amo você. Você está com um problema. Sei que conseguirá resolvê-lo. Estou aqui para apoiá-lo." Você poderá ajudá-lo a encontrar um advogado, caso ele precise, mas deixe que ele se defenda — e que pague a conta. Ele pode passar muitos sábados como auxiliar no escritório de advocacia para pagar sua dívida com a lei.

Você se apresenta no tribunal, *atrás* do filho adolescente, com a boca fechada. É difícil não intervir. Apenas lembre-se de que você está lá para apoiá-lo, não para salvá-lo.

Digamos que seu filho foi preso por ter agido como um vândalo, estragando o jardim de um casal idoso numa brincadeira com vários amigos. Não pague pelos danos causados. Deixe que seu filho encontre um modo de compensar seus atos de vandalismo. Talvez ele tenha de aparar o gramado semanalmente, plantar flores e pintar a casa que danificou.

Ele não foi salvo; não foi castigado; mas foi disciplinado da seguinte maneira: foi mostrado a ele o que fez de errado, atribuiu-se a ele a responsabilidade pelo problema, foram oferecidos meios de resolvê-lo, e sua dignidade foi preservada, quem sabe até elevada.

Parece fácil, e é, quando o problema é uma ofensa secundária ou um delito menor, como vandalismo, furto em loja, uma travessura insignificante ou brigas sem importância. A coisa fica mais difícil quando se trata de delitos recorrentes, ou um crime grave, como roubo ou assalto a mão armada. Quando seu filho adolescente estiver com um problema sério com a lei, é importante buscar, além da assistência jurídica necessária, a ajuda de um conselheiro profissional para você e seu filho. Os conselheiros treinados em lidar com adolescentes problemáticos e sua família podem ajudá-los a chegar ao âmago do problema, bem como suavizar os danos imediatos. Eles também costumam oferecer companhia e apoio a pais e filhos, um ombro amigo, além de opções para resolver o problema, enquanto os membros "parede de tijolos" da comunidade forçarão a condenação "perpétua" do garoto e os "água-viva" tentarão achar desculpas para seu comportamento.

Nos Estados Unidos, se seu filho adolescente for preso por delinqüência juvenil, você talvez ache que ele foi preso injustamente. Entre as contravenções dessa ordem, incluem-se fuga de casa, vadiagem, recusa do controle dos pais, posse de álcool por menores e violação do horário de se recolher a casa. Nos EUA, "delinqüente juvenil" é definido como um jovem que foi acusado ou condenado por um ato que não seria crime se cometido por um adulto. O desejo de socorrer, castigar ou desistir pode ser forte, mas mais forte ainda é a necessidade de resolver o problema que provocou a prisão.

Nos EUA, de acordo com a doutrina do *parens patriae*, isto é, o conceito de que o Estado desempenha o papel de pai em vez de adversário do jovem, a maior parte dos policiais que lidam com contraventores juvenis segue métodos de prevenção à delinqüência que ajudam o jovem a se tornar um membro produtivo e responsável da sociedade. Eles atuarão do lado dos pais, se estes estiverem dispostos a trabalhar com eles para ajudar seu filho a resolver o problema que criou.

*Hoje, veja se consegue abrir o seu coração e expandir o seu amor de modo que ele atinja não só aqueles que têm facilidade de oferecê-lo, mas também os que mais precisam dele.*

— Daphne Rose Kingma

## Não Recrimine seu Filho Quando Ele Estiver Embriagado — O que Fazer Quando Você Suspeita que seu Filho Adolescente Está Usando Drogas

Não é bom tentar discutir com seu filho adolescente quando ele parece estar sob a influência de drogas. Se ele estiver embriagado ou drogado, você perceberá. E vai saber que algo tem de ser feito, mesmo que você não tenha certeza sobre o que precisa fazer. Contudo, geralmente, os sintomas de uso de drogas não são tão óbvios, mas sim graduais, ou são os mesmos da depressão e outros problemas emocionais ou físicos.

Está chovendo forte, você estaciona no posto de gasolina e seu filho adolescente salta do carro para encher o tanque, e você pensa: "Quanta gentileza dele fazer isso para mim!" Então você percebe que ele se inclina e aproxima o rosto da boca do tanque. Ele deve estar verificando se o tanque está quase cheio. *Com certeza!*

Sua filha pega a lata quase vazia de creme de leite e a segura contra a boca até chupar a última gota de creme. Você pede a ela que tire a lata da boca. Ela diz: "Não se preocupe, mãe, o creme acabou, estou só chupando o ar." *Errado.*

Você encontra três frascos de colírio vazios no banheiro. Seu filho deve estar tendo um problema de alergia. *Pense bem.*

Um odor forte e doce de incenso enche o quarto de seu filho e você imagina por que ele não abriu a janela se a roupa para lavar estava fedendo no quarto. *Suposição errada.*

Sua filha telefona para lhe dizer que decidiu passar a noite na casa de uma amiga. Ela está muito cansada para voltar dirigindo para casa. A voz dela parece cansada; ela não pronuncia as palavras com clareza. Você se alegra por ela ter sido cautelosa. *Não tenha tanta certeza.*

Seu xarope contra a tosse acabou. Os convidados não beberam todo aquele vinho, beberam? Você pensou que tinha dinheiro na bolsa para comprar outro. Mas seu marido provavelmente o pegou e se esqueceu de lhe dizer. *É pouco provável.*

Seu filho adolescente não come nada do que você põe na frente dele; ele anda agressivo; e aqueles garotos com que ele está saindo têm um comportamento estranho. Eles vivem falando sobre "ficar chapado", "um beck", "farinha". Devem ser aquelas loucuras de adolescentes de que todo mundo fala. *Dificilmente.*

O que só você não percebeu são alguns dos sinais eloqüentes do uso de drogas. Não são provas, só sinais. Porém, se seu filho adolescente tiver um problema desse tipo, ele também terá mais chances de resolvê-lo se os pais estiverem atentos e se envolverem. As associações de prevenção do uso de drogas aconselham aos pais que prestem atenção aos seguintes sinais nos filhos:

***Os sinais eloqüentes***

Vermelhidão crônica dos olhos, garganta dolorida ou tosse seca;
Mentiras freqüentes, especialmente sobre os lugares aonde vai;
Mudança total do círculo de amizades;
Roubo;
Deterioração do relacionamento com a família;
Humor ofensivo, hostilidade ou comportamento agressivo;
Fadiga crônica, isolamento, descuido com a aparência pessoal;
Grandes mudanças nos hábitos alimentares e de sono;
Perda do interesse pelas atividades, passatempos e esportes favoritos;
Problemas na escola: notas baixas e faltas.

***Outros sinais de advertência***

*Slogans* sobre drogas nas roupas;
Linguagem mesclada com gíria de drogados;
Falta de controle do dinheiro: ou tem muito, ou não tem nenhum;
Choro histérico ou riso histérico;
Comportamento paranóico;
Uso excessivo de incenso.

***Evidências diretas do uso de drogas***

Apetrechos típicos, como cachimbos, papel de seda, seringas;
Plantas, sementes ou folhas de maconha;
Drogas propriamente ditas ou evidência de drogas;
Cheiro de drogas;
Marcas de agulha, bolhas e manchas na pele;
Hábito de cheirar gasolina, cola, solventes ou aerossol.

## VIGILÂNCIA ANTIDROGA "PAREDE DE TIJOLOS"

Os pais "parede de tijolos" estarão constantemente à procura de algum indício do uso de drogas, e levarão essa vigilância ao extremo. O mero uso de um colírio já é suspeito; mascar chiclete de menta deve ser uma tentativa de encobrir o cheiro do álcool. Cada vez que o filho sai de casa, eles fazem inúmeras perguntas. Não confiam no filho para tomar decisões acertadas sobre o próprio corpo e não lhe dão informações adequadas sobre os perigos do uso de drogas. Fazem ameaças autoritárias. ("Nunca tome bebidas alcoólicas." "Se um filho meu usar drogas, eu acabo com ele." "Se você for pego fumando, pode ir fazendo as malas.")

O adolescente, com uma escassa noção de si mesmo, pouca habilidade na solução de problemas, facilmente influenciável e querendo se afirmar como independente dos pais, corre um alto risco de adquirir o hábito de usar drogas.

O interessante é que, quando alguém confronta os pais "parede de tijolos" com alguma prova de que seu filho adolescente usa drogas, eles costumam protestar: "Estou cansado de ouvir as pessoas acusarem o meu filho." Ou negam: "Não, minha filha não tem problemas com drogas." Ou tentam "pôr juízo" nela. Ou a culpam por todos os problemas da família. ("Se não fosse por você, sua mãe e eu não brigaríamos tanto.") Ou então a inscrevem logo num programa de recuperação de drogados, recusando-se a se envolver pessoalmente, porque o problema, afinal, é dela — uma péssima filha.

## NEGAÇÃO E DEFESA "ÁGUA-VIVA"

Os dois tipos de pais "água-viva" enfrentam a suspeita do uso de drogas de modo muito diferente. Quando deparam com os sinais característicos, os pais "água-viva" do tipo A geralmente negam. ("Meu filho usa drogas? Nunca! Ele me contaria. Os olhos dele estão vermelhos? É porque ele anda de jipe!") Ou então os pais acusam um ao outro, desviando a atenção do problema do adolescente. ("Olhe o que você fez com o seu filho.") Ou procuram outro motivo para o comportamento estranho dele. ("Ele tem uma deficiência de aprendizagem. Só está aborrecido com o nosso divórcio.")

Os pais "água-viva" do tipo B negam que as drogas sejam um problema. ("Ter uma experiência só não fará mal a ele. Para mim, não faz.") Ou defendem o uso de drogas pelo adolescente. ("Todo mundo está usando. Desde que ele não consuma das pesadas, não me incomodo.") Ou fornecem as drogas. ("Experimente junto comigo." "Diga aos seus amigos que vou comprar as bebidas para a sua próxima festa.") E o ciclo continua.

Em ambos os tipos da família "água-viva" falta qualquer tipo significativo de estrutura. Como não lhe estabeleceram limites quando criança, ao lhe oferecerem drogas, na adolescência, o filho não tem uma base para julgar se isso é bom ou ruim, saudável ou prejudicial à saúde. Ele pode usar drogas para preencher um vazio emocional, agradar aos colegas ou ser aceito num grupo.

## ATENÇÃO, ENVOLVIMENTO E PRESENÇA DOS PAIS "ESPINHA DORSAL"

Quando você depara com os sinais de que talvez seu filho adolescente esteja usando drogas, primeiro você aceita a possibilidade de que seja verdade, reconhece que é um problema que ele deve superar e então se compromete a ficar ao lado dele enquanto durar o longo processo de superação do problema.

A editora americana Premier National Law Enforcement Publishing Company, no livro *Children and Drugs — The Next Generation*, relaciona dez procedimentos a serem adotados pelos pais:

1. Não entre em pânico nem reaja com raiva ou medo.
2. Informe-se o máximo possível sobre as drogas: pesquise na biblioteca mais próxima, procure os programas de ajuda antidrogas, consulte as autoridades escolares, etc. Lembre-se de que seus filhos também podem saber bastante.
3. Descubra quem se entende melhor com seu filho (talvez não seja você) e peça ajuda a essa pessoa. Mantenha as linhas de comunicação abertas.
4. Comece um diálogo "leve" para determinar por que e como seu filho chegou à decisão de usar drogas ou o que o levou a usá-las. Lembre-se de que o envolvimento pode ser breve e experimental; não o encoste na parede com julgamentos, ameaças ou censuras.
5. O uso de drogas, ou o envolvimento pesado com elas, pode muito bem ser um sintoma de outros problemas mais urgentes. Não os ignore nem os julgue irrelevantes.
6. Envolva outras pessoas no processo, se parecer adequado, de preferência com a aprovação voluntária de seu filho. Tenha cuidado nessa seleção: use pessoas ou serviços especializados no tratamento contra o uso compulsivo de drogas ou de álcool.
7. Seja honesto e realista: admita que seu filho talvez traga à tona incoerências ou hipocrisias suas. Não perca a calma por causa disso.
8. As drogas podem ser um bom motivo para você reavaliar totalmente a sua relação com o seu filho e discutir tudo com ele. Essa talvez seja uma oportunidade preciosa, em muitos aspectos.
9. Se, apesar de todos os seus esforços, você ainda considerar o problema tão grave que precise de medidas ainda mais consistentes, peça a intervenção de profissionais ou qualquer outro tipo de ajuda.
10. Lembre-se: se seu filho está usando drogas, alguns amigos dele também devem estar. Portanto, você, junto com os outros pais, tem a possibilidade de procurar oferecer algo melhor do que as drogas para todo o grupo.

A família "espinha dorsal" não tem como impedir que o filho adolescente consuma drogas, mas pode lhe dar recursos para que ele se proteja da atração exercida por elas. Os pais "espinha dorsal" começam a criar essa proteção antes de a criança nascer. Tratando o próprio corpo com dignidade e respeito, também tratam o corpo da criança com dignidade e respeito. Eles proporcionam ao filho carinho e atenção, cuidado, alimento, calor e muito amor. Não o maltratam nem física nem sexualmente; não o negligenciam nem o abandonam. À medida que o filho cresce, eles o ensinam a tratar o próprio corpo com dignidade e respeito. O filho aprende a ouvir o próprio corpo. Quando está satisfeito, não é forçado a comer mais. Ele é encorajado — não subornado ou ameaçado — a controlar as funções do próprio corpo, incluindo a evacuação intestinal. Tem inúmeras oportunidades de fazer escolhas e ser responsável por elas. Resolve seus problemas e corrige seus erros. Aprende a respeitar seus sentimentos e a expressá-los de maneira responsável. Ele sabe que pode pedir ajuda.

*Dez gramas de prevenção valem um quilo de cura.*

— Benjamin Franklin

## Um Grito de Socorro — A Tentativa de Suicídio

Ao visitar uma menina hospitalizada depois de tentar o suicídio, perguntei-lhe por que ela cortara um pulso e então ligara para a emergência. Ela se sentou na cama e disse: "Eu não cortaria o outro pulso: este é meu braço de arremessos." Sua tentativa de suicídio foi, obviamente, um grito de socorro. Ela não queria morrer; só estava sobrecarregada pela vida em geral, e pela vida em família em particular, e não sabia mais o que fazer. Tinha um pai "parede de tijolos" que mandava em tudo com mão de ferro e uma mãe "água-viva" que vivia exausta, física e emocionalmente, tentando evitar a derrota, cuidando da casa, mantendo o emprego e criando os três filhos. Depois de apanhar os cacos dos pratos quebrados numa briga doméstica, confortar a mãe e levar o irmão e a irmã mais jovens para a escola, ela dormiu na primeira aula. Repreendida pelo professor e ridicularizada pelo colega da carteira ao lado, sentiu que não agüentava mais. A gota d'água foi quando ela viu a nota baixa que tirara na prova afixada na porta da sala de aula. Ela havia estudado tanto para aquele exame! Então, ao meio-dia, cortou o pulso.

Muitas tentativas de suicídio não são tentativas fracassadas de morrer, mas gritos desesperados de socorro. Tanto a família "parede de tijolos" quanto a "água-viva" podem preparar o cenário para esses gritos desesperados.

Durante anos, os pais "parede de tijolos" vêm mandando o filho abafar os sentimentos de dor, de raiva e de frustração. ("Levante-se e enfrente isso como homem." "Meninos não choram." "Não se afaste de mim. Senão, você vai ver!" "Faça o que eu mando e não discuta, por favor.") As soluções para os problemas são ditadas à criança pelos pais, sem oportunidade de discussão ou diálogo. ("Você vai melhorar suas notas estudando durante duas horas, todas as noites." "Você vai repor o vaso do sr. Smith e pedir desculpas." "Divida esse brinquedo com sua irmã agora mesmo.") O amor é demonstrado como uma recompensa para o comportamento que os pais aprovam e retirado quando os pais não gostam de um comportamento. ("Se você se comportar bem, eu vou gostar de você. Se não, não." "Saia de perto de mim. Você é um menino mau!" "Deixe a mamãe dar um grande beijo nesta boa menina pela ótima nota de ortografia.") A perfeição é boa. Os erros são maus. (Por exemplo, um bom aluno tira uma nota mediana e acha que o mundo acabou. Uma menina passa fome para ficar com o peso "ideal" de uma modelo.)

Os pais "água-viva" sempre foram incoerentes na maneira de expressar seus sentimentos, num momento dando um tapa para resolver uma infração insignificante, e no momento seguinte rindo de algo pelo qual o filho foi castigado no dia anterior. Os sentimentos da criança são ignorados. ("Vá já para o seu quarto e fique lá até amanhã. Isso é para você aprender a não responder dessa maneira." "Você ouviu como ele xingou o professor? Que coragem ele tem!" "Ele não está triste. Ele não tem motivo para estar triste.") Os problemas não são resolvidos. São ignorados ou encobertos. ("Não se preocupe com o sr. Smith. A raiva dele vai passar. Era só um vaso velho, e sei que você não o chutou de propósito." "Três notas 5 e quatro 3. Não é tão ruim quanto parece! Você devia ver meu boletim quando eu tinha a sua idade!") O amor também é altamente condicional. No entanto, na família "água-viva" as condições são contraditórias. Num dia, um abraço, "só porque eu quis lhe dar um abraço"; no outro, o abraço é negado porque o filho "irritou o papai".

Ao atingir a adolescência com uma sensação de desamparo incorporada, acrescida de dor e raiva, o adolescente de uma ou de outra família pode ficar deprimido e assumir um comportamento autodestrutivo ao enfrentar as frustrações normais da idade. Querendo ajuda, mas não sabendo pedir, ele se fere fisicamente para que alguém perceba sua verdadeira dor. Se a raiva for maior do que a dor, o adolescente talvez tente o suicídio para castigar os pais. "Viu o que fizeram comigo? Agora vou fazê-los sofrer."

Se a dor, a raiva e a depressão se tornarem crônicas, o adolescente pode não ver outra saída a não ser a morte. Então a tentativa não é um grito de socorro; é realmente um suicídio malsucedido. O suicídio é a terceira maior causa de morte entre adolescentes, com os acidentes e os atos de violência vindo em primeiro e segundo lugares. Alguns acidentes são, na verdade, tentativas de suicídio disfarçadas. O uso de drogas é uma forma lenta de suicídio.

A família "espinha dorsal" raramente tem que enfrentar tentativas de suicídio. O ambiente em que os filhos crescem, com seus sentimentos aceitos, suas idéias consideradas, suas necessidades básicas satisfeitas e seus erros encarados como oportunidades de aprendizado, proporciona-lhes uma estrutura na qual eles desenvolvem um senso correto de sua individualidade, com os recursos necessários para ajudá-los a resolver os milhões de problemas que enfrentarão mais tarde. Assim mesmo, nenhum grito de socorro é ignorado, nem ridicularizado ou desprezado como tolice.

***Sinais de tendências suicidas***

1. Tentativas anteriores de suicídio, que podem estar relacionadas com o uso de drogas.
2. Deterioração do relacionamento com a família.
3. Fadiga crônica, isolamento e descuido com a aparência pessoal.
4. Mudanças radicais nos hábitos alimentares e de sono.
5. Problemas na escola: notas baixas e faltas.
6. Obsessão pela perfeição.
7. Perda de interesse pelas atividades, passatempos e esportes favoritos.
8. Abrir mão de objetos pessoais valiosos.
9. Escrever sobre a morte.
10. Depressão crônica.

As dez providências que os pais devem tomar para ajudar seus filhos adolescentes com problemas relacionados com as drogas também se aplicam ao adolescente com tendências suicidas. O mais importante é estar sempre junto dele, dando-lhe amor, apoio e ajuda.

Todos os filhos cometem erros; isso faz parte do crescimento. Crescer pode ser doloroso, e é difícil para nós ver nossos filhos sofrendo. Mas vamos deixar que eles assumam a responsabilidade pelos próprios erros e escolhas malfeitas. Isso não significa afastar-se e deixar que eles destruam a própria vida. Se a situação oferecer risco de vida, for moralmente afrontosa ou prejudicial à saúde, os pais devem participar com seu apoio afetuoso e sua orientação — e, às vezes, com uma camisa-de-força. Da mesma maneira que você deve conter uma criança irada se debatendo ou ameaçando ferir a si mesma ou a um irmão mais novo, talvez precise de ajuda profissional para conter um filho drogado ou para alimentar por via intravenosa uma filha anoréxica. A intervenção e o controle têm de ser apenas temporários e precisarão abrir caminho para que o adolescente assuma a responsabilidade pelos próprios problemas e encontre uma solução para eles. A dor ou o mal-estar decorrentes de suas escolhas só serão superados depois que eles resolverem seus problemas de maneira construtiva. Se eles conseguirem controlar até mesmo situações dolorosas e graves como essas, estarão fortalecendo sua dignidade, sua integridade e sua autoestima.

*Há ocasiões em que nos defrontamos com uma situação que julgamos*
*ser impossível de resolver, e então sofremos as agruras do inferno;*
*mas, depois de enfrentar a dificuldade e superá-la, descobrimos*
*que somos definitivamente mais livres do que antes.*

— ELEANOR ROOSEVELT

## *Capítulo 8*

# Como Resolver as Rivalidades entre Irmãos sem Precisar Chamar a Polícia

Se soubermos observar a violência, não só externamente, na sociedade (...) mas também em nós mesmos, então talvez possamos superá-la.

— J. KRISHNAMURTI

Os filhos brigam. Da próxima vez que seus filhos o fizerem, respire fundo e diga a si mesmo: "Eles são normais." O conflito é inevitável, como tudo o que faz parte da vida, como dormir, comer e pagar impostos. E também a mágoa que o acompanha. Mas você pode resolver o conflito e torná-lo menos doloroso se o enfrentar direta e criativamente. Por mais difícil que seja acreditar nisso quando você está no meio de uma versão doméstica de uma guerra civil, o conflito deve ser encarado como uma oportunidade de crescimento.

Os filhos brigam, e todos os pais do mundo gostariam que eles não o fizessem. Já que ninguém vê nada de bom no conflito (pelo menos não alguém do tipo que você gostaria de ter como vizinho), querer evitá-lo parece ter sentido; mas, no final das contas, a falta dele talvez seja pouco saudável. Crianças que não brigam, que evitam desavenças ou que sempre cedem tornam-se adultos passivos ou à beira de explodir de tanta raiva reprimida. Os adultos passivos tendem a aceitar todos os tipos de injustiça que se apresentam, seja a exploração por parte do governo, seja a desonestidade do mecânico ao consertar seu carro. E como cônjuges, se comportarão de maneira realmente desprezível. Se você está vivendo com alguém que recusa o confronto, foge do conflito ou espera que ele se desfaça por si só, sabe do que estou falando. Os adultos que fervem de raiva reprimida enfrentam a hostilidade externa com atos de violência contra os outros ou, interiormente, contra si mesmos.

Saber lidar com o conflito é mais do que uma questão de trazer paz para casa; é criar uma atitude calma em nós mesmos e em nossos filhos que produza uma atmosfera de tranqüilidade em casa. No entanto, infelizmente, esse conhecimento não ocorre de maneira natural. Os filhos não saem do útero sabendo enfrentar os problemas. Essa é uma capacidade que precisa ser aprendida. E *será* aprendida, de um jeito ou de outro. Sem o cuidado consciente, sábio, dos pais, as "capacidades" que eles provavelmente aprenderão serão a violência e a agressão ou a passividade e a evasão. Os filhos têm que aprender a entrar em conflito e lidar com isso de maneira não-violenta, construtiva, criativa e responsável.

Como pais, não precisamos criar conflitos de propósito para ensinar nossos filhos a superá-los de maneira não-violenta. O conflito acontece. O modo como o encaramos é que determinará os resultados. Os pais "parede de tijolos" e "água-viva" tendem a ver o conflito como uma disputa, uma situação em que alguém tem de ganhar e alguém tem de perder, inevitavelmente. Numa disputa, especialmente quando ela envolve sentimentos profundos, a agressão emocional ou física é o recurso preferido. E, se pensarmos que uma situação desagradável é uma disputa que precisa ser ganha e que podemos perder, é mais provável que passemos a fingir que ela não existe ou que procuremos fugir dela. Mas ela não vai embora. Se não for resolvido do lado de fora, o conflito/disputa irá para dentro de nós e crescerá no seu próprio ritmo, com nosso corpo e nossa mente contando os pontos. E a pontuação estará sempre contra nós.

Ao considerar o conflito como uma disputa, uma atividade em que existe um vencido e um vencedor, os pais "parede de tijolos" fazem ameaças de castigo ("Você vai ficar quieto agora mesmo, senão levará uma surra." "Não se atreva!" "Espere só até o seu pai chegar em casa." "Quem manda aqui sou eu, e você fará o que eu disser, ou então...")

Os pais "água-viva" tendem a evitar o conflito, fazendo reflexões morais ou bancando os pacificadores. ("Deixe-o quieto quando ele está assim." "Não briguem, crianças, vocês devem amar um ao outro." "Quero que um de vocês venha sentar-se aqui, já que não conseguem ficar juntos no banco de trás.")

Os pais "espinha dorsal" vêem o conflito não como uma disputa, mas como uma crise. "É claro", você diz, "o que há de novidade nisso? O tempo todo meus filhos estão brigando ou eu estou me desentendendo com o meu marido, e com certeza isso parece uma crise!" Você tem razão, mas a diferença é que estamos acostumados a pensar em crise como algo negativo que devemos evitar. Crise é um termo neutro que significa "mudança súbita ou ponto decisivo em uma situação". Os chineses entenderam sutilmente a relação entre *crise, perigo* e *oportunidade*. *Wei-ji*, o termo chinês para "crise", é constituído dos caracteres de "perigo" e "oportunidade". Um pai espinha dorsal não reprime um conflito nem foge dele, mas o aproveita, encarando-o como um desafio e uma oportunidade para crescer. ("Preciso falar com você sobre isso." "Nós podemos resolver isso." "Está certo ter raiva; não está certo bater no seu irmão.") *Aproveitar* não é exatamente a palavra que nos vem à mente quando estamos em conflito com nossos filhos, mas, com certeza, essa idéia é superior a brigar ou fugir.

Sua filha de dezesseis anos aparece na sua frente com um vestido que você pediu para ela não usar — pois o vestido é seu. Ela não guardou a louça da máquina de lavar pratos, como disse que faria — na verdade, ela pôs pratos sujos junto com os limpos. E está saindo com um rapaz de quem você não gosta.

Os pais "parede de tijolos" tendem a se fechar física e mentalmente numa atitude agressiva. O espaço chamado lar se transforma num campo de batalha de vontades, e alguém vai ganhar à custa do outro. As armas são as discussões, os gritos, as ameaças e a força bruta.

Os pais "água-viva" procuram resolver o problema ou evitar totalmente o conflito, querendo que ele desapareça; ou simplesmente despacham o adolescente para "terminar o curso" num colégio interno (em outras palavras: "Rompemos com você"). Negação, salvação, súplicas e abandono são péssimos substitutos para a solução de um problema.

Um pai "espinha dorsal" vê o conflito como um desafio e o aproveita como uma oportunidade de crescer e mudar, usando o confronto positivo e outros recursos não violentos. Ao aproveitar o conflito, os pais e os filhos talvez comecem a ver nele não uma batalha, mas uma dança. O conflito, então, passa a ser um desafio cooperativo, um processo, um movimento de um lado para outro entre duas ou mais pessoas. Se o encararmos como uma batalha, avançamos e atacamos, nos defendemos e nos retiramos; reivindicamos, ganhamos e perdemos território, "espaço" emocional. Se o encararmos como uma dança, compartilhamos o espaço, nos deslocamos juntos, nos movimentamos juntos e ao redor um do outro, às vezes conduzindo, às vezes seguindo. Às vezes guiamos e falamos; em outros momentos, observamos e escutamos. Aceitamos os sentimentos e estamos abertos às idéias e aos desejos de todos os envolvidos, incluindo nós mesmos. Em vez de nos debatermos numa batalha, podemos "dançar" até encontrar uma solução para o conflito. Quem não preferiria dançar em vez de brigar?

## Ensinando a Solucionar Conflitos

O *exemplo* é um modo eficaz de ensinar os filhos a lidar com o conflito. As crianças passam a enfrentá-lo da maneira como nos vêem fazer. Muitas vezes damos exemplos sem pensar muito (ou nada) no que estamos fazendo. Nós tendemos a reagir ao conflito da mesma forma como *aprendemos* — com as técnicas transmitidas por nossos pais, professores, colegas e a mídia. Se nos ensinaram a ver o conflito como uma disputa, é provável que lutemos física ou verbalmente com nossos "oponentes" até que um de nós ganhe e o outro seja derrotado. Se nossos pais nos ensinaram a fugir dos conflitos, talvez ensinemos nossos filhos a fugir também. Se tivermos tido a sorte de ver as pessoas que são importantes para nós enfrentarem os conflitos de maneira positiva, sem agressão ou passividade, poderemos modelar o mesmo comportamento para nossos filhos.

Se você atira um prato pela sala com raiva, não fique chocado se o seu filho atirar um livro de matemática pela sala de aula. Se você costuma bater em seu cônjuge ou em seu filho, é certo que seu filho baterá regularmente no irmão mais novo, no vizinho ou mesmo no gato ou no cachorro. Se gritar é a única maneira que você encontra de ser ouvido, não se surpreenda se seu filho de cinco anos usar o mesmo volume e o mesmo tom de voz para falar com os outros. Se você tem o hábito de amenizar todo conflito, não estranhe se seu filho deixar de lhe contar o que o está aborrecendo ou magoando. ("Alegria, filho, nada pode ser tão ruim assim! O que há de errado, agora?" "Nada, mãe, esqueça.") Mas se você, quando estiver em desacordo com seu cônjuge ou com um amigo, usar as normas de "briga justa" e disser a seu filho: "Fico triste quando você faz isso" ou "O que você quer que eu faça para melhorar essa situação?", perceberá que ele usará as mesmas técnicas nos próprios conflitos. E se você, quando ficar com raiva de seu filho, disser que vai para o seu quarto (ou para a cozinha ou para o banheiro) para se acalmar antes de continuar a conversa, talvez o veja fazendo a mesma coisa na próxima vez que ele ficar com raiva.

Não que todo pai/mãe não perca a calma, às vezes. Cansado, irritado, frustrado, sob pressão, você vê seu filho adolescente se aprontando para sair com sua camisa favorita. Palavras que você jurou nunca pronunciar brotam de seus lábios: "Vou quebrar o seu braço, torcer o seu pescoço. Nunca mais vou lhe emprestar roupa nenhuma. Você está de castigo por seis meses!" A adrenalina subiu e bloqueou a parte pensante do seu cérebro. Está na hora de se afastar; não para fugir da situação, mas para se acalmar, e então voltar e recomeçar. O exemplo que você acabou de dar para o seu filho adolescente é do tipo que você gostaria que ele não imitasse. Mas sempre é possível dizer: "Eu perdi a calma! Não vou quebrar o seu braço nem torcer o seu pescoço, e você não está de castigo por seis meses. Dê-me cinco minutos para eu propor algo que tenha sentido; aliás, estou aberto a sugestões." Você está pronto para aproveitar o conflito e encontrar uma solução dançando com seu filho. Quase todos nós perdemos a calma de vez em quando. Os filhos precisam aprender que, se isso acontecer com eles, eles podem voltar e tentar de novo.

A *orientação* e a *educação* costumam andar de mãos dadas. Assim como proporcionamos uma estrutura "espinha dorsal" para os nossos filhos solucionarem os próprios conflitos, nós os orientamos e educamos para que encontrem alternativas construtivas para lutar, fugir ou ficar paralisados.

## A Televisão e a Solução

Uma cena típica em muitas casas desenrola-se mais ou menos assim: duas crianças estão brigando por causa de um programa de televisão.

"É a minha vez de assistir ao meu programa."

"Não, não é."

"Sim, é, sim."

"Mãe!" (dez decibéis acima do permitido pelos critérios da legislação de ruídos da cidade)

Um pai "parede de tijolos" explode, desliga furiosamente o aparelho e grita: "Parem já com isso! Ninguém vai assistir à televisão!" A mensagem é que os filhos não conseguem resolver os próprios problemas e precisam de um adulto para cuidar disso por eles.

Um pai "água-viva" se apressa em prestar socorro: "Ah, por favor, crianças. Vocês não conseguem gostar um do outro? Brigando não vão a lugar nenhum. Por que não nos sentamos todos para assistir ao programa juntos?" As crianças não receberam nenhum recurso para resolver o conflito. Na verdade, não se reconheceu o valor do conflito, apenas a vontade de restabelecer uma paz aparente e mantê-la a qualquer custo.

Nem os pais "água-viva" nem os pais "parede de tijolos" ajudam os filhos a resolver os conflitos. Ambos, à sua própria maneira, apenas procuram detê-los. A mensagem implícita dos pais "parede de tijolos" e "água-viva" é: "Vocês precisam de mim para resolver seus conflitos."

Os pais "espinha dorsal", por outro lado, têm paciência para dar aos filhos os recursos necessários para que eles enfrentem os conflitos de modo não-violento.

Quando os filhos estão brigando, é importante reconhecer que, quanto mais devagar você caminhar e quanto menos falar, maiores serão as chances de que o problema se resolva antes de você chegar lá. (Uma exceção: se um dos filhos estiver machucando fisicamente o outro, aproxime-se deles o mais rápido possível.) Se, quando você chegar lá, a briga ainda continuar, fique um instante sem dizer uma palavra. O silêncio é uma das estratégias mais eficazes — use-o. Aproxime-se da televisão e, *delicadamente*, desligue-a. Você está dando aos seus filhos o exemplo sobre calma e paciência. No momento em que você desligar o aparelho, eles com certeza vão reclamar: "Mas, pai... Mas, pai!"

Simplesmente, vire-se para eles e diga: "Vocês estão brigando. Mas poderão voltar a ligar a televisão assim que resolverem isso. Então, de que vocês precisam?"

É provável que eles respondam, em voz chorosa: "De uma solução." Eles raramente respondem bem quando estão irritados; portanto, não espere mais do que isso. O importante é que eles entendam o que precisam fazer para assistir à televisão: propor alguma solução que seja viável para ambos. A sua missão é proporcionar as condições e o ambiente necessários para que eles consigam resolver o problema.

Com os recursos adequados, os filhos são capazes de encontrar uma solução eficaz para seus conflitos. Se forem filhos pequenos, você talvez tenha de lhes dar opções para que eles escolham. À medida que eles crescem, é possível que aconteça uma das três alternativas seguintes:

1. Eles vão dividir — mas não conte com isso; é raro. Nós costumamos dizer aos filhos: "Dividam, dividam, dividam." Você já viu os adultos dividirem? Nem sempre costumamos fazê-lo. Temos uma tendência a repartir apenas as coisas que não são importantes para nós. Quando estão em jogo coisas que preferimos não dividir, não temos muito entusiasmo em fazê-lo. Os filhos são como nós. Eles tendem a seguir o comportamento que lhes damos como exemplo. (Em um de meus seminários sobre a educação dos filhos, uma mulher comentou: "Perguntei ao meu filho se eu podia experimentar o sorvete dele; ele disse que não. Você não acha que, da próxima vez que ele pedir para experimentar o meu sorvete, eu deveria dizer não?" Eu respondi: "Depende; se quiser ensinar ao seu filho que você pode ser tão egoísta quanto ele, não divida. Mas se quiser lhe ensinar outro modo de ser, divida.") Precisamos ser os mentores de nossos filhos, mostrando a eles o comportamento que julgamos decente, consciente e responsável. Alguns levam mais tempo para aprender, porém é necessário ser perseverante. Não devemos ser como eles, mas tratá-los como gostaríamos de ser tratados.
2. Eles poderão se levantar e sair, procurando outra coisa qualquer para fazer. Isso acontece muito quando os encorajamos a resolver o problema sozinhos, em vez de resolvê-lo para eles.
3. Um dos dois proporá uma solução com a qual ambos concordem. Desde que aquele que propôs a solução não use de força bruta ou intimidação para impor sua vontade, deixe estar. É possível que um deles diga: "Vou lhe dar um soco se você não me deixar assistir ao meu programa." Não deixa de ser uma solução, mas não do tipo que você possa admitir: "Essa não é uma boa solução, procure outra." Se o mais velho sugerir ao mais novo: "Se você me deixar assistir ao meu programa hoje, poderá assistir a dois progra-

mas amanhã", fique de boca fechada, embora você e o mais velho saibam que amanhã é domingo e não haverá muito que ver. No dia seguinte, quando o filho mais novo reclamar para você que a solução não foi justa porque não há nada para ver na televisão, uma boa reação seria: "Acho que você tem cedido muito ao seu irmão mais velho. Quer aprender umas boas técnicas para resistir a ele?" Esse é um bom momento para ensinar a ele reações assertivas como esta: "Concordo em deixar você ver seu programa hoje se eu puder ver o especial na segunda-feira e o especial na quarta-feira, e gostaria de ter isso por escrito." Se você ensinar a uma criança passiva esse tipo de conduta assertiva, ninguém passará a perna nela.

Como pais, temos a tendência de socorrer o filho mais novo (ou o mais fraco, ou o menos criativo). ("Pare de atormentar sua irmãzinha. Deixe que ela assista ao programa hoje. Ela é menor do que você.") Se um dos seus filhos está sempre se submetendo às vontades de um irmão mais velho, mais esperto ou mais criativo, mesmo que o irmão não use a força bruta ou a intimidação (ele só é bom em evitar cumprir compromissos com o mais novo), é importante ensinar o outro irmão a se defender e a expressar suas próprias vontades e necessidades. ("Quero assistir ao meu programa hoje. Você assistiu ao seu ontem e anteontem. Estou sempre fazendo o que você quer. Sou capaz de ficar aqui sentado e não assistir a nenhum programa em vez de fazer o que você quer de novo.") Vocês podem praticar as falas até que ele consiga dizê-las prontamente, com firmeza e convicção. Tanto o filho mais velho quanto o mais novo devem dar e receber, mas o mais novo não vem "recebendo" há muito tempo; eles precisam aprender a defender seus interesses, senão, quando adultos, dirão: "Sempre que digo não, sinto-me culpado."

Observe que, nessa situação, eu pedi às duas crianças que propusessem uma solução. Não lhes pedi que dessem as próprias versões do que aconteceu. O melhor contador de histórias provavelmente ganharia, eu acabaria tendo de fazer um julgamento, e o problema não seria, de fato, resolvido. Quando a questão é só o conflito de duas vontades — cada criança quer assistir ao seu programa favorito —, o fato de haver duas histórias diferentes não influirá muito no resultado. Cada uma tentará convencer você de que houve uma grave injustiça, e, com a sabedoria de Salomão, você terá de dar uma sentença ao caso. A realidade é que é apenas uma questão de compromisso.

Por outro lado, se o conflito envolver mais do que uma questão de vontades, o fato de você conhecer os dois lados da história talvez favoreça a todos. Dana queria que o irmão mais novo, Matt, devolvesse o urso de pelúcia dela. Ambos faziam um cabo-de-guerra com o urso, que corria o risco de perder um braço ou uma perna. Dana não se importaria se Matt brincasse com qualquer outro brinquedo, mas o urso fora um presente especial da avó. Matt não queria nenhum outro brinquedo. Ele queria (dizia que *precisava*) o urso para uma brincadeira de aventura; nenhum outro brinquedo serviria. Como pai/mãe, você pode ouvi-los, ajudá-los a ouvir um ao outro e orientá-los a chegar a uma conclusão. Não lhes dê uma resposta, mas ajude-os propondo opções para resolver o problema e assegure-lhes que você acredita na capacidade deles de solucioná-lo. O objetivo, no caso, é uma solução pacífica. A saudação hebraica de paz — *Shalom* — também significa "ajustar-se mutuamente", no sentido de criar um todo harmonioso. As duas crianças aprendem a criar sua própria harmonia.

## Lápis, Papel, uma História

As duas crianças entram correndo em casa, a porta bate com força atrás delas:

"Mãe, ele me empurrou do balanço."

"Não empurrei, não. Foi ela que caiu."

"Mas ele tirou o balanço."

"Mas foi você..."

"Mas foi ele..."

"Mas era a minha vez..."

Pensando rápido, a mãe dá a uma criança um bloco de papel e à outra um lápis, pedindo que contem uma única história. Os dois se sentam e tentam entrar num acordo:

"Certo, você escreve que eu estava no balanço."

"Não vou escrever isso. Você me empurrou primeiro."

"Não vou deixar você escrever isso no papel."

Depois de barganhar um pouco, as crianças concordam com uma história que começa com: "Era uma vez um balanço..." Enquanto escrevem, elas aprendem a olhar os vários lados de uma história e a entender a diferença entre um editorial e uma notícia. Elas percebem que, não importa de onde partam, precisam chegar ao mesmo lugar: uma história que ambas aceitem.

Quando eu usei essa técnica, na época em que era professora, dois de meus alunos mais criativos e brigões pegaram o bloco de papel, cortaram-no ao meio, quebraram o lápis em dois, roeram a extremidade do segundo para fazer a ponta e me apresentaram duas histórias diferentes. Li as duas e pedi a eles que trocassem as histórias e propusessem um final com que os dois concordassem. Durante o tempo que levou para eles criarem as duas histórias, lerem a do outro e encontrarem um final criativo, a raiva se dissipou, e os meninos acabaram rindo em cumplicidade, usando sua energia para criar não um, mas vários finais absurdos.

Ser capaz de enxergar o ponto de vista da outra pessoa é uma qualidade das mais úteis para resolver conflitos. Quando contamos ou lemos histórias aos nossos filhos, podemos começar a ensinar-lhes essa habilidade pedindo a eles que observem o outro lado da história. Temos de ser criativos com isso, uma vez que a maioria das histórias é contada de um único ponto de vista. Você alguma vez pensou na história de "João e o Pé de Feijão" do ponto de vista do gigante? Como você se sentiria se, toda vez que acordasse, de manhã, estivesse faltando alguma coisa sua? Experimente contar a história sem o final e peça a seus filhos para proporem um final em que o gigante e João se entendam. Um de meus filhos colocou João ensinando o gigante a considerar as pequenas coisas de um ponto de vista diferente; depois, o gigante ajudando João a alcançar alturas que ele provavelmente nunca conseguiria alcançar sozinho; e, depois, a mãe de João ensinando a ambos que o ouro não é tudo o que dizem.

Às vezes, olhar uma história de uma perspectiva diferente, não só do ponto de vista da outra pessoa, é muito interessante. A história de Cinderela é um dos contos de fadas mais antigos, remontando ao nono século da China. Em todas as versões, até mesmo na de Walt Disney, Cinderela é a filha obediente, e a madrasta, "a malvada". (Os padrastos têm sorte: eles não existem nos contos de fadas. Por outro lado, as madrastas realmente fazem papel de más. Mandam os filhos para a floresta sem comer nada, atiram-nos em fornos, fazem-nos comer maçãs envenenadas e não os deixam sair para dançar. E então dizemos aos filhos: "Você, sem dúvida, vai gostar de sua madrasta.") Cinderela não diz por que não conseguiu ir ao baile. Ela estava de castigo pelo que tinha feito no último baile. E o motivo por que ela não tinha vestido era que a madrasta, uma mãe "espinha dorsal", dissera-lhe muito amorosamente: "Se você puser suas roupas no cesto de roupa para lavar, eu as lavarei; se não puser, não o farei." E a menina não pôs. A única coisa do guarda-roupa que não estava no chão na pilha de roupa suja eram uns farrapos, de modo que foi o que ela usou. Definitivamente, essa é uma perspectiva diferente; e pode mesmo mudar o colorido da situação.

Quando dois filhos estão em conflito, se eu encarar um deles como uma "criança boa" e o outro como uma "criança ruim", minha reação será muito diferente da que eu terei se encarar a situação como um desafio e uma oportunidade para os dois. Na primeira haverá um vencedor e um perdedor. Na segunda, o potencial para ambos os filhos crescerem.

Jane Smith, em *Play It Again, Cinderella: A New View of Old Tales*, vai além de uma perspectiva diferente e apresenta uma visão completamente nova ao convidar Cinderela "a ser mais introspectiva, assumir a responsabilidade por si mesma e não ficar esperando que alguém venha salvá-la". Dar aos filhos os recursos de que eles precisam para resolver conflitos os tornará capazes de ir além da perspectiva dos outros e criar um novo ponto de vista; uma solução que é mais do que a soma das partes.

## É Importante Usar o Bom Senso

Quando ensinamos nossos filhos a observar mais do que apenas um lado da história, propor soluções e treinar em casa a própria afirmação, eles se sentem mais capazes de enfrentar os conflitos na escola e nas ruas. Uma vez, um de meus alunos da sétima série foi agredido por três delinqüentes do bairro. Ele estava sangrando. Quando chegou à escola, exclamou: "Eu tinha todo o direito de estar naquele quarteirão. Eles não tinham nenhum direito de me bater. Eles vão se ver comigo!" Ali estava aquele menininho, sem a menor chance e pronto para enfrentar três valentões enormes.

Passei o braço ao redor dele e disse: "Sabe de uma coisa? Você tinha todo o direito de estar naquele quarteirão. Eles não tinham nenhum direito de bater em você. Mas use a cabeça. Ao ver três delinqüentes vindo pela rua, examine a situação cuidadosamente. Se você acha que pode passar por eles sem problemas, vá em frente. Porém, se parecer inseguro, não adianta ser agressivo; você vai acabar perdendo." Não tivemos de discutir sobre a parte perdedora por muito tempo, já que ele acabara de passar pela experiência. Mas também o adverti a não ser passivo. "Não passe por eles de cabeça baixa e ombros caídos, porque as pessoas agressivas às vezes agridem as passivas sem nenhum motivo."

"O que devo fazer, então?"

"Use a cabeça e depois os pés, nessa ordem, e pense em si mesmo: 'Hum, são três contra um, e eles são bem maiores do que eu. Esse não é um bom lugar para eu ficar, tchau mesmo', e saia de lá o mais rápido possível."

Temos de ajudar as crianças a perceber que em situações como essa elas estão usando o bom senso, e não sendo covardes. A lição servirá para os anos de adolescência, quando os colegas sugerirem que elas experimentem alguma droga fantástica.

"De jeito nenhum!"

"Covarde!"

"Não, esperto!"

Ou quando o namorado de sua filha a induzir a ter relações sexuais com ele para provar que realmente o ama.

"De jeito nenhum!"

"Covarde!"

"Não, esperta!"

Ou quando alguém convidar seus filhos adolescentes a voltar para casa de carro com um motorista bêbado.

"De jeito nenhum!"

"Covarde!"

"Não, esperto!"

O fundamental aqui é ensinar seus filhos a resolver os próprios problemas. No entanto, isso não significa que, como pais, devamos ficar indiferentes ao ver uma criança roubar a luva de outra. Se eu visse uma injustiça dessas, iria intervir. "João, você pegou a luva de Sara. Você está com um problema, e sei que sabe como resolvê-lo." (Uma versão resumida poderia ser "João... a luva." Meu tom de voz e a expressão facial diriam o resto.) Se Sara viesse a mim correndo, reclamando que João pegou sua luva, eu lhe daria os instrumentos assertivos para ela resolver a situação sozinha, em vez de sair em seu socorro. Eu ficaria lá apenas para apoiá-la e dar-lhe a retaguarda necessária. E se o amigo de Sara viesse me contar que João pegou a luva dela, seria uma boa oportunidade de ensinar a esse amigo a diferença entre contar e bisbilhotar.

## Contar ou Bisbilhotar?

Jamie está se divertindo bastante no balanço de pneu. Ela sabia que não devia estar no balanço hoje, pois o monopolizou ontem, não deixando ninguém mais brincar ali, e depois enrolou a corda num galho de árvore, de modo que nenhuma criança pudesse usar o brinquedo enquanto ela não tivesse acabado. Um menino que queria bancar o monitor do parquinho vem correndo até você para anunciar a transgressão de Jamie. Se você quiser reforçar a bisbilhotice, agradeça ao menino por lhe contar, vá até Jamie e repreenda-a publicamente por estar no balanço depois de lhe terem dito que não podia brincar ali hoje. Se preferir não reforçar a bisbilhotice, ensine ao menino a diferença entre bisbilhotar e contar:

*Bisbilhotar:* Se for só para colocar uma criança em dificuldades, não me conte.

*Contar:* Se for para tirar uma criança de uma dificuldade, me conte. Se ocorrerem as duas coisas, eu quero saber.

Se Jamie não devia estar no balanço porque o monopolizou ontem, não me conte: isso só servirá para colocá-la em dificuldades. Se não houver problema em Jamie ficar no balanço, mas ela prender os dedos na corda, me conte; isso me ajudará a tirá-la de uma dificuldade. Se ela não devia estar no balanço e prendeu os dedos, me conte; ambos os casos são uma questão de estar em dificuldades e tirar de uma dificuldade, e eu preciso saber.

As crianças de cinco anos precisam de ajuda para fazer essa distinção. Se uma criança corre até mim, eu faço uma pergunta simples: "É para colocá-la em dificuldades ou tirá-la de uma?" Talvez ele pense por um momento, encolha os ombros, diga: "Colocá-la" e se afaste; ou é possível que ele declare apenas: "Não sei." Então eu proponho: "Me conte e vamos descobrir juntos."

"Maria está chupando o dedo de novo." "Contar para mim só servirá para colocá-la em dificuldades; não conte." "O dente da frente de Maria caiu enquanto ela estava chupando o dedo, e ela está com a boca toda ensangüentada." "Obrigada por me contar."

Se os filhos aprendem a fazer a distinção quando são pequenos, isso os ajudará durante a adolescência. Eles entenderão que não será bisbilhotice (ou "dedurismo", como dizem) contar a você que o amigo deles está dando seus objetos pessoais e se despedindo sutilmente dos colegas. Contar talvez ajude o adolescente problemático a resolver sua questão. Uma amiga de sua filha, grávida de cinco meses, ultimamente vem enfaixando a barriga para tentar esconder a gravidez. Se sua filha contar, é possível que crie transtornos para a amiga, mas certamente livrará a ela e ao bebê do problema. Vai haver uma briga na escola, e as gangues rivais esconderam um arsenal de armas nos armários; se seu filho contar, colocará os meninos em dificuldades a curto prazo, mas os poupará de um grande apuro e de um sério arrependimento a longo prazo. Um amigo de seu filho está bêbado e dirigindo numa avenida. Se seu filho contar, colocará o amigo num problema, mas talvez o livre de outro muito maior.

Eis a minha sugestão sobre o que fazer quando lhe pedirem para representar o papel de juiz no tribunal: não faça isso! Só me envolvo de fato com o que eu vejo ou ouço pessoalmente, a menos que o que não vi ou ouvi resulte em derramamento de sangue ou num dano grave; nesse caso, enfrentarei o problema, mesmo que eu não tenha visto o que aconteceu. Se não houver derramamento de sangue nem dano grave, deixo as crianças encontrarem um modo de resolver o problema que criaram. Quando trabalhei com crianças que eram identificadas como problemáticas ou agressivas, descobri que, apesar de estarem a dez metros de uma briga, elas normalmente eram culpadas por ela, tivessem ou não alguma coisa a ver com ela. Eu prefiro não acusar uma criança a acusá-la falsamente. Uma acusação falsa pode destruir meses de construção da auto-estima. (O fato de eu não acusar, no entanto, não significa que eu não seja terrivelmente observadora. Meus alunos costumavam me chamar de "sra. C", e não era porque meu nome começa com C; mas porque achavam que eu *via* tudo.*)

## O Jogo e o Sentar-se

Duas crianças estão brincando.

"Você não girou o pião direito."

"Girei, sim."

"Não girou, não."

"Paaai!!"

Como você está no outro aposento e não viu o que aconteceu, pode entrar no quarto e dizer: "Vocês parecem realmente bravos. Venham aqui e sentem-se

* Na língua inglesa, o verbo "ver" *(see)* e a consoante "C" têm a mesma pronúncia: "si". (N. do T.)

juntos no sofá. Poderão levantar-se assim que obtiverem permissão um do outro para isso. O que precisam fazer?"

"Temos de pedir desculpas?"

"Não, os dois podem se levantar assim que derem permissão um ao outro para isso."

Não exija um pedido de desculpas. O "me desculpe" tem de vir do coração, não da cabeça. Se você exigir um pedido de desculpas, talvez obtenha uma das seguintes reações: a) um "Me desculpe" queixoso (realmente sincero!?!); ou b) um "Me desculpe" seguido de um novo empurrão por parte daquele que pediu desculpas, seguido por outro "Me desculpe, eu disse para você me desculpar." A criança aprende que, desde que peça desculpas, pode bater de novo.

O pedido de desculpas não é fundamental aqui, mas sim a cooperação. As duas crianças ficam lá sentadas, cada uma com sua raiva.

"Não estou deixando você se levantar."

"Eu também não estou deixando você se levantar."

"Pai, quando podemos nos levantar?"

"Os dois podem se levantar assim que ambos derem permissão um ao outro para isso."

Nenhum dos dois pode sair. Ambos têm poder sobre o outro, mas esse poder está relacionado ao poder do outro. As crianças começam a entender que não são dependentes ou independentes, mas na verdade mutuamente dependentes — não controladas ou no controle, mas na verdade com poder de influência e sendo influenciadas. Logo uma das crianças diz:

"Você pode se levantar."

"Mas não vou deixar você se levantar."

"Pai, eu disse que ela pode se levantar e ela não está deixando eu me levantar."

"Os dois só podem se levantar quando um der ao outro permissão para se levantar."

Finalmente, ambos captam a mensagem de que, *juntos*, têm o poder de controlar a situação.

"Vou deixar você se levantar."

"Eu também vou deixar você se levantar."

Ambos se levantam. Observe que eles não foram castigados. O objetivo não é castigá-los; é discipliná-los da seguinte forma:

1. Mostre a eles o que fizeram de errado;
2. Atribua-lhes a responsabilidade pelo problema;
3. Ajude-os a encontrar maneiras de resolver o problema;
4. Preserve a dignidade deles.

No entanto, as crianças ainda não foram disciplinadas. O motivo de pedir-lhes para se sentarem e darem uma à outra permissão para se levantar é fazer que se acalmem. Elas não conseguirão resolver o problema de maneira eficaz se estiverem gritando uma com a outra. Nenhuma criança dará permissão a outra para se levantar se ainda estiver brava com ela. Você não vai ouvir sua filha dizer com raiva ao irmão que ele pode se levantar; isso simplesmente não acontece. A permissão para se levantar é dada quando os ânimos já esfriaram. Depois que eles se acalmarem o suficiente para deixar o outro se levantar de boa vontade, terão permissão de voltar ao jogo e fazer uma dentre três coisas:

1. Compartilhar;
2. Abandonar juntos o jogo;
3. Um dos dois pode propor uma solução que ambos aceitem.

O que fazer se uma criança esfriou mas a outra está emburrada e determinada a manter a primeira sentada o dia inteiro? Esse é o momento de usar a flexibilidade da espinha dorsal e intervir como um pai sábio e atencioso.

"Joe, você deu permissão para a Maria se levantar. Maria ainda está brava e precisa de um pouco mais de tempo para se acalmar. Você quer se levantar e procurar alguma outra coisa para fazer? Maria, você pode se levantar assim que achar que se acalmou." Se Maria ficar por muito tempo com raiva, talvez seja o caso de sentar-se com ela, dar-lhe um abraço e dizer a ela que você está disposto a ouvir, se ela quiser falar. Provavelmente, não é o incidente original o que a está magoando de verdade; aquilo, sem dúvida, foi apenas uma desculpa para desabafar um pouco da raiva que ela guarda dentro do peito.

Que idade devem ter seus filhos para você começar a usar a técnica de colocá-los sentados? Eles precisam estar, no mínimo, no nível de uma criança de dois anos e meio normalmente desenvolvida. Algumas terão o domínio da língua um pouco antes, outras se atrasarão um pouco mais. As crianças mais novas irão correndo ao sofá, darão depressa permissão uma à outra para se levantar e voltarão para resolver o problema original. Os filhos mais velhos talvez fiquem tão bravos que se recusem a sentar-se em qualquer lugar perto um do outro. Então você pode convidar cada um a passar alguns momentos sozinho, para controlar a raiva, antes de se sentarem juntos. Ou talvez você precise sentar-se entre os dois para impedir que eles se batam.

Lembre-se, este é apenas um recurso para ajudar as crianças a se acalmar e começar a dialogar. Se um ou ambos se recusarem a sentar-se juntos, não force a questão. Não é controle ou submissão que você está buscando; é calma e cooperação.

Se for uma criança de três anos que esteja muito brava com outra de cinco, talvez você precise colocar a de três no colo e embalá-la enquanto a de cinco senta-se ao lado. O filho mais velho provavelmente reclamará: "Por que ele pode sentar no seu colo?" E você pode responder: "Ainda bem que você é capaz de sentar-se sozinho para se acalmar. Sam precisa de um pouco de ajuda para aprender. Sam, me avise quando você achar que pode sentar-se sozinho para se acalmar." Você elogiou o filho mais velho por sua capacidade de ser responsável e encorajou o mais novo a aprender com o irmão. Se a criança de cinco anos quiser sentar-se em seu colo também... por que não?

## Quem Bateu Senta

*O conflito é inevitável — a violência não.*

— Elizabeth Loescher

Lembra-se de Dana, Matt e o ursinho? Em vez de brincar de cabo-de-guerra com o urso, Dana toma seu urso do irmão e lhe bate com ele. Está na hora de intervir. Dana precisa aprender que bater não é um bom modo de resolver a raiva. Mas ela certamente não está pronta para ouvir o lado do irmão na história ou propor um compromisso que ambos sejam capazes de aceitar. Ela tem que se acalmar, enfrentar as conseqüências da violência contra o irmão e passar para os outros dois passos.

A violência é uma das formas mais óbvias e destrutivas do comportamento agressivo. A abordagem dos conflitos em nossa cultura está profundamente arraigada em dilemas conflitivos do tipo ganhar-perder, vencido-vencedor, e a violência acaba sendo o recurso mais à mão para tentar encerrar (não solucionar) todos os tipos de conflito. Ela parece ser tolerada em todos os níveis da nossa sociedade, do governo para baixo, e é encorajada na mídia, do noticiário policial aos desenhos infantis. Constantemente, a partir de quase todo tipo de orientação, os filhos (e adultos) captam a mensagem: "Você está com um problema? Bata (ou atire, ou jogue uma bomba) em alguém." Em seu livro *Boys Will Be Boys: Breaking the Link Between Masculinity and Violence*, Myriam Miedzian escreve:

> O exemplo e o reforço por parte da família desempenham um papel importante como causa da agressão, mas as pesquisas indicam que os índices mais elevados de comportamento agressivo se encontram em ambientes nos quais os modelos agressivos são numerosos e a agressão é altamente valorizada. (...) Desde a mais tenra idade, as crianças interiorizam as pressões sociais e os modelos de papéis que lhes são apresentados e desenvolvem um conceito do tipo de comportamento que se espera delas. Um padrão de comportamento pode ser armazenado cognitivamente e só exteriorizado muito tempo depois, quando induzido pelas condições exteriores. O comportamento aprendido na família, com os colegas ou na mídia talvez só se manifeste muitos anos mais tarde.

Em vez de "bombardear" as crianças com a mensagem de que a agressão é o meio para solucionar os conflitos, nós, adultos, temos a possibilidade de ensinar, pelo exemplo, pela orientação e pela educação, que a violência é uma técnica imatura, irresponsável e ineficiente para solucionar conflitos e que o uso de meios não violentos para resolvê-los revela uma atitude madura e corajosa.

Desde que eram bem pequenos, meus filhos aprenderam que, se você bater, deve sentar-se. Bater não é uma maneira adequada de resolver um conflito, em qualquer idade. Não resolve nada e só leva a mais agressão. Em nossa casa, se uma pessoa bater em outra, tem de sentar-se na cadeira de balanço ou em seu quarto. Se for um vizinho, senta-se na cadeira de balanço ou volta para casa. Um dia, uma criança vizinha bateu em outra, na sala. Quando ela me viu chegar, foi logo dizendo: "Vou para a cadeira de balanço, sra. C." Ela não demorou muito para aprender os costumes da nossa casa.

Às vezes, quando se trata dos filhos mais velhos, que já começaram a entender a própria raiva, é uma boa idéia oferecer-lhes a oportunidade de escolher entre sentar-se e dar uma caminhada. Algumas pessoas, incluindo os filhos, se acalmam mais facilmente em movimento. O propósito e o resultado esperado são os mesmos: acalmar-se e depois lidar com a situação original.

Por quanto tempo a pessoa deve ficar sentada? Dizer-lhe para ficar sentada durante cinco, dez minutos ou por meia hora é castigo; isso não lhe transmitirá a mensagem de que ela pode trabalhar a própria raiva. (Experimente dizer ao seu marido que você só fica brava por dez minutos — isso não funciona.) A criança precisa se manter quieta até se sentir pronta a voltar para junto das outras crianças e lidar com a situação de maneira responsável. Se ela disser que está pronta para voltar, eu lhe pergunto o que ela pretende fazer, qual é o plano dela. Se ela disser que não vai mais bater, não chegamos lá ainda — esse não é um plano positivo; isso é o que ela *não* vai fazer. Eu preciso saber o que ela está planejando fazer, *em vez de* bater, quando quiser o mesmo brinquedo com que seus amigos estão brincando. Se o brinquedo foi quebrado, parte da solução talvez deva ser consertá-lo. Alguns pais exigem um pedido de desculpas. Isso poderia ajudar, mas exigir algo assim não vai funcionar, porque quase nunca será sincero. Os pais podem ensinar e mostrar maneiras de se desculpar. Às vezes, só um abraço ou um aperto de mão dizem mais do que palavras.

E se a criança voltar e bater no amigo de novo? Ela se senta de novo. Com isso ela vai aprender uma de duas coisas: como sentar-se ou como brincar sem bater. O fundamental é lidar com isso, a cada vez, com uma sentada — sem deixar que a criança saia às vezes, nem ameaçar, nem deixar passar de vez em quando nem, o que seria pior, bater para mostrar que ela não deve bater! Não é a severidade da conseqüência que tem força, é a certeza dela que é importante. A criança começa a entender que, se recorrer à agressão para expressar a raiva, terá de sentar-se e ganhará uma oportunidade de se acalmar e propor outra maneira de lidar com seus sentimentos.

Uma vez ou outra, uma criança continuará usando a agressão, ficando cada vez mais destrutiva. Na maioria das vezes, os pais reagem impondo castigos duros que só servem para alicerçar o desafio e a destrutividade. Em vez de castigar a criança, temos de reconhecer que o comportamento dela provavelmente é um sintoma de uma dor ou uma raiva maior e mais profunda, e que ela necessita de ajuda para superá-la. Ela não precisa de castigo, mas de ajuda, e, dependendo da situação, talvez de mais do que você é capaz de oferecer; então é aconselhável procurar apoio profissional. É claro que ela não pode continuar batendo no irmão menor porque tem uma raiva ou uma dor não identificada. Você deve ficar atenta enquanto ela estiver superando o problema, ajudando-a a compreender que é certo ter raiva, mas não é certo bater no irmão.

## Problemas em Dobro

Às vezes, o que você tem nas mãos não é só uma criança que bate em outra, mas uma verdadeira luta corporal. Se dois irmãos estiverem brigando assim, não sugiro que vão para fora e terminem a luta longe da minha vista. Alguns pais fazem exatamente isso. Nossa cultura muitas vezes associa a masculinidade à violência. Não é só aceitável os meninos baterem; isso é considerado parte de um verdadeiro rito de passagem para provar a masculinidade. Muito freqüentemente, a cultura insiste em que, se eles não lutarem, crescerão como efeminados. Essa mensagem precisa mudar; e nós, como mensageiros, não devemos permitir, tolerar ou encorajar a violência como um modo de resolver problemas.

Se duas crianças estão se batendo, peço-lhes para se sentarem juntas, comigo entre as duas, se necessário, ou lhes pergunto se querem se afastar até que se acalmem. Quando elas se acalmarem, poderão conversar sobre os sentimentos que as levaram a brigar. O ato de compartilhar os sentimentos ajuda-as a aprender a ser menos precipitadas em julgar e mais capazes de compreender.

Uma fórmula simples para ensinar às crianças é a seguinte:

| | |
|---|---|
| Quando eu ouvi (ou vi)... | **não** Quando você disse (ou fez)... |
| Eu senti... | **não** Você me deixou com raiva |
| Porque eu... | **não** Não pude evitar |
| Eu preciso (ou quero)... | **não** É melhor você..., senão |

Depois que as duas crianças compartilharem seus sentimentos, oriente-as segundo os quatro passos da disciplina:

1. Mostre a elas o que fizeram de errado;
2. Atribua-lhes a responsabilidade pelo problema;

3. Ajude-as a encontrar meios de resolvê-lo;
4. Preserve a dignidade delas.

Então, juntas, elas podem propor um plano para superar o conflito da próxima vez. E esse plano deve ser composto de uma compreensão maior das vontades, das necessidades, dos sentimentos e das idéias de ambas.

Esta e as demais técnicas apresentadas neste capítulo demandam tempo e energia — sim, a louça terá de esperar —, mas que boa oportunidade! O conflito transforma-se num desafio e num estímulo ao crescimento. Você tem a chance de, em vez de castigar, *disciplinar*, dar vida ao aprendizado de seus filhos.

Eu acredito que, se é para sobrevivermos como um planeta, temos de ensinar essa próxima geração a lidar com os próprios conflitos de maneira positiva e não violenta. Se, desde pequenos, nossos filhos aprenderem a ouvir todos os lados da história, a usar a cabeça e a boca, a propor estratégias e a compartilhar suas coisas, então, quando eles se tornarem nossos líderes — e alguns deles se tornarão —, terão os recursos para lidar com problemas e conflitos globais. (Você consegue imaginar dois líderes nacionais irados, sentados lado a lado, dando permissão um ao outro para se levantar, prestando atenção a todos os lados da história e propondo uma solução que ambos aceitem?)

Somente com muito exemplo, muita orientação e educação de nossa parte conseguiremos transmitir aos nossos filhos a sabedoria dos pacificadores: a violência é "o nó da escravidão"; a agressão só gera mais agressão; a passividade convida à agressão; e a asserção pode dissolvê-la. A paz não é a ausência de conflito. É o aproveitamento do conflito como um desafio e uma oportunidade de crescimento.

> *Somos pais que podem ser chamados de revolucionários? Queremos que nossos filhos cresçam como adultos competitivos, apenas para que todo o mundo se renda a eles? Ou dançamos num ritmo diferente? A música dos meus sonhos fala de amor, confiança, compaixão, justiça e paz — tanto em casa como em nosso planeta.*
>
> — ELIZABETH LOESCHER, HOW TO AVOID WORLD WAR THREE AT HOME

## Capítulo 9

# Tarefas Domésticas *Versus* Relaxamento, Diversão e Rebeldia

Ensinar os filhos a serem adultos responsáveis não é tanto uma questão de condicioná-los a pendurar o pijama ou pôr as toalhas sujas no cesto, mas de estimulá-los a se preocupar consigo mesmos e com os outros — de maneira que eles relacionem as tarefas domésticas com o modo como cuidamos deste planeta.

— Eda LeShan

O tempo de relaxar é quando você não tem tempo para isso.

— Sidney J. Harris

As tarefas domésticas e as atividades de lazer são o *yin* e o *yang* de uma forte espinha dorsal pessoal e familiar. Os dois elementos não podem ocorrer separadamente um do outro, uma vez que a ação recíproca entre eles cria um todo. No pensamento ocidental, os opostos chineses *yin* e *yang* costumam ser considerados como macho e fêmea, distintos e separados um do outro. Nos ensinamentos chineses tradicionais, eles são vistos como pólos extremos de um único todo, sendo necessário um equilíbrio dinâmico entre os dois para existir harmonia e ordem.

Uma forte espinha dorsal, que seja ao mesmo tempo firme e flexível, não pode se desenvolver com ênfase em um ou outro aspecto. A família "parede de tijolos" tende a considerar o trabalho como positivo e necessário, e a diversão, a menos que altamente estruturada e organizada, como frívola e desnecessária. A família "água-viva" costuma considerar o trabalho como um mal necessário, fazendo apenas o que tem de ser feito, e o divertimento como a chave da satisfação. A família "espinha dorsal" busca harmonia e ordem individual e coletivamente, por meio de um equilíbrio dinâmico dos dois, nenhum deles sendo considerado superior ao outro.

## AS TAREFAS DOMÉSTICAS

*A mais alta recompensa pelo trabalho de uma pessoa não é o que ela consegue com esse esforço, mas o que ela se torna por meio dele.*

— JOHN RUSKIN

Conseguir que os filhos façam as tarefas domésticas pode ser uma tarefa em si mesma. É mais provável que eles façam as tarefas de boa vontade se sentirem que nós precisamos realmente da ajuda deles e somos gratos por ela; que não estamos lhes dando tarefas só para ensinar-lhes lições ou porque não queremos fazer o trabalho. Isso significa que temos de apresentar as tarefas comuns de um modo que pareçam importantes à criança, úteis à família e parte da organização da casa — nenhum trabalho é fácil, a menos que comecemos a considerar as tarefas comuns a partir de um novo prisma. Se julgamos o trabalho doméstico penoso e nos queixamos por ter de fazê-lo, nossos filhos irão desenvolver uma atitude semelhante e provavelmente reagirão quando lhes pedirmos para fazê-lo. Por outro lado, se realizamos nossas tarefas com um senso de compromisso, paciência e bom humor, nossos filhos nos tomarão como exemplo e farão o mesmo. Em *Tom Sawyer*, Mark Twain mostra como Tom Sawyer se divertiu tanto fazendo o trabalho de caiar os mourões de uma cerca que conseguiu que os outros meninos lhe pagassem para deixá-los fazer o mesmo trabalho. Mas o que em geral se esquece nessa história é que os outros meninos realmente se divertiram.

Fritjof Capra, renomado físico e filósofo, explica, no seu livro *O Ponto de Mutação**, o dilema enfrentado pelos adultos em nossa cultura ao tentarem transmitir às crianças o valor das tarefas cotidianas, *comuns:*

> No que se refere ao *status* das diferentes espécies de trabalho, há uma interessante hierarquia em nossa cultura. O trabalho com *status* mais baixo tende a ser o mais "entrópico", isto é, aquele em que a evidência tangível do esforço é mais facilmente destruída. Trata-se do trabalho feito repetidamente, sem deixar um impacto duradouro — preparar refeições que serão imediatamente consumidas, varrer o chão das fábricas, que logo estará sujo de novo, cortar sebes e gramados que não param de crescer. Em nossa sociedade, como em todas as culturas industriais, às tarefas que envolvem um trabalho altamente entrópico — serviços domésticos, serviços de reparações e consertos, agricultura — é atribuído o mais baixo *status*, e são elas as atividades a que são destinados os mais baixos salários, embora todos sejam essenciais à nossa existência cotidiana. Esses trabalhos são geralmente confiados a grupos minoritários e a mulheres. Os trabalhos com *status* mais

* Publicado pela Editora Cultrix, S. Paulo, 1980.

elevado envolvem tarefas que criam algo duradouro — arranha-céus, aviões supersônicos, foguetes espaciais, ogivas nucleares e todos os outros produtos de alta tecnologia. É também concedido um *status* elevado a todo trabalho administrativo ligado à alta tecnologia, por mais enfadonho que possa ser.

Essa hierarquia do trabalho é exatamente a inversa à das tradições espirituais. Aí, o trabalho de elevada entropia é altamente apreciado e desempenha um papel significativo no ritual cotidiano da prática espiritual. Os monges budistas consideram a culinária, a jardinagem ou o asseio da casa parte de suas atividades meditativas, e os frades e freiras cristãos têm uma longa tradição na agricultura, na enfermagem e em outros serviços. Parece que o alto valor espiritual atribuído ao trabalho entrópico nessas tradições provém de uma profunda consciência ecológica. Executar um trabalho que tem de ser feito repetidamente ajuda-nos a reconhecer os ciclos naturais de crescimento e declínio, de nascimento e morte, e a adquirir, portanto, consciência da ordem dinâmica do universo. O trabalho "ordinário", como o significado radical da palavra indica, está em harmonia com a ordem que percebemos no meio ambiente natural.

As tarefas cotidianas ajudam as crianças não só a reconhecer os ciclos da natureza, como também a:

- Desenvolver a capacidade de organizar seus próprios recursos;
- Aprender a se concentrar nas tarefas;
- Organizar-se;
- Estabelecer metas e desenvolver as habilidades necessárias para desempenhar tarefas físicas e mentais mais complexas.

Além disso, as tarefas domésticas são uma ótima maneira de dizer às crianças: "Vocês são membros importantes da família; precisamos de vocês e esperamos que nos ajudem." As crianças têm que acreditar que são capazes de dar uma contribuição distinguindo-se na família.

## Como Começar

O melhor momento para começar a delegar tarefas é justamente quando isso é menos eficiente para os pais: quando o filho *quer* ajudar, em geral por volta dos dois anos. Nessa idade, ele quer fazer tudo "sozinho". Em minha casa, aos dois anos as crianças já arrumam a própria cama (com um acolchoado e um pouco de ajuda). Aos três anos, elas ajudam a guardar a louça da lavadora de pratos (de qualquer maneira, elas já estavam se acostumando a subir nela). Aos quatro anos, ajudam a pôr a mesa, pois já atingiram a altura dela, e aos cinco sabem tirar o pó dos móveis e auxiliar com o aspirador de pó. Aos seis anos, as crianças percebem a diferença entre trabalho e diversão, mas agora é tarde; elas já estão presas à rotina da família. À medida que meus filhos cresceram, as responsabilidades e as oportunidades de tomar decisões foram aumentando. Quem sabe, quando eles tiverem idade para sair de casa, sejam capazes de fazer todas as tarefas necessárias para manter uma casa funcionando sem problemas.

Os pais às vezes subornam os filhos para conseguir que eles façam as tarefas. "Se você lavar a louça hoje à noite eu lhe darei o dinheiro do cinema." Você não foi pago por lavar a louça ontem à noite, então por que deveria pagar seu filho para fazê-lo hoje? Porque isso é a realidade? Não, deixe que eles recebam dos vizinhos por um trabalho realizado. É importante que as crianças entendam que contamos com elas para fazer de nossa casa um lugar confortável, seguro, gostoso de morar.

Quando subornamos as crianças para que façam algumas tarefas, elas captam falsas mensagens como estas:

*Todas as boas ações são recompensadas financeiramente.* Não é verdade. As boas ações não são sequer reconhecidas ou identificadas, que dirá recompensadas financeiramente.

*Se não for recompensado, não vale a pena fazer.* Muitas coisas que valem a pena fazer na vida não são recompensadas financeiramente. A maior parte das pessoas não recebe nenhuma compensação financeira pela educação dos filhos; isso significa que não vale a pena fazer? Alguns adultos jovens acham que criar filhos é muito dispendioso; eles preferem gastar o dinheiro ganho arduamente com algo "mais produtivo e enriquecedor". A educação dos filhos não é, por certo, rendosa em termos de tempo ou custos.

*Quanto maior a recompensa, mais compensadora é a atividade.* O valor de uma atividade geralmente não tem nenhuma ligação com o montante de dinheiro relacionado com ela. Se você lutar boxe e levar um adversário a nocaute, ganhará mais dinheiro em noventa segundos do que a maioria das pessoas recebe trabalhando a vida inteira. Oscar Wilde declarou com simplicidade: "É possível saber o preço de tudo e o valor de nada."

Mas, se você não pagar, eles farão as tarefas? Se você pagar aos filhos para eles fazerem o trabalho cotidiano da casa, talvez eles aprendam que devem esperar um pagamento por qualquer tarefa realizada. Ao educá-los à base de subornos, você poderá transformá-los em adultos dependentes demais da aprovação e do reconhecimento dos outros, carentes de confiança em si mesmos e de senso de responsabilidade.

Subornar os filhos para que eles executem tarefas também deixa você, às vezes, numa situação complicada. Quando você disser: "Dou o dinheiro do cinema se você puser o lixo na rua", seu filho de onze anos poderá responder:

"Já tenho dinheiro suficiente para o cinema. A vovó me deu uma mesada." Então o que você faz? Os subornos não funcionam, já que a criança é capaz de ganhar recompensas de outras fontes além dos pais.

Um garoto havia sido educado num sistema de recompensas na escola. Aparentemente, toda vez que ele fazia algo "bom" ou não fazia algo "ruim", ganhava uma ficha. Ele levou esse condicionamento para casa. A mãe lhe pediu que fosse buscar o leite que o leiteiro deixara na porta, e o menino respondeu: "Isso vai lhe custar 25 centavos." A mãe pensou depressa e respondeu: "Dois copos pagam a despesa. O jantar custa sete dólares." O menino saltou da cadeira, dizendo: "O que era mesmo que você queria? Já estou indo."

Como conseguir que os filhos ponham o lixo na rua sem ter de pagar por isso? Eis uma cena típica em muitas casas: o filho está sentado numa poltrona, assistindo à televisão, e gritamos do quarto dos fundos: "Cris, ponha o lixo na rua." Nenhuma reação. Então elevamos a voz, mas não até o nível de perigo. (Todo filho conhece o nível de perigo dos pais e reage de acordo. É como a criança do jardim-de-infância cuja professora perguntou: "Por que é que eu preciso lhe pedir cinco vezes para fazer alguma coisa?" A criança a encarou e disse: "Mas quando a minha mãe quer uma coisa, ela pede cinco vezes.") "Christopher Stanley!" Agora falamos mais alto e de maneira mais formal. Ainda nenhuma reação. (É incrível como passamos nove meses pensando em lindos nomes para os nossos filhos, e a única ocasião em que os chamamos por esse nome é quando estamos bravos.)

Exasperados, marchamos para a sala de estar, fuzilamos o filho com o olhar e gritamos: "Christopher, seu irresponsável! Tire os olhos da televisão agora mesmo. E, a propósito, meu jovem, você não separou as suas roupas. Eu lhe disse que se não as separasse eu não as poria na próxima leva de roupa para lavar. E quantas vezes preciso lhe dizer para tampar o pote de geléia na cozinha? Não sei mais o que fazer com você." Christopher levanta os olhos e diz: "Hã, o quê?" As crianças têm uma audição seletiva — ouvem apenas o que querem ouvir. Enquanto isso, estamos à beira de um enfarte, e o lixo continua na cozinha.

Como fazer para que o lixo seja levado para fora? Em primeiro lugar, não grite do fundo da casa. A educação dos filhos não é um trabalho fácil; leva tempo. Isso significa largar o que você está fazendo e ir até onde seu filho está; as crianças não têm controle remoto. Depois de obter a atenção de Christopher, diga, sem gritar: "Christopher, preciso que você ponha o lixo na rua antes da hora do jantar; vamos ver, do que preciso mesmo?"

"Eu sei, mãe, você precisa que eu leve o lixo para fora antes do jantar." (É importante lembrar que o combinado é "antes do jantar", e não "já".)

Muitos de nós têm a tendência de cuidar da casa como se fosse a *minha* casa: organizamos tudo do *meu* modo e no *meu* esquema. Aqui estamos nós, tentando ensinar os filhos a compartilhar as coisas e roubando-lhes a oportunidade perfeita para fazer exatamente isso e dividir as responsabilidades na organização da casa. É importante lembrar que é a *nossa* casa: podemos cuidar dela no *nosso* tempo e à *nossa* maneira. Você quer que o lixo seja tirado antes do jantar porque senão não haverá espaço na lata para o lixo do jantar. Christopher está assistindo a um programa e quer terminar de vê-lo antes de ir tirar o lixo. Ele sabe que você precisa que isso seja feito antes do jantar e é capaz de se planejar adequadamente.

Sua reação pode ser: "Você entendeu, filho."

O que você disse não é tão importante quanto o que Christopher disse: "Você precisa que eu leve o lixo para fora antes do jantar."

Ainda assim, alguns de nós cobraremos a obrigação de Christopher por toda a tarde. ("Cris, não se esqueça de tirar o lixo." "Christopher, não há algo que você devia fazer antes do jantar?" "Christopher Stanley, se não tirar o lixo, não vai jantar." "Christopher, já tirou o lixo?" — uma pergunta realmente absurda, porque o lixo está bem à nossa frente.) Não, espere até a hora do jantar e então coloque no prato dele um bilhete com a palavra **LIXO** em letras garrafais. Você não precisará *dizer* uma palavra. As crianças têm uma memória fantástica, quando precisam. "Ah, sim, o lixo!" Se você o importunar, tornará o problema seu. O silêncio e o bilhete mantêm-no como dele.

Eu não diria que ele não poderia jantar; isso seria castigo. Eu já disse que o lixo precisava ser tirado antes do jantar. Isso tem sentido, uma vez que não há espaço para o lixo do jantar enquanto a lata não for esvaziada. Um pai "parede de tijolos" talvez pensasse em pôr o conteúdo da lata de lixo no prato do filho, para dar-lhe uma lição. Um pai "água-viva" cuidaria do lixo e diria a Christopher: "Da próxima vez, você fará isso." Um pai "espinha dorsal" simplesmente deixa um bilhete no prato do filho como um lembrete direto de uma tarefa a ser cumprida antes do jantar.

Nem toda técnica funciona da mesma forma para todos nós. Tampouco uma técnica será eficaz para todas as crianças da família. Pode ser que você tenha subornado seus filhos com comida, e qualquer coisa perto da hora do jantar talvez pareça um suborno, ou então que não adiante colocar o bilhete no prato porque seu filho, a exemplo de muitos adolescentes, não aparece para o jantar. O que funciona para uma criança pequena pode não funcionar para uma de nove anos; o que funciona para a de nove anos às vezes não funciona para o irmão gêmeo.

Se sua filha adolescente não vai vir para o jantar, uma alternativa seria: "Suzana, o lixeiro passa mais ou menos às duas horas da manhã. Lembre-se, nós conversamos sobre isso, e você concordou em pôr o lixo para fora antes de ir para a cama. E nós decidimos que, se o serviço não fosse feito, eu a acordaria para fazê-lo." Não diga mais nem uma palavra. Deixe-a ir para a cama. Às onze e meia você entra no quarto dela e, com suavidade, a chacoalha. (Não vigorosamente, nem com sarcasmo ou ironia. Essas técnicas de controle não têm sentido em casa. Também não passe nenhum sermão: "Se você tivesse levado o lixo antes, eu não estaria aqui te acordando." Ela sabe disso.) Você a chacoalha com suavidade até que ela conclua que é melhor para ela sair da cama do que agüentar a mãe ou o pai tentando acordá-la. Faça isso duas vezes, e eu lhe garanto: seu filho adolescente não pensará mais em ir para a cama antes de ter realizado as tarefas. Não é a severidade da conseqüência que importa, mas a certeza de que haverá conseqüência, o fato de que o filho saiba: "Se eu for para a cama antes de pôr o lixo na rua, mamãe ou papai virão me acordar." Diga isso sinceramente e, quando chegar a hora, cumpra.

Pode ser que você não queira acordar seu filho adolescente — talvez você tenha ido se deitar antes dele, ou vocês dois tenham decidido que essa não é uma conseqüência razoável. Outra possível conseqüência razoável seria solicitar uma coleta especial de lixo e pagar o serviço com o dinheiro do filho, ou fazê-lo levar o lixo até o depósito no carro da família mesmo. Existem diversas opções. Você e seu filho têm de propor conseqüências que tenham sentido e sejam viáveis para ambos. Elas precisam ser razoáveis, simples, valiosas e práticas. (É por isso que me admiro ao ver pais que põem o filho de castigo por um mês. Eu pergunto: como lidar com uma situação dessas? Não quero ver meu filho adolescente dentro de casa durante um mês! Além do mais, com isso ele não aprenderia nada de construtivo.)

As crianças que arcam com conseqüências razoáveis aprendem a ter um controle positivo sobre suas vidas. Nossos filhos contam conosco para lhes proporcionar duas coisas: consistência e estrutura. As crianças precisam de pais que falem a sério, sejam sinceros e cumpram o que prometeram. Esses pais proporcionam uma organização "espinha dorsal" básica com a qual os filhos podem contar.

Desde que eram pequenos, meus filhos sempre arrumaram a cama antes de ir para a escola. Eu não poderia dizer: "Se você não arrumar a cama, não irá à escola", pois acabaria criando um problema com os professores. Além do mais, consigo ler os pensamentos de uma criança de dez anos: "Ah, hoje tenho prova. Se não arrumar a cama, poderei ficar em casa." Simplesmente fizemos um acordo segundo o qual eles deixariam a cama arrumada antes de ir para a escola. Se eles cumprissem isso, suas tarefas do dia estariam terminadas. Ao voltar da escola, eles poderiam tomar um lanche e sair para brincar. Caso não tivessem arrumado a cama, só poderiam sair *depois* de fazer isso. Observe que o trato não era que eles *não podiam* sair até terem arrumado a cama — isso é controle. Eles *poderiam* sair depois de ter arrumado a cama — isso é poder. É uma diferença sutil, mas muito importante. Dizer que eles podiam sair depois de arrumar a cama era encorajador e convidativo, o contrário de ameaçar, negar e intimidar. Na criança, o efeito da mensagem de poder é maior e mais importante do que o da mensagem de controle.

Se você não consegue suportar uma cama desarrumada (ela incomoda o dia inteiro: "Me arrume, me arrume, me arrume"), reconheça que o problema é seu, não de seu filho. Você terá de propor uma conseqüência diferente, com a qual possa viver. Talvez: "Filho, não suporto uma cama desarrumada. Se você não conseguir arrumá-la antes de ir para a escola, eu a arrumarei para você. Mas, antes de você sair, terá de me dizer qual das minhas tarefas você fará hoje à noite em meu lugar." Você só precisa comunicar a ele que é sua vez de lavar os pratos e que o jantar será macarrão; a cama provavelmente será arrumada. Se ele não a arrumar, abstenha-se de dizer a ele à mesa de jantar: "Se você tivesse arrumado sua cama hoje de manhã, não lavaria os pratos do jantar esta noite." Seu filho sabe disso e poderia dizer apenas: "Preferia ter arrumado minha cama hoje de manhã" enquanto lava os pratos, mas é possível que ele não diga nada. O fato de ele ir mais cedo para a escola para ficar mais tempo com os amigos talvez tenha compensado o sofrimento de lavar os pratos do jantar. Você deu uma opção ao seu filho, deixou-o escolher e assumir as conseqüências razoáveis de sua escolha.

## As Três Artimanhas

Ao se defrontar com conseqüências razoáveis, as crianças geralmente tentam três artimanhas para nos fazer desistir, ceder ou mudar de idéia. Elas parecem tê-las praticado desde o útero; já as conhecem há muito tempo, e por isso podem usá-las antes de nos darmos conta de que estamos sendo trapaceados. Se você souber bem como não ceder a essas três artimanhas, descobrirá que tem muito mais energia para dedicar à educação dos filhos.

(Mas é importante perceber que nem todos os ataques emocionais das crianças, lágrimas ou acessos de raiva, são trapaças desse tipo. Tristeza e dor não são trapaças, embora as lágrimas e as palavras iradas pareçam o mesmo, a princípio. Não existe uma regra para avaliar a diferença, porém uma boa sugestão é tentar descobrir se a manifestação do sentimento está sendo veiculada pelos cinco canais de expressão — corpo, rosto, olhos, tom de voz e o que está realmente sendo dito —, então não é uma artimanha. Se a mensagem passar pelos cinco canais de modo confuso, é provável que seja uma artimanha. Os pais razoavelmente intuitivos e atentos quase sempre conseguem distinguir a diferença e tratar da questão real com seus filhos.)

### ARTIMANHA UM: IMPLORAR, SUBORNAR, CHORAMINGAR, LAMENTAR E RANGER OS DENTES

"Ah, por favor, mãe, por favor, me deixe sair. Prometo que vou arrumar minha cama amanhã. Arrumarei a de todo mundo na sexta-feira. Ah, por favor!"

O problema com a Artimanha Um é que, se cedermos, o ego da criança será afetado. Se dissermos: "Certo, saia e vá brincar, mas amanhã arrume sua cama antes de ir à escola", a mensagem que estaremos transmitindo é: "Não acredito em você, não confio em você e você não é grande o suficiente para assumir as conseqüências que todos os outros nesta casa assumem. Eu cuidarei de você." Nós costumamos fazer isso com as crianças que têm necessidades especiais. ("Essas são as regras para todo mundo, mas não para você.") Acabamos lhe dando uma segunda chance. Em outras palavras, cedemos à Artimanha Um — uma reação tipicamente "água-viva". Com uma segunda chance, a criança nunca terá de sofrer as conseqüências da própria irresponsabilidade.

Como eu disse antes, acredito em segundas chances; mas prefiro guardá-las para situações em que haja risco de vida. Seu filho ameaça pôr o pé na estrada em busca de liberdade porque "odeia" você. Você não vai ficar indiferente, dizendo: "Vá em frente e arque com as conseqüências do mundo real. Conversaremos quando você voltar, se é que conseguirá." Não, você o chama de volta e lhe dá uma segunda chance na vida. Nas outras situações, gosto de dar às crianças uma segunda *oportunidade:*

1. Dê-lhes uma responsabilidade;
2. Ofereça-lhes uma conseqüência razoável;
3. Quando elas estragarem tudo — e as crianças o farão...
4. Dê-lhes uma segunda oportunidade de tentar a primeira responsabilidade, *depois* de terem vivenciado a conseqüência de estragar tudo da primeira vez.

É realmente difícil não ceder à Artimanha Um, especialmente se você estiver perto de três grupos de pessoas. Se você for capaz de não ceder perante esses três grupos, então conseguiu. O primeiro grupo é o público em geral. Quando estamos em restaurantes, supermercados, no *shopping center* ou em viagem e nossos filhos começam a pedir: "Por favor, por favor, por favor", tendemos a ceder. Também tendemos a ceder quando o segundo grupo, os vizinhos, estão assistindo ao espetáculo. O terceiro é o grupo mais difícil: os avós. Se você resistir diante deles, realmente conseguiu.

Como não ceder? Sendo positivo. E não estou falando da reivindicação agressiva do tipo que você pratica quando comparece a seminários que versam sobre confiança em si mesmo e agride a todos por toda parte, porque tem esse direito. A verdadeira reivindicação está na sua capacidade, como adulto, de reconhecer seus direitos, suas necessidades e suas vontades como três aspectos muito diferentes que são e reconhecer os direitos, as necessidades e as vontades da criança; e em sua sabedoria de enxergar todos esses seis aspectos em relação ao todo. Anna *quer* sair para brincar, ela *precisa* arrumar a cama e tem o *direito* de ser tratada com dignidade e respeito. Ela não tem o direito de sair e brincar; ela tem um direito muito maior — isto é, como ser humano, ser tratada com dignidade e respeito. Você pode *querer* e *precisar* que seu filho arrume a cama, mas jamais terá o *direito* de usar a força bruta, ridicularizar, ameaçar ou causar embaraço para fazê-lo arrumar a cama.

Apenas seja positivo. Mas como? Com lágrimas rolando na face, Anna pede: "Por favor, por favor, por favor." Apenas diga calmamente: "Você pode sair assim que arrumar a cama." Quando ela pedir de novo, repita: "Você pode sair assim que arrumar a cama." Seu filho começa a aprender que implorar, subornar, choramingar, lamentar-se e ranger os dentes não farão você ceder nem mudar de idéia quanto a uma conseqüência razoável.

Se a Artimanha Um não funcionar, as crianças tentarão a Artimanha Dois.

## ARTIMANHA DOIS: RAIVA E AGRESSÃO

"Você está parecendo uma velha, mãe. Ninguém na vizinhança tem de arrumar a cama. Odeio você. Isso é uma burrice. Isso é estúpido. Como é que a Maria não precisa arrumar a dela? E Joey pôs o travesseiro no meio da cama." Os pais de um segundo casamento reconhecerão essa resposta: "Você não é o meu pai de verdade. Espere até eu encontrar o meu pai neste fim de semana — ele não me obriga a fazer isso." Dá vontade de estrangular a criança. Não faça isso.

Se cedemos à Artimanha Um, isso afeta o ego da criança. Se nos deixamos fisgar pela Artimanha Dois, nosso coração é que é atingido. Ficamos possessos. ("Não fale comigo dessa maneira, nunca mais fale com sua mãe assim.") A agressão só gera mais agressão. Se seu filho fica com raiva e você também, ele ficará com mais raiva, e você, com mais raiva ainda. Você vai acabar perdendo. Você alguma vez já disse algo que preferia não ter dito ou fez algo que preferia não ter feito quando estava com raiva? Quando ficamos com raiva, a adrenalina sobe e bloqueia a parte pensante de nosso cérebro, não a de nosso filho.

Se a agressão gera mais agressão, a passividade convida a ela, portanto você também não quer ser passivo. "Ah, por favor, não fale assim comigo. Espere até sua mãe chegar em casa."

Outro erro que cometemos quando uma criança usa a Artimanha Dois é discutir. ("Não me importa o que os outros pais na vizinhança dizem, nesta casa você vai arrumar a sua cama. A Maria não arrumou a dela porque ficou doente. E Joey põe o travesseiro no meio da cama porque é pequeno e não precisa do travesseiro na cabeceira da cama; ele dorme no meio.")

Eu me recuso a discutir com uma criança que tenha mais de dois anos e meio. A capacidade verbal dela é tão bem desenvolvida que acabarei perdendo a discussão. Da próxima vez que você começar a discutir com um garoto de doze anos, lembre-se de que ele tem mais energia, vai resistir melhor que você, e você acabará perdendo.

Outra coisa ainda que costumamos fazer é deixar que o conflito com um filho afete o modo como tratamos os outros filhos. Estamos gritando com o filho que não arrumou a cama quando surge outro e pergunta: "Daria para você amarrar o meu tênis?" "Amarre você mesmo, e a propósito, meu rapaz, se você tivesse comprado tênis com velcro, como eu lhe disse, não precisaria amarrá-los agora. Não sei o que vou fazer com vocês, crianças. Vocês me deixam louco!"

Ao educar adolescentes, você entra para o grupo de alto risco de ter um ataque cardíaco. Você estará lidando com alguém que enfrenta o maior bombardeio dos hormônios: os pés e as mãos ficam muito grandes, o corpo muito grande ou muito pequeno, a voz desafina, sobe ou desce, surgem espinhas por toda a parte, no rosto. Eles entram pela porta da frente, alegres e sorridentes; dois minutos depois, estão no banheiro, chorando. Você pergunta o que aconteceu. "Ela usou meu pente." "Ele usou minha camisa." "Ela não me ligou, como prometeu." Vamos ter de passar por isso? Sim, mas não precisa cair na armadilha da adrenalina de nossos filhos.

A agressão gera mais agressão. A passividade convida a ela. Assim, o que sobra? Ser assertivo. A beleza e a eficácia de ser assertivo é que assim se consegue diluir a agressão da outra pessoa. No entanto, devo fazer um alerta: por mais eficaz que seja a assertividade, a agressão é mais divertida, e nós tendemos a fazer coisas que são mais divertidas. Quando a família se reúne, você fica só esperando que sua cunhada faça um comentário para dar uma resposta que vem guardando há seis semanas. Será muito mais divertido, mas muito menos produtivo.

Não é fácil lidar com seu filho gritando com você e talvez até o insultando. Lembre-se de que você, como pai/mãe e como ser humano, também tem o direito de ser tratado com dignidade e respeito, da mesma maneira que seu filho. Seu filho pode querer (temporariamente), mas não tem o direito de usar a força bruta (o que não é estranho entre adolescentes), ridicularizar, ameaçar ou causar embaraço a você. Você tem a responsabilidade perante si mesmo de não agüentar isso, e a responsabilidade perante seu filho de lhe ensinar bons modos e maneiras melhores de enfrentar a situação.

Você precisa, em primeiro lugar, concentrar sua energia e se acalmar. Assim, terá a oportunidade de redirecionar a energia da criança e dinamizar o aprendizado dela:

1. Mostrando-lhe o que ela fez de errado;
2. Atribuindo-lhe a responsabilidade pelo problema;
3. Ajudando-a a encontrar meios de resolvê-lo;
4. E, mais importante, preservando a dignidade dela.

Abrande a voz e diga: "Você pode sair assim que arrumar a cama." A mesma fala com que você começou; nem é preciso ser criativo. Só diga de novo, suavemente: "Você pode sair assim que arrumar a cama."

E se ela sair correndo? Se a criança for pequena, pegue-a; não só porque você é capaz disso, mas porque, se ela estiver brava e fora de controle, talvez corra para a rua e se machuque ou faça alguma outra coisa impulsiva. Porém, quando a pegar, não a agarre nem a chacoalhe. (Os pais "parede de tijolos" costumam agarrar a criança pelo braço, gritando: "Nunca mais corra assim de mim; espere só até chegarmos em casa!") Envolva-a num abraço e a embale. Sei que pode parecer um pouco estranho, mas é muito mais estranho agarrar a criança e gritar com ela. Além do mais, abraçar e embalar a criança ajuda a controlar a sua adrenalina e a baixar a dela. Enquanto a embala, diga suavemente: "Você está com raiva, irritada. Tudo bem." Não se trata mais, aqui, do assunto da cama; você está desarmando um possível acesso de raiva ou perda de controle. Depois que a criança se acalmar, encare-a de frente, sorria e diga: "Você pode sair assim que arrumar sua cama." Firme.

Se o filho for maior, não o persiga. Não sei o que você faria, mas eu não perseguiria um garoto de onze anos pela rua, gritando enquanto corro: "Espera só eu te pegar, menino." Não só as chances de que eu consiga alcançá-lo são mínimas, mas as de que ele venha a aprender alguma coisa com a experiência são menores ainda, além do que ele é capaz de correr mais do que a mãe. Vai parecer que ele ganhou e a mãe, exausta, perdeu. Na realidade, ambos terão perdido.

Se o seu filho de onze anos começar a correr para a porta, deixe-o ir. Ele odiará isso. Diga apenas: "Quando você se acalmar, volte." Ele não pode explodir lá fora contra você; você o deixou sair. Não houve nenhuma controvérsia. Você não tem o que perder, nem ele. O conflito acaba não sendo uma disputa, mas um desafio e uma oportunidade. Ele não ganhou? Afinal de contas, ele conseguiu correr para fora e a cama continua desarrumada. Se fosse uma disputa, pareceria que ele tinha ganho, mas, como uma oportunidade de crescer, ainda não terminou. Às vezes, a melhor coisa a fazer quando estamos bravos é nos afastar da situação. Quando ele voltar — e, confie em mim, ele voltará —, sorria (um sorriso de verdade), abrace-o e diga: "Sabe, meu filho, às vezes pensamos que podemos fugir dos problemas, mas não podemos; eles ainda estão nos esperando quando voltamos. Em outro momento, não agora, mas depois, vamos falar sobre as maneiras de enfrentar as situações sem fugir. Enquanto isso, você pode sair assim que arrumar sua cama." Quem sabe, a essa altura, vocês consigam dar uma risada, ele irá arrumar a cama, e vocês dois poderão passar para outros desafios e oportunidades de crescimento.

Quando você não se deixa fisgar pela Artimanha Dois, as crianças aprendem que é aceitável ter raiva, mas a maneira como elas lidam com a raiva deve ser responsável; e xingar, gritar e ameaçar simplesmente não funcionam quando elas tentam fugir sem sentir as conseqüências razoáveis da própria irresponsabilidade. Mais tarde, num momento de calma, comente com seu filho a respeito da linguagem agressiva que ele usou quando estava com raiva e das possíveis alternativas para esse tipo de linguagem. (Nesse caso, pense no exemplo que você costuma dar. Se você tem o hábito de usar uma linguagem descontraída, será difícil censurar seu filho por isso.)

Se a Artimanha Dois não funcionar, as crianças tentarão a Artimanha Três.

## ARTIMANHA TRÊS: O MAU HUMOR

Esta é a artimanha mais poderosa das crianças, pois ninguém é capaz de obrigá-las a fazer algo que elas decidem não fazer. ("Não vou fazer isso. Você não pode me obrigar a fazer isso. Não queria sair mesmo; vai começar a chover. Pode me bater; não ligo. Mande-me para o quarto; vou ouvir música.") As crianças normais, saudáveis, ficarão de mau humor por cinco minutos; as crianças talentosas, por dez. Talvez você conclua que tem uma porção de filhos extremamente talentosos em casa. Não, o que você tem é uma porção de crianças que aprenderam como é eficiente essa artimanha para enfrentar os pais!

Na Artimanha Um, nós cedemos; na Artimanha Dois, nos deixamos fisgar; mas a Artimanha Três pode *nos* jogar de volta à Um ou à Dois: "Ah, venha, deixe que eu o ajudo; juntos, arrumaremos a cama mais depressa, assim você não chegará atrasado para o seu jogo" ou; "Pare já com esse sorrisinho, ou vou fazer você parar!" E aqui estamos nós de novo.

Como enfrentar a Artimanha Três? Da mesma maneira que você enfrentou as outras duas: "Você pode sair assim que arrumar sua cama." Seja assertivo. Não se surpreenda se a essa altura seu filho disser com sarcasmo: "Sei, posso sair assim que arrumar minha cama." Ele zomba de você lindamente. Morda a língua — é a maneira de salvar as aparências. Não quero dizer que você deva ignorar o comentário; o que você não deve fazer é fortalecer o comentário com uma reação a ele. Existe uma diferença. Para evitar fortalecer o modo como o comentário foi feito, você tem que fortalecer imediatamente a mensagem do comentário. Quando seu filho zombar de você, acalme-se e diga: "Sim, é isso aí. Você pode sair assim que arrumar sua cama." E o que seu filho percebe é que nenhuma das artimanhas está funcionando; você ficou firme na mensagem original, não cedeu quando ele implorou ou tentou subornar, não se deixou fisgar pela raiva dele, não se abalou por suas zombarias. Em geral, acontece uma das seguintes possibilidades: a) seu filho arruma a cama e sai para brincar; ou b) entra intempestivamente no quarto, bate a porta e se atira na cama desarrumada.

Se ele escolher a opção *b*, deixe-o, não diga nada e continue fazendo suas coisas. Quando chegar a hora da refeição, chame-o. É possível que você tenha a tentação de ameaçá-lo: "Já que você não arrumou sua cama, vai ficar sem jantar!" Quando as conseqüências lógicas e realistas parecem não funcionar de imediato, não é incomum os pais recorrerem a ameaças e castigos. Mas dê tempo para as conseqüências funcionarem. Se recorrer a ameaças, talvez você entre numa briga de poder com seu filho, uma briga que um de vocês perderá. A reação à sua ameaça poderá muito bem ser: "Tudo bem. Tenho comida no meu quarto para pelo menos uma semana!" Você reage, irado, com uma ameaça mais extrema: "Você está de castigo por seis semanas!" Agora você terá um filho preso em casa durante seis semanas porque ele não arrumou a cama. Em vez de ameaças, atenha-se à declaração original: "Você poderá sair assim que arrumar a cama." O jantar não tem nada a ver com arrumar a cama. Chame seu filho para jantar e comece de novo — nem mencione a cama. Ele logo vai perceber que esse não é um assunto muito importante e que, se quiser sair para brincar no dia seguinte, terá de arrumar a cama primeiro.

E se ele for dormir naquela noite na cama sem arrumar? Você alguma vez dormiu numa cama desarrumada? O fato de ele ir dormir sem tê-la arrumado irrita você, mas não é uma ameaça à vida, não é uma afronta moral e não é prejudicial à saúde, então deixe passar. Seu filho começará a entender que, se ele quiser ter o direito de sair para brincar depois da escola, convém arrumar a cama de manhã. Não há necessidade de resmungos, ameaças, lembretes, apenas de conseqüências razoáveis.

Se você não ceder a essas três artimanhas, seus filhos perceberão que você fala sério, acredita no que diz e cumpre o que prometeu. Eles contam com essa firmeza e disposição.

Será que alguma vez eu cedi ou me deixei fisgar por uma das artimanhas? Pode apostar que sim, e, mesmo sabendo identificá-las, você provavelmente também o fará. Todos nós fraquejamos de vez em quando, sobretudo quando estamos cansados. Seja paciente consigo mesmo e com seus filhos enquanto vocês aprendem juntos a se relacionar de maneira honesta e razoável. Identifique a artimanha que mais o atinge. Talvez sejam as lágrimas, e você cede toda vez. Talvez seja a raiva — as palavras de sua mãe brotam de sua língua, e no entanto você jurou que nunca falaria como ela. Para mim, é o mau humor. Ele me deixa louca; portanto, quando acontece, tenho de respirar bem fundo, me acalmar e fazer um esforço para não responder no mesmo tom sarcástico que meu filho acabou de usar. O esforço vale a pena.

## Estabelecendo Padrões: Malfeito *Versus* Simples e Elegante (Bem-feito)

Agora, e se seu filho cumprir a tarefa mas, de propósito, não a fizer direito? E se você entrar no quarto e a cama estiver arrumada de qualquer jeito? O acolchoado jogado por cima da cama, o lençol de baixo arrastando no chão, e o travesseiro não se encontra em lugar nenhum.

Um pai "parede de tijolos", agarrando o acolchoado, puxa-o para fora da cama e grita: "É isso o que você chama de cama arrumada?" (É uma pergunta absurda, pois você acabou de desarrumá-la!)

O pai "água-viva", refazendo a cama, abana a cabeça, imaginando quando o filho aprenderá.

O pai "espinha dorsal", entrando no quarto e olhando para a cama, diz calmamente à criança: "Sua cama ainda não está arrumada."

"Mas o que há errado com ela?"

Não lhe diga; se você lhe ensinou, ele sabe. "Sua cama ainda não está arrumada."

"Ah, por favor." *(Artimanha Um)*

"Sua cama ainda não está arrumada."

"A culpa não é minha. Maria pulou em cima dela." *(Artimanha Dois)*

"Sua cama ainda não está arrumada."

"Não vou arrumar esta cama estúpida!" *(Artimanha Três)*

"Sua cama ainda não está arrumada."

"Sei, minha cama ainda não está arrumada." *(tom irônico)*

Continue apenas falando o que você quer que ele faça. Logo ele captará a mensagem de que não adianta implorar, discutir ou ficar de mau humor e que é bem mais fácil arrumar a cama direito da primeira vez.

Da mesma forma que em todas as tarefas domésticas, em primeiro lugar precisamos ensinar aos nossos filhos como arrumar a cama. Assim, devemos arrumá-la com eles e chamá-los para ver como arrumamos a nossa. É importante também mostrar a eles qual é o nosso padrão de cama arrumada. Os padrões não devem ser milimetricamente rígidos, como o dos pais "parede de tijolos", tampouco do tipo "qualquer coisa serve", característico dos pais "água-viva". Eles precisam ter sentido e flexibilidade, como na estrutura "espinha dorsal".

Meu marido e eu temos três filhos muito diferentes. Se você entrasse nos quartos deles, veria três estilos de arrumação de cama bem diferentes. A cama de Anna é bem lisa e simples. Maria, que empilha suas roupas, também empilha a cama; um cobertor em cima do outro, os travesseiros empilhados no canto, e seus bichinhos empilhados por cima numa ordem preferida. Joe põe o travesseiro no meio da cama; ele começou a fazer isso depois de ler sobre a serpente e o elefante em *O Pequeno Príncipe*. Além disso, acho que ele se diverte em saber que isso deixa sua avó possessa; para ela, um travesseiro no meio da cama não é normal. Joe dorme no meio da cama, e para ele tem sentido manter o travesseiro lá. Ainda assim, os três sabem arrumar o lençol de baixo, esticar o outro por cima e cobrir tudo com o acolchoado, com os cantos arrumados. Os travesseiros vão por cima de tudo e — pronto! — a cama está arrumada.

Antes de estabelecer muitos padrões para o quarto de seus filhos, verifique primeiro o seu. Se você tiver dificuldade para abrir caminho até sua cama, se as roupas estiverem espalhadas por toda parte e a cama estiver desarrumada há uma semana, melhore primeiro os seus hábitos antes de esperar muito de seus filhos. Se você quer que eles aprendam alguma coisa, faça primeiro. Demonstre antes, depois ensine. Oriente-os sobre como fazer e então deixe que eles façam sozinhos.

Enquanto seus filhos forem bem pequenos, poderão ajudá-la a arrumar o próprio quarto. Peça a eles para ajudá-la a arrumar a cama, a colocar os brinquedos na caixa ou na estante, a dobrar as roupas e guardá-las longe da poeira e a tornar o quarto um lugar agradável. No período da primeira infância (dos cinco aos dez anos), as crianças são capazes de ir assumindo gradativamente essas tarefas. Assim, quando forem adolescentes, você poderá deixar o quarto por conta delas, como uma primeira experiência de vida independente. Elas já aprenderam a arrumar a cama diariamente; a limpar os armários; a passar o aspirador, varrer ou passar o esfregão; a espanar a mobília, recolher os brinquedos, os livros e as roupas. Já praticaram bastante; agora deixe-as afirmar a própria independência com relação ao quarto.

Em seu livro *Now I Know Why Tigers Eat Their Young: How to Survive Your Teenagers with Humor*, o dr. Peter Marshall explica como ele evita se envolver na Batalha do Quarto:

> Eu recomendo uma daquelas dobradiças hidráulicas que mantêm a porta sempre fechada (a ser comprada pelo adolescente em questão). Também sugiro que os pais não assumam nenhuma responsabilidade quanto à roupa suja do filho ou da filha. Se eles jogarem uma peça de roupa limpa perto do cesto de roupa suja em vez de guardá-la para uso futuro, mande-os lavá-la de novo... Eles podem ter privacidade e estabelecer um território próprio; mas também devem assumir total responsabilidade pelas conseqüências por não cuidar de seu território de maneira eficiente.

Eficiência é uma coisa, responsabilidade pelo ambiente é outra. Cheiro de comida se deteriorando quando se abre a porta, mofo colorido crescendo entre o uniforme de educação física molhado e o tapete úmido embaixo e um estoque inteiro de toalhas de banho espalhado pelo quarto constituem uma excelente oportunidade de ajudar seu filho adolescente a aprender, uma vez mais, que a arte de viver em comunidade requer compromisso, negociação e consenso. É possível encontrar uma solução para o problema se todos os integrantes da família afetados estiverem dispostos a achar uma solução que seja aceitável para todos. ("Sim, você pode comer no seu quarto. Mas leve os restos e os pratos sujos para a cozinha uma vez por dia — de manhã ou à noite." "Vou pendurar um daqueles sacos de rede na porta do meu armário e pôr ali o uniforme de educação física suado." "Se eu tivesse um roupão de banho que me servisse, me enxugaria no banheiro e penduraria a toalha num gancho. Também, se a Maria não batesse na porta do banheiro assim que ouve o chuveiro ser desligado, eu poderia me enxugar lá. Tudo bem, posso usar seu robe velho, pai; e, certo, posso demorar menos no banho, se a Maria prometer parar de bater na porta.")

Ao longo dos anos, houve muito compromisso, negociação e consenso entre os nossos filhos adolescentes. Chegamos a algumas diretrizes simples, com as quais todos poderíamos conviver:

- Eles podem se expressar no próprio quarto, por meio da mobília e da decoração das paredes. (Sim, isso inclui escrever e desenhar nas paredes.)
- Eles têm de bater e pedir licença para entrar no quarto dos outros. O mesmo se aplica a nós. (Um deles comprou e instalou uma fechadura no quarto e nos deu a chave sobressalente.)
- Não os importunamos para limpar o quarto — um item difícil de acatar tanto para Don quanto para mim. Maria argumentou que cuidaria melhor do seu quarto quando isso fosse problema dela, não nosso; ela tinha razão.

Como parte das negociações, eles concordaram que, uma vez por semana, iriam:

- Trocar os lençóis da cama, de modo que não ficassem encardidos com o suor e a oleosidade do corpo;
- Passar o aspirador no chão, o que significava que cuidariam de guardá-lo;
- Tirar o pó da mobília, o que poderia implicar arrumar um pouco a bagunça.

Para trocar os lençóis, a menos que tivessem feito treinamento de enfermagem, eles teriam de tirar tudo de cima da cama; para passar o aspirador no chão, precisariam tirar tudo do chão; e para espanar os móveis, seria necessário afastar os objetos de cima. Assim, basicamente, o quarto ficaria livre de insetos.

Um dia, Anna comentou que estava pensando em limpar as gavetas no sábado. Não pude acreditar nisso: minha filha adolescente queria limpar as gavetas! Ela disse: "É, não consigo mais abri-las." As crianças usam as técnicas que lhes ensinamos, quando precisam. A chave de tudo é ensinar as técnicas, deixar que se habituem com elas e então dar liberdade, dentro de certos limites, para que possam usá-las.

Lembre-se, há várias maneiras de fazer tarefas. Não precisa ser sempre do seu modo. Esteja disposto a dar um pouco de liberdade. A casa é *nossa*. Podemos fazer as coisas do *nosso* jeito e no *nosso* ritmo. Para descobrir como fazer isso precisamos nos comunicar uns com os outros, expor nossas expectativas claramente e ouvir com atenção a opinião dos outros. Às vezes, o que se ouve não é o que foi dito. Uma amiga me mostrou dois bilhetes que ela escreveu ao filho adolescente e as respostas dele.

Matthew,

Um quarto desarrumado não é uma ameaça à vida. Um aposento "sujo" (televisão? seu quarto? lavanderia?) é um lugar propício para bactérias e insetos crescerem e se reproduzirem. Por favor, limpe, passe o aspirador e tire o pó hoje.

Obrigada.

Te amo,

Mamãe

Matthew,

Meu pedido era sério! Estou preocupada com bactérias e insetos se reproduzindo em seu quarto! Por favor, passe o aspirador.

Com amor,

Mamãe

(A resposta de Matthew)

O que é isso!? Você está me pedindo para DESPERDIÇAR um tempo valioso no domingo!? Sua atitude ingrata é FRUSTRANTE!!! Onde estão os bilhetes dizendo OBRIGADA por eu ter gasto meu tempo no domingo limpando o banheiro... passando o aspirador na escada... e trazendo lenha para a lareira?! Pensei que o bilhete falaria de tudo isso... que eu poderia ter um quarto desarrumado... mas que minhas outras obrigações com a casa são mais importantes! Da PRÓXIMA vez, tente ser mais específica.

Com amor,

Matt

A mãe e Matthew se encontraram na cozinha e, tomando uma xícara de chocolate quente, conversaram sobre o mal-entendido. Eles estavam abertos um ao outro e dispostos a ouvir. Conversaram com bom humor, informando um ao outro as próprias necessidades e preocupações. Num lar "parede de tijolos", Matthew jamais poderia expressar sua frustração ou achar que a mãe o ouviria ou se preocuparia com ele. Em lares "água-viva", ou a mãe, num acesso de raiva, limparia o quarto (tipo A), ou as bactérias teriam liberdade para se reproduzir, e nem a mãe nem o filho se lembrariam daquela fauna no quarto (tipo B).

## Camisetas de Algodão Transparente, Roupa Íntima Cor-de-rosa e Outras Calamidades

À medida que as crianças aprendem novas técnicas, começam a acontecer os erros. Separar a roupa para lavar (branca, colorida, com estampas permanentes e de cores escuras) era uma tarefa que Jean, com a idade de dez anos, já fazia havia quase um ano, sem grandes erros. Portanto, ela ficou chocada quando abriu a máquina de lavar e encontrou não uma porção de roupa branca limpa, mas uma trouxa de roupa íntima, toalhas e meias limpas e tingidas de cor-de-rosa. Protestando que não pusera a roupa de cor junto com a roupa branca, ela esvaziou a lavadora, acabando por encontrar, dentro de uma camiseta tingida de cor-de-rosa, a camiseta vermelha do Michael Jordan favorita do irmão, agora parecendo de algodão transparente. Como seu irmão tirara as duas peças juntas, a camiseta vermelha ficara dentro da camiseta branca. Jean tinha dois problemas: uma trouxa de roupa íntima cor-de-rosa e uma camiseta estragada. Depois de várias lavagens, a maior parte do cor-de-rosa saiu da roupa branca. E, depois de tentar sem sucesso convencer o irmão de que o algodão transparente estava na moda, Jean pagou metade do custo de uma camiseta nova para ele. Ela aprendeu a verificar com mais atenção as camisetas, e seu irmão, a separar uma camisa colorida de uma branca antes de pô-las no cesto de roupa para lavar. Jean mora numa casa "espinha dorsal", onde os erros servem para aprender. Se ela morasse numa casa "parede de tijolos" ou "água-viva", os resultados teriam sido muito diferentes.

Os pais "parede de tijolos" diriam: "O que você fez? Como pôde? Sua menina idiota, nunca consegue fazer nada direito? Olhe todas essas roupas estragadas. O que você está pensando, que dinheiro cresce em árvores? Nunca mais vou confiar em você para cuidar da roupa. Se eu quiser alguma coisa bem-feita por aqui, tenho de fazer eu mesma. Espere só até seu irmão encontrar você!" Em vez de resolver os problemas da roupa tingida e da camisa estragada, a criança talvez preferisse esconder os problemas, com medo do que poderia lhe acontecer. Ou poria a culpa em outra pessoa. Nessa família, os erros não servem para aprender; apenas criam mais uma oportunidade de atribuir culpa e castigo.

Os pais "água-viva" diriam: "Querida, não se preocupe com isso. Deixe que eu cuido de tudo. Afinal, você é muito jovem para lavar a roupa, mesmo. E, além do mais, quem se preocupa com a cor da roupa íntima? Vou comprar outra camiseta antes que seu irmão descubra." A filha conclui que não é capaz de resolver seus problemas, que não é responsável pelos próprios erros e que os erros não são problemas a serem resolvidos, mas equívocos vergonhosos a serem encobertos.

Ao lembrar-se de que os erros servem para aprender, os pais "espinha dorsal" oferecem apoio, orientação e incentivo quando um filho comete um erro. "É uma pena, Jean. Mas sei que você é capaz de resolver isso. Lavar de novo as roupas brancas com um pouco de alvejante, imediatamente, talvez ajude. O que você acha que é possível fazer quanto à camiseta de seu irmão?" Jean capta a mensagem de que os erros acontecem, os problemas decorrentes dos erros podem ser resolvidos e ela é capaz de resolver esses problemas.

O modo como os erros costumam ser encarados e tratados tem muito a ver com o ponto de vista dos pais. Quando os meus três filhos eram bem pequenos, ensinei-os a fazer biscoitos de raspas de chocolate. Eles ficavam no chão (um lugar mais seguro do que as cadeiras, naquela época), sobre um tapete de plástico, com a tigela de massa sobre o tapete e massa de biscoito por todo lado.

Minha vizinha uma vez entrou e disse: "Meu Deus, eles estão fazendo uma bagunça!" Ao que eu respondi: "Não, estão fazendo biscoitos." Tudo depende do seu ponto de vista. Meus filhos aprenderam, na mais tenra idade, que, se comerem todas as raspas que estão na massa do biscoito, não importa a figura que esteja estampada na caixa da massa, os biscoitos sairão do forno sem nenhuma raspa. Se a sua perspectiva é otimista e positiva, você ajuda seus filhos a serem otimistas e positivos ao aprender novas técnicas e a resolver os problemas que surgirem nesse processo.

## Divisão de Tarefas

É importante que as tarefas não sejam discriminadas por sexo. Meninos e meninas podem e devem aprender a cortar a grama, pôr o lixo na rua, lavar a louça, limpar os quartos, lavar a roupa, cozinhar, costurar, usar as ferramentas de consertos e de jardinagem, tomar conta de bebês, esfregar o banheiro, arrancar ervas daninhas, cuidar do jardim. Durante muito tempo, a limpeza da casa e o preparo da comida foram vistos como tarefas femininas; e, como masculinas, o trabalho ao ar livre e os consertos em geral (tudo o que envolvesse máquinas e ferramentas, como se aspiradores de pó e panelas não fossem máquinas e ferramentas). Com esses estereótipos, arriscamo-nos a educar meninas que acham que lugar de mulher é na cozinha e meninos que acham que estão acima de certos tipos de trabalho — do mesmo modo como existem homens que nunca aprendem a pregar um botão direito, mesmo que sua vida dependa disso. Não há nenhuma limitação biológica no que se refere à divisão de tarefas, com exceção, talvez, das que requerem grande força física. No entanto, as crianças não precisam de sermões sobre o papel dos sexos. Elas só precisam ver os pais fazendo todo tipo de tarefas e ter a oportunidade de fazê-las.

Sempre haverá tarefas que um filho adora e outro odeia, ou uma tarefa que todo mundo odeia mas que deve ser feita. Eu odeio cozinhar, por isso ensinei meus filhos a cozinhar quando eram bem pequenos. Sempre digo a eles: "Se você cozinhar, eu lavo." Eles sabem limpar, e eu sei cozinhar, mas eventualmente é mais divertido para todos dividir e vencer a tarefa a ser feita. Limpar o banheiro é uma tarefa em que todos nos revezamos com relutância.

Dê uma olhada em sua casa e procure descobrir, dentre as tarefas que você faz regularmente, quais seus filhos poderiam e deveriam estar fazendo. Observe quais as tarefas que não são feitas por ninguém, quais são feitas mais ou menos, quais podem ser compartilhadas pela família inteira e quais você precisa continuar fazendo. Organize uma rotina "espinha dorsal" com a qual todos se dêem bem e lembre-se de fazer isso com um pouco de flexibilidade, de modo a permitir criatividade e crescimento. Não precisa ser um planejamento único, rígido e preocupado com os mínimos detalhes ("parede de tijolos"), nem um projeto vago do tipo: "Sei que precisamos fazer isso; talvez possamos cuidar disso na semana que vem, se tivermos tempo" ("água-viva"). Esse é um processo contínuo para viver em comunidade de maneira criativa, construtiva, responsável. Algumas das áreas a considerar são Tarefas Internas, Tarefas Externas, Tarefas Individuais, Tarefas Familiares e Tarefas Sazonais. Não há nenhuma fórmula. Cada família é diferente da outra, e cada uma dividirá as tarefas a seu modo.

## Relaxamento, Diversão e Rebeldia

Se as tarefas domésticas são um dos lados do *yin* e *yang* de uma estrutura familiar harmoniosa, estes três itens são o outro. Relaxamento, diversão e rebeldia podem parecer mais fáceis de fazer do que as tarefas, mas para muitas pessoas, em nossa cultura, "trabalhar" é realmente muito mais fácil do que "se divertir". Na verdade, talvez elas nem mesmo saibam desfrutar os momentos de lazer, e assim transportam as tensões e o *stress* de seu estilo de trabalho para o horário de diversão. Isso não é saudável para os adultos nem é um bom exemplo para as crianças.

### RELAXAMENTO — A ARTE DA MEDITAÇÃO

*O trabalho produtivo, o amor e a reflexão só serão possíveis se a pessoa puder ficar, quando for preciso, quieta e só. Ser capaz de ouvir a si mesmo é a condição necessária para se relacionar com os outros.*

— Erich Fromm

Arrumar um tempo para ficar só comigo? De jeito nenhum. Preciso estar com as outras pessoas.

Sentar e ficar quieto sem nada para fazer? Isso é loucura! Não sobra tempo, durante o dia, nem para eu terminar minhas obrigações.

Preciso estar sempre fazendo alguma coisa, senão tenho a sensação de que meu dia não valeu a pena. É um desperdício de tempo não fazer nada.

Dirigir o carro com o rádio desligado? Você está brincando? Temos controles de rádio na frente e atrás, assim podemos escutar a nossa música, e as crianças, a delas.

Não consigo ficar quieto. Preciso de barulho, qualquer tipo de barulho. Ligo a televisão logo que entro em casa.

Nós, adultos, costumamos nos sentir pouco à vontade quando estamos sozinhos, quietos e pensativos, e projetamos esses sentimentos de inquietude em nossos filhos. Se um filho está absorto, é encorajado a sair e brincar, procurar *alguma coisa* para fazer com *alguém*. Se uma criança está quieta, é estimulada a falar mais, conversar, dizer algo, qualquer coisa. Se uma criança gosta de dar longos passeios sozinha, é aconselhada a convidar um amigo para ir junto, pois assim terá com quem conversar. Se um adolescente quer passar algum tempo longe da família, no isolamento de seu quarto, ele é chamado de anti-social. Da manhã à noite, nos bombardeamos com ruídos, conversas, música, atividades, movimento constante, enquanto nosso corpo e nossa mente clamam por descanso e silêncio.

O silêncio não costuma ser encorajado nem apreciado. Numa entrevista, Robert Redford, ator e diretor de cinema, disse que, como vivemos na era da informação, provavelmente falamos demais: "É importante ter aqueles momentos de silêncio, um tempo para descobrir as coisas por nós mesmos, para sermos conduzidos por nossos impulsos internos." Esses impulsos, a intuição que Clarissa Pinkola Estés chamou de "lampejos interiores de visão, audição, percepção e conhecimento", não vêm facilmente a menos que estejamos dispostos a ficar quietos, em profundo recolhimento. E o mesmo acontece com nossos filhos. Para que eles cresçam com o senso da disciplina interior, precisam de tempo para ficar sós e quietos. Fritjof Capra disse: "O que é preciso para adquirirmos essa forma sutil de disciplina interior não é controle, mas, ao contrário, um estado meditativo de relaxamento profundo, no qual renunciamos a todo controle." O dr. Larry Dossey, em seu livro *Healing Words**, se refere a essa atitude calma, voltada para dentro, como "a forma mais elevada de atividade a que uma pessoa pode se dedicar (...) A devoção (...) é aceitar sem ser passivo, é ser grato sem se render. É dispor-se a conviver com o mistério, tolerar a ambigüidade e o desconhecido." E o que poderia ser mais misterioso, ambíguo e desconhecido do que seu filho pequeno ou adolescente?!

Numa família "parede de tijolos", o silêncio é imposto ou forçado, não é sugerido ou demonstrado como exemplo. Seguem-se rituais rígidos, e as orações são pronunciadas mecanicamente, em geral sem o sentimento de devoção. Um dos piores exemplos que vi foi o de uma mulher batendo no filho, que, entediado com o culto religioso, não parava de falar. Enquanto batia nele, ela disse, no tom mais controlado e controlador que conseguiu: "Fique quieto, filho, estamos rezando!" Quanta devoção!

Numa família "água-viva", a atividade e o caos constantes deixam pouco tempo ou espaço para o silêncio e a reflexão. Tanto pais quanto filhos vivenciam a solidão em meio à multidão, incapazes de encontrar bem-estar em si mesmos!

Como pai/mãe "espinha dorsal", se você reservar um tempo diariamente para ficar a sós consigo, terá a oportunidade de "ser conduzido por seus impulsos internos". Ao encorajar seus filhos a sentar, ficar quietos e tentar gostar de si mesmos, você estará dando a eles a oportunidade de penetrar na própria intuição. Não será fácil para uma adolescente que acabou de se separar do namorado sentar, ficar quieta e gostar de si mesma; nem para você sentar com ela, nesse momento de silêncio, preocupando-se, amando-a e ouvindo-a, ao

---

* *As Palavras Curam*, publicado pela Editora Cultrix, São Paulo, 1996.

mesmo tempo que a deixa reconhecer as próprias reações diante da dor. No silêncio ela aprenderá, como disse Verônica Shoffstall, "que realmente podemos suportar, que somos realmente fortes e realmente temos valor, e que estamos sempre aprendendo... com cada despedida aprendemos!"

*Avance placidamente entre o ruído e a pressa, e lembre-se de quanta paz pode haver no silêncio.*

— DESIDERATUS

## DIVERTIR-SE BRINCANDO

*É mais do que os tênis, a raquete ou a bicicleta,*
*É mais do que o arremesso, o peixe ou a caminhada,*
*É mais do que os esquis, os patins ou a neve,*
*É esquecer o trabalho e decidir se arriscar.*

— KRISTEN SHELDON

Com um espírito devoto vem um espírito brincalhão. Para reconhecer esse espírito, veja uma criança pequena brincando, desfrutando espontaneamente o momento sem se preocupar com prazos, normas, vencedores ou perdedores, pagamentos ou contas. A diversão é bem mais do que a ausência de trabalho ou a recompensa pelo trabalho feito. Não é algo que precisa ser ganho. É uma oportunidade de nos recriarmos e renovarmos, ligados aos outros num espírito de cooperação e aceitação. Em seu *Cooperative Sports and Games Book*, Terry Orlick se refere ao reino mágico dos jogos como "o instrumento natural da criança para o crescimento pessoal e o aprendizado assertivo. As crianças que têm liberdade para desenvolver sua criatividade não só alcançam uma grande satisfação pessoal como também ganham experiência para encontrar soluções para os próprios problemas (...) A idéia que está por trás dos jogos cooperativos é simples: as pessoas brincam umas com as outras em vez de umas contra as outras; brincam para superar desafios, não para superar outras pessoas; e são liberadas, pela própria estrutura dos jogos, para desfrutar a experiência do jogo em si mesma. As crianças brincam com objetivos comuns em vez de se colocarem umas contra as outras com objetivos mutuamente excludentes. No fim, elas aprendem de maneira divertida a ter mais consideração pelos outros, a ficar mais atentas aos sentimentos das outras pessoas e mais dispostas a agir em favor dos interesses dos outros.

Os adultos transformam os jogos infantis num esforço rígido, crítico, altamente organizado e orientado para objetivos definidos. As crianças de cinco anos são uniformizadas, enfileiradas e apresentadas para audiências de adultos em partidas organizadas de hóquei, beisebol, ginástica, basquete, futebol e outras atividades competitivas disfarçadas como brincadeiras de crianças. Esses jogos eliminatórios acabam resultando em muitas crianças rejeitadas e alunos que abandonam os estudos.

O argumento de que precisamos ensiná-las a competir para que aprendam a sobreviver no mundo real seria válido se o mundo em que queremos que elas vivam fosse baseado em disputas encarniçadas. Se nossa meta é criá-las para sobreviver no mundo real e fazer dele um lugar melhor, seria bom examinarmos nossas atitudes culturais com relação à diversão, às competições e aos esportes organizados. Podemos decidir criar nossos filhos para serem indivíduos competentes, cooperativos e decididos que, se quiserem competir, ou tiverem de fazê-lo, o farão com um senso moral. Os jogos cooperativos podem proporcionar um meio de acesso para ajudar a desenvolver essas qualidades, e ao mesmo tempo incentivar as crianças a se divertir. Esse tipo de jogo é bem novo na cultura ocidental, e não tenho nenhuma ilusão sobre como será difícil fazer a mudança de atividades competitivas para desafios mais individuais e cooperativos em nossas escolas e em nossos lares. Sir Herbert Read resumiu a necessidade de realizar essa mudança quando disse: "Criar é construir, e construir cooperativamente é estabelecer as bases de uma comunidade pacífica."

Os jogos cooperativos são um meio de acesso para a verdadeira diversão. Estimule seus filhos a desenvolver passatempos em que possam "se perder", a sair para caminhadas na cidade ou nas montanhas, a brincar em balanços, a correr juntos, a compartilhar um bom filme e, acima de tudo, a rir juntos. Deixe as tarefas obrigatórias e o trabalho de lado por um tempo. Saia com seus filhos sem nenhuma outra razão a não ser desfrutar a companhia deles. Você descobrirá que esse jogo pode renovar, revitalizar e reaproximar todos vocês.

> *Para ser autêntica, a diversão deve ser alegre e não ter um propósito específico. É por isso que normalmente falhamos quando tentamos nos divertir.*
>
> — Dr. Larry Dossey

## REBELDIA — A ARTE DA RESISTÊNCIA

> *A covardia pergunta: é seguro?*
> *A conveniência pergunta: é prudente?*
> *A vaidade pergunta: é popular?*
> *Mas a consciência pergunta: é correto? E chega o momento em que se deve tomar uma atitude que não seja nem segura, nem prudente, nem popular — mas correta.*
>
> — Martin Luther King, Jr.

Da mesma maneira que as tarefas domésticas e o conjunto formado por relaxamento, diversão e rebeldia são o *yin* e o *yang* na formação de uma forte espinha dorsal pessoal e familiar, o relaxamento e a rebeldia também são necessários para compor uma atitude pacífica. Não basta praticar a arte da meditação — ficar só e quieto, pensativo e silencioso, ser cooperativo e buscar harmonia nos relacionamentos. Ser completamente humano é equilibrar essa jornada interior com a arte da resistência.

Nossos filhos precisam nos ver assumir uma posição *a favor* de um valor e *contra* injustiças, sejam esses valores e injustiças relativos ao que acontece na sala de visitas, em casa, na diretoria, na sala de aula ou nas ruas da cidade.

Para a decepção de nossos filhos, o exemplo da arte da resistência que você dá para eles pode ser a recusa em concordar com outros pais que oferecem rosquinhas de chocolate no café da manhã todo dia; que deixam os filhos de seis anos saírem de bicicleta sem capacete; que não acham errado permitir festas sem supervisão para os filhos de quinze anos.

Às vezes, não basta simplesmente dizer não; é preciso ir além da resistência e chegar à rebeldia — ou seja, atuar com o maior empenho para mudar uma convenção, uma tradição ou uma prática geral. Um grupo de pais de universitários, preocupado com a prática comum de alguns pais que reservavam quartos de hotel para os adolescentes fazerem festas particulares que duravam a noite inteira, decidiu proporcionar a seus filhos adolescentes uma "noite inesquecível", cheia de atividades divertidas, comida farta, muito entretenimento e uma sessão de projeção de *slides* da infância dos filhos. Isso é rebeldia criativa e construtiva contra uma tradição potencialmente destrutiva.

Não temos de aceitar o *status quo*. Podemos ser diferentes, se estivermos dispostos a reconhecer o que M. C. Richards classifica como "prioridades apaixonadas" — defender ativamente os valores em que acreditamos, seja expressando-os em ações pequenas e gestos simples, seja em marchas de protesto. A arte da resistência implica tanto uma tomada de posição quanto entrar em ação.

Quando Rosa Parks se recusou a ceder seu lugar no ônibus naquele dia quente em Montgomery, Alabama, ela estava resistindo a uma lei que fora criada por um grupo de pessoas à custa dos direitos humanos básicos de outro grupo.* A atitude dela ajudou a criar o impulso para o monumental movimento de direitos civis desencadeado nos Estados Unidos. Foi um ato pequeno, corajoso, que deu testemunho de uma "prioridade apaixonada" e mudou o curso da história.

Os pais "parede de tijolos" não toleram nem sugerem exemplos de rebeldia ou resistência contra o *status quo*. Eles seguem as normas e os costumes sociais, mesmo que as normas não tenham sentido e os costumes sociais retardem o crescimento. Se a placa diz: "Não pise na grama", eles não pisam na grama,

* Menção a um famoso episódio que resultou na revisão das leis raciais nos Estados Unidos. (N. do T.)

mesmo que isso signifique abrir mão de uma pipa cara que caiu ali atrás da placa.

Os pais "parede de tijolos" exigem que os filhos se mantenham na linha e os proíbem de desafiar a autoridade dos pais ou divergir da "norma", mesmo em pequenas coisas. "Se os sapatos têm cadarços, não há por que um filho meu sair de casa sem os cadarços nos sapatos!"

Os pais "água-viva", assim como em tantos outros setores da vida, são constantemente incoerentes. Podem desrespeitar um sinal de trânsito, explicando aos filhos que aquele é um lugar estúpido para pôr um sinal daqueles, depois castigam o filho por violar uma norma da escola e mandam a criança se calar quando ela protesta que aquela era uma norma estúpida. Às vezes eles se rebelam contra uma norma só porque estão num dia ruim. São capazes de tolerar piadas racistas ou machistas numa festa, mas reclamam bastante e se recusam a cooperar quando a prefeitura quer alargar a rua na frente da casa deles. Os filhos apreendem a mensagem de que todas as normas, autoridades e mesmo os valores são arbitrários.

Os pais "espinha dorsal" conhecem seus valores, mesmo que eles divirjam da opinião convencional ou da mais retrógrada tendência. Às vezes, é uma coisa pequena, como reciclar jornais e latas quando os vizinhos dos dois lados acham isso uma tolice. Ou então perder tempo para ir a uma reunião na câmara municipal para protestar contra um decreto considerado injusto para com os menos favorecidos. Quando fazemos mais do que apenas falar de nossas "prioridades apaixonadas", quando fazemos o que dizemos, estamos dando aos nossos filhos o exemplo de como se rebelar e resistir de maneira criativa, construtiva e responsável.

> *As crianças não aprendem magicamente a moralidade, a generosidade e a decência mais do que aprendem matemática, inglês ou ciências. Elas amadurecem como pessoas decentes e responsáveis imitando os adultos que são exemplos e modelos para elas, pais especialmente corajosos, com princípios e valores que defendem aquilo em que eles acreditam.*
>
> — NEIL KURSHAN, RAISING YOUR CHILD TO BE A MENSCH

A maior parte de cada dia, de cada ano, de cada vida é feita de pequenos momentos, aparentemente insignificantes. Esses momentos podem ser os de preparar o jantar, levar o lixo para a rua, parar num sinal de trânsito, relaxar na varanda com seus próprios pensamentos depois que as crianças foram para a cama, brincar de pegador com um filho antes do jantar, protestar contra uma piada de mau gosto, ir até a banca para comprar o jornal. No entanto, não são momentos insignificantes, sobretudo quando transmitem exemplos para os filhos. E cada vez que uma criança organiza e completa uma tarefa, passa algum tempo sozinha sem se sentir solitária, se entrega a um jogo por uma hora ou se recusa a continuar com seus colegas uma atividade que considere errada, ela estará buscando um significado e um senso de valor para si mesma e harmonia para sua família.

> *Cada pequena tarefa da vida cotidiana é parte da harmonia total do universo.*
>
> — Santa Teresa de Lisieux

## *Capítulo 10*

# A Questão do Dinheiro

O importante é a atitude, ser puro ao dar ou receber qualquer coisa.

— Robert Aitken Roshi

Como meus filhos não são pagos pelas tarefas domésticas, sempre me perguntam se eu costumo lhes dar dinheiro. Sim, dou-lhes uma mesada por três razões: para aprenderem a lidar com dinheiro, a tomar decisões quanto ao próprio dinheiro e a estabelecer prioridades financeiras. E, sim, eles recebem dinheiro sem precisar trabalhar *para ganhá-lo*. O que as crianças fazem com sua mesada é um *aprendizado* para elas. Se você as ensinar a lidar com dinheiro desde pequenas, elas aprenderão a cuidar do dinheiro que vão ganhar mais tarde, trabalhando. Alguns pais poderiam alegar que é um absurdo dar dinheiro aos filhos sem que eles tenham trabalhado para isso. Acho que o irreal é ensinar às crianças que quanto mais trabalharem, mais dinheiro ganharão. Isso simplesmente não é verdade. Todos nós conhecemos pessoas que trabalham a metade do que nós e ganham o dobro do que ganhamos, e algumas nem sequer trabalham e têm muito dinheiro. Na realidade, a quantidade de trabalho nem sempre determina o quanto você ganha. O tipo de atividade, as pessoas que você conhece, seu sexo, sua raça, sua sorte, a situação e a tendência da economia e muitos outros fatores, tudo isso é importante na determinação de quanto dinheiro você ganha pelo trabalho que faz. Todos nós, uma vez ou outra, recebemos dinheiro sem trabalhar: como presente de aniversário, pagamento de férias, prêmios de loteria, uma herança. A esta lista eu acrescentaria a mesada. O fundamental é que as crianças aprendam que, não importa quanto dinheiro tenham, ganhem, recebam ou herdem, precisam saber como gastá-lo, como economizá-lo e como dá-lo a quem precisa.

É isso que interessa na questão de lidar com o dinheiro, e é por isso que damos uma mesada aos nossos filhos.

## Preparar, Apontar, Fogo!

A melhor ocasião para começar a dar dinheiro aos filhos é a partir do momento em que eles não o puserem mais na boca. Para alguns, será quando completarem dois anos; para outros, quando fizerem quatro anos. Basicamente, quando eles não puserem mais o dinheiro na boca, poderão passar a guardá-lo no cofrinho. A essa altura, também começarão a identificar as diferenças entre as moedas e a fazer combinações delas, contando e administrando o gasto da mesada. Logo eles serão capazes de fazer anotações numa caderneta, controlando as diversas moedas: de um, de cinco, de dez, de 25 e de cinqüenta centavos. (O segundo filho sempre aprende mais depressa do que o primeiro a diferença entre as moedas, porque o mais velho ensina o mais novo: "Se você me der todas estas pequenas, eu deixo você ficar com as maiores." Não leva muito tempo para o pequeno perceber a trapaça do mais velho!)

Para decidir sobre quanto dar aos filhos como mesada, precisamos nos fazer quatro perguntas:

1. De quanto posso dispor?
2. Quanto quero dar?
3. Com quanto meu filho pode lidar? Precisa ser o suficiente para não frustrá-lo, mas não tanto a ponto de ele não precisar fazer escolhas responsáveis ou estabelecer prioridades.
4. Para que meu filho precisa de dinheiro? Obviamente, o adolescente que paga todas as suas atividades extracurriculares, o seu almoço, o material escolar e as próprias roupas precisa de uma mesada maior do que um irmão mais novo, que só precisa de dinheiro para as atividades de lazer, ou do que um mais novo ainda, que só quer dinheiro para comprar brinquedos.

Os três tipos de família darão dinheiro aos filhos, mas de maneiras diferentes e com mensagens diferentes vinculadas à mesada.

## A Mesada Parede de Tijolos

O pai "parede de tijolos" dá a mesada ao filho e depois determina como ele deverá gastá-la, economizá-la e doá-la. A mensagem é: "Dei o dinheiro da mesada, mas sou eu que vou controlar os seus gastos. Eu sei pensar em dinheiro; você não." Ele dá dez reais, mas pega cinco de volta. ("Vou depositar 2,50 no banco para você. Se você abrir sua própria conta no banco e puder movimentar o dinheiro, não sei se vai conseguir economizar. Os outros 2,50 eu lhe darei quando chegarmos à igreja. Se eu lhe der antes, talvez você esqueça de levá-lo ou o perca no caminho. Os outros cinco reais você pode gastar num brinquedo, mas não em doces.")

Alguns pais "parede de tijolos" teimarão em controlar *todo* o dinheiro. E o filho tem de começar a ganhar o dinheiro numa idade precoce com o risco de perdê-lo caso seu comportamento não seja perfeito. ("Se você não puser suas roupas sujas no cesto de roupa para lavar, perderá um real da sua mesada.") As comparações com outras crianças são comuns. ("O motivo de você não ter nenhum dinheiro esta semana é que você foi malcriado. Veja sua irmã. Ela é comportada, por isso tem dinheiro para gastar.") As repreensões são usadas para forçar o comportamento aprovado. ("Se você não economizar o seu dinheiro, não poderá ir ao cinema com as outras crianças, no fim de semana que vem.")

Os filhos de pais "parede de tijolos" apreendem as seguintes mensagens adicionais:

- O dinheiro é um símbolo de posição social. ("Você vale menos que sua irmã porque tem menos dinheiro.")
- O dinheiro é uma forma de segurança. ("Se você não economizar dinheiro, ficará sozinho e excluído de tudo no fim de semana que vem.")
- O dinheiro é uma recompensa e um castigo. ("Se suas notas melhorarem, você receberá um real a mais. Se não, perderá um real.")

## A Mesada Água-viva

De vez em quando, os pais "água-viva" dão algum dinheiro ao filho. Este nunca sabe quanto vai ganhar nem quando. Uma vez que a família como um todo não tem uma organização, não existe um modelo sobre como gastar, economizar e doar. Geralmente, o uso do dinheiro pelos pais é uma desordem total — esbanjamento compulsivo, abuso de cartão de crédito, pagamentos atrasados, pequena ou nenhuma poupança. Os pais "água-viva" são rápidos em culpar ou repreender o filho por ter os mesmos hábitos tolos de dispêndio que eles. ("Se você não tivesse gasto todo o seu dinheiro nestes pequenos brinquedos, teria dinheiro para comprar aquele grande." "Se você tivesse guardado algum dinheiro, teria com que pagar o cinema.") Não abrem uma conta para o filho depositar o dinheiro e não dão um exemplo coerente de como administrá-lo.

Os filhos de pais "água-viva" apreendem as seguintes mensagens quando recebem a mesada:

- O dinheiro é importante, mas completamente imprevisível.
- Esperam-se certas coisas de você, mas você terá de adivinhá-las por si só. Não espere nenhuma ajuda de mim.
- Faça o que eu digo, não o que eu faço.

## A Mesada Espinha Dorsal

Os pais "espinha dorsal" dão ao filho dez reais e lembram a ele que parte dessa quantia deve ser poupada, parte deve ir para a caridade e o resto poderá ser gasto no que ele quiser (com a condição de que não seja em algo que ofereça risco de vida, que seja uma afronta moral ou prejudicial à saúde). Na estrutura "espinha dorsal", deve-se economizar, gastar e doar. A família "espinha dorsal" dá a flexibilidade para que *os filhos decidam* como fazer as três coisas e quanto dedicar a cada uma. Os pais "espinha dorsal" dão conselhos e orientação, não ordens e sermões.

Os filhos de pais "espinha dorsal" apreendem as seguintes mensagens:

- Nós confiamos em você e acreditamos que possa tomar suas próprias decisões.
- Sabemos que você é capaz de resolver as situações que aparecerem.
- Nós nos preocupamos com você. Você é muito importante para nós. E você pode contar com a nossa ajuda, quando precisar.

## Vontades e Necessidades

> *Ter o suficiente é uma condição corajosa. Um estado de confiança. Uma circunstância de honestidade e vigilância de si mesmo. É apreciar e desfrutar completamente o que o dinheiro pode lhe trazer e ainda assim nunca comprar nada de que não se precise e/ou que não se queira.*
>
> — Joe Dominguez e Vicki Robin, Your Money or Your Life

Dada a escolha, as crianças que não sentem necessidade de nada não irão economizar. E muitas crianças, hoje em dia, não sentem necessidade de nada. Não ficam mais ligadas a um ursinho — elas têm uma coleção inteira de ursos de todos os tamanhos: um para pôr na cama, um para a escrivaninha, gêmeos para pôr lado a lado e um pequeno para carregar a todos os lugares! Como pais, temos a obrigação de dar aos filhos aquilo de *que eles precisam.* O que eles quiserem poderemos dar como um presente especial, ou eles devem economizar seu dinheiro para isso.

Assim que entrou para o primeiro ano na escola, e sentindo-se muito independente em relação à escolha das próprias roupas, Maria anunciou que não queria mais suas meias comuns, pois *precisava* de meias fluorescentes. Nós dissemos que ou lhe compraríamos as meias normais ou lhe daríamos o dinheiro das meias normais, e ela poderia economizar de sua mesada para cobrir a diferença de preço das meias que ela queria. Em questão de semanas, ela economizara dinheiro suficiente para comprar não um, mas dois pares, laranja e verde fluorescentes, para, é claro, pôr uma sobre a outra.

Eventualmente, vontades e necessidades se confundem. Anna precisava de uma bicicleta maior. Ela crescera, e as que conseguira de segunda mão haviam ficado pequenas. Mas ela queria uma *nova*. Era tanto uma vontade quanto uma necessidade, assim lhe dissemos que pagaríamos metade do valor da bicicleta que ela escolhesse. Foi o que ela fez — escolheu uma bicicleta de 350 dólares. Minha bicicleta e a de meu marido juntas não valem 350. Chocados, concluímos que devíamos ter nos preocupado em dar uma ordem ao princípio de escolha — como colocar limites. Nós vacilamos. Anna retrucou a uma de minhas falas: "Mas você sempre diz que fala sério, é sincera e só promete o que pretende cumprir." Sugerimos que ela avaliasse seu orçamento, e nós tentaríamos avaliar o nosso. Logo ela percebeu que, além de dispor da metade do valor da bicicleta, precisaria arcar com o custo da carteira de ciclista. Assim, ela decidiu procurar uma bicicleta mais barata ou que não fosse novíssima. Um dos amigos dela havia crescido muito repentinamente, logo depois de comprar uma bicicleta muito cara e estava disposto a lhe vender a bicicleta seminova por muito menos que o valor original. Anna pôs todo o seu dinheiro na poupança, fez alguns trabalhos para os vizinhos e sugeriu à avó que o dinheiro para inteirar a compra da bicicleta seria um excelente presente de aniversário. Nós demos a nossa metade, e ela comprou a bicicleta de que precisava e que queria. Quando as necessidades e as vontades se confundem, você pode compartilhar o peso da despesa.

## O Ato de Doar

Como as crianças aprendem a doar parte de seu dinheiro aos que têm menos? Como um aspecto da estrutura "espinha dorsal", elas devem doar algum dinheiro a uma instituição de caridade ou a uma pessoa necessitada. Quando o filho é muito pequeno, você determina a caridade, mas ele deve decidir quanto dar. Quando é mais velho, pode determinar as duas coisas. Ao recolher as cartas das instituições de caridade na caixa do correio, dê algumas ao seu filho, ajude-o a compreender o teor de cada uma e deixe-o escolher a qual instituição doar.

Outra maneira de as crianças aprenderem, como em todos os aspectos do comportamento, é pelo exemplo dos pais. Mas, nesse caso, o exemplo não pode ser óbvio ou natural. Muitos de nós contribuem regularmente para uma organização religiosa ou causas beneficentes em que acreditam sem que os filhos sequer tenham consciência disso. Portanto, quando você estiver ocupado com aquela atividade maravilhosa de pagar contas, chame seu filho e mostre a ele o que está fazendo. "Olhe aqui, estou pagando a conta do telefone, do gás e da energia elétrica. E também estou contribuindo com algum dinheiro para uma causa com a qual me preocupo muito." Diga-lhe por que você acredita na causa e por que precisam de sua ajuda, seja uma fundação de auxílio a crianças carentes, uma organização ambiental ou um grupo religioso. (Caso seja um partido político, seu filho provavelmente não vai entender, mas não custa tentar.) Se ele for muito pequeno para compreender o que são cheques, deixe que ele o veja, uma vez ou outra, dar um pouco de dinheiro a alguém que esteja pedindo donativos para uma instituição de caridade, num *shopping center* ou num supermercado.

Quando se tornar um hábito fazer donativos a instituições de caridade, as crianças poderão começar a pensar em doar parte de seu tempo, assim como de seu talento.

> *Não nos contentemos em doar só dinheiro. Dinheiro não é o suficiente, dinheiro se consegue; eles precisam é do seu amor.*
>
> — MADRE TERESA DE CALCUTÁ

## ECONOMIZAR E FAZER O ORÇAMENTO

Novamente, o exemplo consciente pode ser importante aqui. Caso contrário, as crianças talvez não se dêem conta do que acontece. Quando você estiver fazendo os pagamentos, explique a seu filho que uma parte do dinheiro vai para a poupança, de forma que a família possa tirar férias, reformar a casa ou ter uma reserva financeira, para o caso de precisar consertar o carro.

É importante que a criança tenha um cofrinho desde a mais tenra idade, mas deixe que ela o escolha, desde o clássico porquinho até o mais clássico ainda pé de meia, ou então um pote de vidro ou um recipiente qualquer, que ela mesmo faça. Ela deve decidir quanto da mesada porá no cofrinho, toda semana. Não se preocupe se a princípio ela guardar só uma pequena parte do que ganha. Assim que adquirir o hábito de economizar e aprender mais sobre por que o fazemos, ela ajustará a quantia de acordo.

Quando os filhos começam a ganhar dinheiro com "trabalhos extras" em casa ou para os vizinhos, podem abrir uma caderneta de poupança. Só que, sendo menores de dezoito anos, precisarão do seu consentimento: o banco exigirá duas assinaturas, por exemplo, a sua e a do seu filho, de modo que ele não possa gastar tudo num impulso, depois de uma discussão com você. E, à medida que as crianças se aproximam da adolescência, você pode passar a compartilhar com elas pequenos itens do orçamento doméstico, para que elas comecem a entender o que é administrar uma casa. Se o seu orçamento, ou a falta dele, é um pesadelo que só iria assustar seus filhos, procure ajuda externa para resolver o problema, e então conte a eles sobre sua experiência, sobre os erros que você cometeu e como os está corrigindo. Em tempos de dificuldade financeira séria, o dinheiro que os filhos adolescentes doariam pode se destinar à própria família.

## Como Gastar

*A vida deve ser mais do que ter de tudo.*

— Maurice Sendak

Depois de doar e economizar, o dinheiro restante pode ser gasto em coisas que não tragam risco de vida, não sejam moralmente afrontosas nem prejudiciais à saúde. Nós podemos dar bastante liberdade a uma criança pequena para comprar o que for importante para ela. Assim, ela começará a desenvolver seu próprio senso de equilíbrio no uso do dinheiro.

A criança muito pequena aprende a não comprar por impulso. Ela só pode ir à loja com o dinheiro se souber o que pretende comprar; se não, deve deixar o dinheiro em casa. (Não seria mau alguns adultos praticarem isso também.) Com cinco ou seis anos de idade, ela começa a perceber que nem todas as ofertas são pechinchas e que nem todas as pechinchas são ofertas. Então ela aprende a pesquisar preços para os artigos maiores e começa a reconhecer a diferença entre necessidades e vontades, necessidades básicas, artigos de menor importância e luxos. A estrutura dos hábitos responsáveis com o dinheiro está sendo desenvolvida.

## Poupança Familiar e Empréstimos — Nossos Interesses em Mente e no Papel

Você empresta dinheiro aos seus filhos?

- Pais "parede de tijolos": "Nunca, nunca, nunca. Eles que sofram por causa de suas escolhas malfeitas; isso os ensinará a ter responsabilidade." "Só sendo obrigados a viver com o que ganham, e nada mais do que isso, eles aprenderão a administrar bem o próprio dinheiro."
- Pais "água-viva": "É claro, emprestamos dinheiro a eles para tudo o que quiserem. Eles poderão pagar, mas não precisam. Afinal de contas, os pais têm de ajudar os filhos."
- Pais "espinha dorsal": "Nós emprestaremos dinheiro a eles em certas situações, quando eles tiverem um plano para devolvê-lo. E esperamos que o devolvam."

Os pais "espinha dorsal" não emprestam dinheiro frivolamente e em todas as ocasiões, mas reconhecem que há momentos em que podemos precisar de um empréstimo, que pagaremos mais tarde. Seu filho adolescente esbanjou grande parte do dinheiro que ganhou com alguns trabalhos. Ele reconhece os erros que cometeu e está se esforçando para melhorar seus hábitos. Então surge a oportunidade de ele fazer uma viagem maravilhosa, empolgante e educativa, mas ele precisa de dinheiro emprestado para o depósito inicial, para não perder a oportunidade. Ele apresenta a você um plano de pagamento, pega o empréstimo e faz o depósito, tendo aprendido como pagar o empréstimo e ganhar dinheiro suficiente para a viagem.

## Quando se Deve Aumentar a Mesada?

Quando você deve aumentar a mesada? Simples: quando seus filhos conseguirem convencer você de que *precisam* de uma mesada maior.

Anna me pediu um aumento da mesada.

"Convença-me."

"Bem, sou mais velha do que meu irmão e minha irmã."

"Isso não me convence de que você precise de uma mesada maior."

"Preciso de mais material escolar do que no ano passado. Uso sapatos de adulto, que custam mais caro. Tenho mais atividades..."

Ela redigiu um orçamento e nos convenceu de que precisava de uma mesada maior. Também perguntou se poderia recebê-la mensalmente, em vez de toda semana. Anna passou a receber uma mesada maior por mês e a está administrando muito bem.

Maria resolveu que, se a irmã conseguira nos convencer de que precisava de uma mesada maior, ela também conseguiria. Ela usou o estilo da irmã e também nos convenceu de que precisava de mais. E também pediu para receber a mesada por mês. Ela tem uma facilidade maravilhosa com o dinheiro. Mesmo que lhe déssemos uma mesada anual em 1º de janeiro (se conseguíssemos dispor da quantia), ela teria seu orçamento organizado até 31 de dezembro, com dinheiro guardado, emprestando um pouco para nós, mantendo os registros em ordem e talvez pensando em fazer alguns empréstimos.

Joe ficou impressionado com o sucesso das irmãs em aumentar a mesada e fez um superesforço para nos convencer de que ele também precisava de uma mesada maior. Ele chegou a alegar que não poderia usar as camisas herdadas das irmãs porque as camisas dos meninos abotoam do outro lado. Como resultado, ele acabou recebendo uma mesada maior, não a que pedira inicialmente, mas um valor com o qual todos concordamos.

Ele queria recebê-la uma vez por mês, mas o prazo caiu para duas vezes por mês. Assim é melhor para ele. Você e seus filhos talvez tenham de experimentar o que funciona melhor para cada filho.

Quando seu filho adolescente começa a ganhar uma quantia maior de dinheiro fazendo trabalhos extras na vizinhança, vocês devem decidir *juntos* se a mesada deve cessar ou se você dará mais responsabilidades a ele, de forma que ele comece a cuidar da maior parte de suas necessidades — roupas, lazer, seguro do carro, mensalidades escolares etc.

Meus filhos são como a noite e o dia — e a tarde. Cada um tem um modo diferente de administrar seu dinheiro, mas todos estão aprendendo a gastá-lo de maneira responsável e construtiva, a fazer suas economias, a ter um objetivo para economizar e a doar aos que têm menos e estão carentes.

## O Dilema da Camisa de Griffe

Podemos avaliar os frutos de nosso empenho em ensinar sobre a administração do dinheiro nos três tipos de estrutura familiar quando os filhos atingem a puberdade. Seu filho adolescente quer uma camisa de *griffe*, ele simplesmente precisa ter uma camisa de *griffe:*

- Pais "parede de tijolos": "Absolutamente não. Não vou deixar você desperdiçar seu dinheiro numa coisa dessas. É uma moda passageira, isso passa. NÃO. Não me interessa se o dinheiro é seu, você não vai desperdiçá-lo numa camisa boba." (Mensagem: Eu sei gastar dinheiro; você não. Deixo você ter dinheiro, mas eu controlo o que você faz com ele.)
- Pais "água-viva": "Se você quer uma camisa de *griffe*, compre-a, não me preocupo com isso. Mas lembre-se de uma coisa: se desperdiçar todo o seu dinheiro numa camisa cara, não me venha pedir mais daqui a três semanas, quando não tiver mais nenhum."
- Pais "água-viva" (reação alternativa): "Que camisa linda! Vou comprar uma para mim também, apesar de nós dois já termos um armário cheio delas." (Mensagem: Nenhum de nós sabe gastar dinheiro.)
- Pais "espinha dorsal": *Sem comentários.* (Mensagem: confio em você e acredito que saiba resolver essa situação.)

Seu filho adolescente não precisa nem perguntar se pode comprar uma camisa de *griffe*. Ele poderia discutir o assunto com você e pedir seu conselho ou opinião, mas não sua permissão. Quando ele era pequeno, você o deixou cometer erros. Deixou que ele escolhesse roupas diferentes dentro de certos limites, que você foi ampliando à medida que a capacidade dele de tomar decisões aumentava. Você ensinou a ele que nem todas as ofertas são pechinchas, e nem todas as pechinchas são ofertas. Ensinou sobre qualidade e quantidade. Deu exemplos de hábitos responsáveis. Seu filho decide que quer uma camisa de *griffe*, economiza o próprio dinheiro para isso e então faz a compra.

Três adolescentes freqüentam a mesma escola secundária. O grêmio dos alunos está vendendo camisetas com o logotipo da escola — e os três acham que precisam ter uma camiseta daquelas:

- Pais "parede de tijolos": "Você não está contente por não termos deixado você desperdiçar seu dinheiro naquela camisa de *griffe?*" (Mensagem: Eu sei gastar dinheiro; você não.)

- Pais "água-viva": "Se você não tivesse gasto seu dinheiro na camisa de *griffe*, teria o dinheiro para a camiseta." (Mensagem: Tenho tão pouca confiança em você que preciso informá-lo daquilo que você já sabe.) Os pais "água-viva" não só são bons em sermões, como também muito bons em emprestar dinheiro fazendo profundas chantagens emocionais — e não financeiras. Alguns de vocês podem até ouvir seus pais dizendo: "Para onde você vai no feriado? Não vai vir para casa?" E toda essa chantagem emocional sempre foi usada para atraí-los para onde? Para casa, a casa deles, que nunca foi o seu lar por todos aqueles anos.
- Pais "espinha dorsal": Eles nem mesmo mencionam a camisa de *griffe*, porque isso não vem ao caso. O pai passa o braço em volta dos ombros do filho adolescente e diz: "Às vezes é duro não termos dinheiro para as coisas que gostaríamos de comprar." O filho, então, talvez diga: "Gostaria de não ter gasto o meu dinheiro naquela camisa de *griffe*." Mas ele também pode não dizer isso. É possível que a camisa de *griffe* signifique tanto para ele que ele até renunciaria a dez camisetas e seis filmes para conseguir comprá-la. Dentro dos limites, ele está tomando decisões, fazendo escolhas e assumindo as conseqüências.

## Uma Situação Inusitada: Dinheiro Demais

Às vezes, você depara com um problema especial, como, por exemplo, quando tem um parente rico que não pretende lhe deixar nem um centavo de herança e, em vez disso, manda grandes somas de dinheiro aos seus filhos, ou quando o pai/mãe de seus filhos, que não tem a custódia deles, tenta comprar-lhes o afeto com grandes quantias de dinheiro, como presente. Isso pode minar todo o esforço que você investiu em ensinar as crianças a lidar com dinheiro.

Você, como um pai "espinha dorsal", tem a opção de fazer o seguinte: mande um bilhete ao parente ou ao pai/mãe, junto com talões de depósito na caderneta de poupança de seus filhos, e sugira, para o bem deles, que mandem uma pequena quantia de dinheiro às crianças e depositem o resto na poupança. Ou então peça a eles que abram uma conta de poupança em nome de seus filhos. De qualquer modo, como um pai espinha dorsal, estabeleça uma estrutura que seja flexível e proporcione um ambiente que conduza a uma administração criativa, construtiva e responsável do dinheiro.

Ao aumentar constantemente as responsabilidades e oportunidades de tomar decisões de nossos filhos com relação ao seu próprio dinheiro, desde que eles são pequenos, garantimos que, ao sair de casa, eles serão capazes de gastar, economizar e doar de maneira consciente, criativa e responsável. Convém a nós, no papel de pais, ensiná-los bem. Quem sabe se algum dia eles não estarão administrando o *nosso* dinheiro!

*Alcança-se a integridade financeira quando se aprende o verdadeiro significado do que se ganha e do que se gasta, tanto em família quanto no planeta. Isso implica saber quanto dinheiro e bens materiais são suficientes para mantê-lo realizado — e quanto é simplesmente excesso e desordem. E isso pressupõe, enfim, ter todos os aspectos da vida financeira orientados de acordo com os seus valores.*

— JOE DOMINGUEZ E VICKI ROBIN, YOUR MONEY OR YOUR LIFE

## *Capítulo 11*

# A Hora das Refeições

Mesmo que você seja muito ocupado — pode passar esse momento com os seus filhos. Você deve falar sobre os seus sonhos; sobre o seu dia; sobre as suas frustrações. Quanto mais ocupado você for, mais importante será a hora das refeições para o seu filho. Se não passarmos esse tempo com nossos filhos, eles não desenvolverão atitudes saudáveis em relação à vida em família.

— *Dr. Lee Salk*

Se quisermos que nossos filhos aprendam a comer com os vizinhos, em primeiro lugar temos de ensiná-los a comer em casa.

## O Momento de Comer

Compartilhar uma refeição proporciona muita satisfação. Comer junto é um dos costumes mais antigos e que mais fundamentalmente une as pessoas. Desde a pré-história, tem significado paz e segurança. Em muitas culturas antigas, como a grega e a germânica, entre outras, quando pessoas que não eram da família entravam numa casa, antes de mais nada era-lhes servida uma refeição. Só então se perguntava quem eram, de onde vinham e o que pretendiam. Compartilhar a refeição era tão sagrado que um dos piores crimes nessas culturas seria cometer uma violência contra alguém que tivesse lhe servido uma refeição. Mesmo hoje, embora o verdadeiro significado tenha permanecido inconsciente, comer junto simboliza paz e harmonia. Em toda reunião entre chefes de Estado, em toda conferência de líderes, a parte mais importante do encontro é o banquete, em que todos se sentam juntos à mesa.

Uma vez que a comida alimenta o corpo, uma refeição feita em conjunto alimenta o espírito da pessoa, da família, da comunidade e do mundo. A harmonia de uma refeição compartilhada se estende além da mesa e muito além daquele momento. Pelo menos, deveria ser assim num mundo ideal. Mas a discórdia sempre arruma um jeito de se intrometer, mesmo quando se quer a harmonia, pois a hora da refeição é um dos momentos mais desastrosos em muitas famílias. E na sua, como é? ("Tire os cotovelos de cima da mesa!" "Pare com isso!" "Pare de mastigar com a boca aberta." "Não, não pode comer isso!" "Você vai ficar sentado aqui até ter comido toda a sua comida.") "Isso não pode", "Não faça aquilo", "Você não deve fazer isso". Apenas frases negativas. E as crianças imaginam: "É assim que se confraterniza? Será que temos mesmo de gostar disso?"

Em algumas famílias, a hora da refeição não é um acontecimento. Ela nem sequer existe. As crianças juntam algo que se assemelha a uma comida e se estatelam na frente da televisão. Não há nenhuma oportunidade de compartilhar alguma coisa sobre si mesmas, nenhuma chance de aprender bons modos, nenhum relacionamento com os outros integrantes da família. A pouca estrutura que existe é determinada pela televisão: se não ficarem totalmente hipnotizadas pelos comerciais, as crianças podem usar o intervalo para se levantar em busca de mais comida. Isso é hora da alimentação, não hora da refeição.

Nós precisamos reservar um tempo, em nossa vida ocupada de hoje em dia, para compartilhar a hora das refeições com os filhos. Seria maravilhoso se um adulto na vida da criança compartilhasse uma refeição pelo menos uma vez por dia com ela. Isso pode ser feito. Talvez você argumente que sua filha adolescente odeia o café da manhã e que, com o horário louco que ela tem, você nunca a vê no jantar. Não há problema; apenas diga-lhe que você irá à escola para almoçar com ela. Assim, ela dará um jeito de tomar o café da manhã com você, garanto!

Seria ainda mais interessante se a família inteira encontrasse um momento, todos os dias, para se reunir e compartilhar uma refeição, trocar idéias e conversar animadamente. Não é obrigatório que seja, todas as vezes, ao redor da mesa da sala de jantar. Pode ser num piquenique ou num restaurante; o que importa é reservarmos esse tempo para comer e conversar juntos. (No entanto, isso é um pouco mais difícil de fazer quando se compra comida para viagem e se come no carro.) Se você conseguir incentivar seus filhos pequenos a conversar com você durante as refeições, eles continuarão conversando quando chegarem à adolescência, pois terão aprendido que a hora das refeições é um bom momento para compartilhar experiências e companhia.

Quando nossos filhos eram pequenos, eu e meu marido percebemos que não podíamos conversar sobre nossos assuntos na hora da refeição. Como estávamos acostumados a conversar sobre nossas atividades de lazer na hora de jantar, tentamos continuar fazendo assim depois que as crianças nasceram, mas não foi possível. Logo nos demos conta de que precisávamos conversar com nossos filhos. Se ficássemos num diálogo particular, as crianças procurariam chamar nossa atenção com espaguete no cabelo ou derrubando leite na salada.

Também aprendemos que conseguiríamos mais dos filhos se não fizéssemos perguntas. Se perguntássemos: "O que você fez na escola?", a resposta típica seria: "Nada." Em vez disso, falávamos sobre nós mesmos ou comentávamos os acontecimentos do dia. Logo as crianças perguntavam: "Você sabe o que eu fiz hoje?" E de repente estávamos em meio a uma conversa animada, temperada com dicas sobre bons modos. ("Batatas fritas podem ser comidas com a mão; creme de milho, não." "Você viu o tipo de sorvete que os astronautas tomaram no vôo espacial?" "Por que dois garfos?")

## A Refeição na Família "Parede de Tijolos"

Como era de esperar, a família "parede de tijolos" tem normas rígidas para todos os aspectos da hora das refeições:

1. Onde ("Coma na cozinha. Não leve isso para a sala de estar.")
2. Quando ("Você não pode beliscar agora. Senão, ficará sem apetite para o jantar." "Não está na hora de dar comida a ela. Deixe-a chorar.")
3. O quê ("Você vai comer tudo o que eu pus no seu prato." "Não me importa se você odeia ervilhas; elas são boas para a saúde, e você vai ficar sentado aí e comer tudo." "Nossa família não come esse tipo de comida.")
4. Quanto ("É impossível que você esteja satisfeito; seu prato não está vazio." "Beba todo o seu leite.")

Essas normas rígidas são impostas com ameaças e subornos ("Você vai passar a noite inteira sentado aí, se for preciso, até terminar de comer." "Se você comer cinco pedaços de cenoura, três pedaços ou pelo menos dois, poderá comer esse bolo de chocolate delicioso.")

A hora da refeição não é um momento feliz. É só um horário para consumir comida e seguir rituais rígidos. Os pais "parede de tijolos" são sócios vitalícios do Clube do Prato Limpo e insistem que seus filhos também sejam. O controle sobre a comida tende a chegar a uma crise nos anos da adolescência, e os pais perdem a batalha quando o adolescente fecha a boca, recusando-se a falar e a comer o que for posto à sua frente. Ele prefere as farras de lanchonetes ou usa a comida como arma poderosa contra os pais (e não me refiro a ervilhas atiradas com a colher). Não é de admirar que a maioria dos adolescentes com distúrbios alimentares sérios, como bulimia ou anorexia, venham de lares "parede de tijolos", onde o conceito que a criança tem de si mesma e a auto-estima dependem da conformidade a ordens e padrões externos. ("Você será uma boa menina se comer tudo o que está no seu prato." "Você não quer ser gordo como ele, quer?" "Faça como eu digo.")

## À la "Água-viva"

Os pais "água-viva", por outro lado, têm pouca ou nenhuma estrutura no que se refere à hora das refeições. Na família deles, as refeições raramente eram planejadas, sendo, em geral, comidas com pressa, sem preocupação com o valor nutricional, com a qualidade ou a quantidade dos alimentos. Se ela fosse rápida, fácil de preparar e de comer, estaria na lista de compras da família "água-viva".

Os pais "água-viva" costumam usar o alimento como um recurso para se poupar de lidar com as emoções. O filho chora e imediatamente recebe um biscoito para parar de chorar. A mãe pode comer quando está triste; o pai pode tomar uma cerveja para evitar ter de enfrentar a realidade de uma demissão. Não é de admirar que o filho chegue da escola e coma um saco inteiro de batatas fritas porque ninguém quer brincar com ele.

Os pais nunca dão exemplos de bons modos, porque eles próprios raramente aprenderam boas maneiras. No caso do pai/mãe que cresceu numa família "parede de tijolos" e jurou nunca criar seus filhos com a mesma rigidez, as boas maneiras são simplesmente descartadas junto com o ritual rígido e as ameaças. ("Nunca obrigarei o meu filho a comer o que ele não quiser. Meus pais me obrigavam a ficar durante horas sentado à mesa na frente de um prato de espinafre." "Nunca tomo o café da manhã, e não me importa que minha filha tome ou não. Minha mãe me forçava a tomar o café da manhã diariamente, e, no dia em que saí de casa, parei de uma vez. Recuso-me a comer até o meio-dia, só por causa dela." "Não me importo se ele derrubar pipoca por todo o sofá. Quando eu era criança, não podíamos nem comer na sala de estar.")

Nas famílias "água-viva", as crianças aprendem a se servir sozinhas quando chega a comida. Elas comem o que querem, quando e onde querem. Costumam desenvolver maus hábitos de nutrição, vivendo basicamente de lanches, doces e comidas sem nenhum valor alimentício. Elas também aprendem a guardar os pensamentos para si mesmas, porque na família existem poucas oportunidades e nenhum estímulo para elas se expressarem.

## Fundamentos Espinha Dorsal

Os pais "espinha dorsal" proporcionam condições saudáveis e flexíveis para a hora das refeições. É um momento de confraternização, uma ocasião em que a família se reúne para alimentar o corpo, a mente e a alma. Também é o momento de ensinar às crianças sobre nutrição, preparação dos alimentos, bons modos e conversação ou diálogo — a troca de idéias, opiniões e sentimentos. Isso não significa que não haja discordâncias, como em qualquer família, sobre o que comer, onde comer, como comer. Porém, essas discordâncias são tratadas a partir de uma perspectiva de entendimento e diálogo.

Quando meus filhos eram pequenos, eu alimentava cada um de acordo com sua vontade, e descobri que cada um desenvolveu um hábito diferente, mas perfeitamente previsível. Eu ficava admirada com os pais que forçavam os filhos a tomar todo o conteúdo da mamadeira porque, se não a esvaziassem, como poderiam ficar satisfeitos? Eu nunca soube dizer quanto leite meus filhos haviam tomado ou quando tinham acabado, mas sabia quando tinham terminado. No entanto, assim que eles começaram a comer, eu também caí na mesma armadilha: se não comessem tudo o que havia no prato, como poderiam ficar satisfeitos?

Talvez você tenha sido criado como eu: "Coma tudo o que está no seu prato; na China, existem crianças que estão passando fome." Ou é possível que você tenha sido educado como meu marido: "Coma tudo o que está no seu prato, senão você não me ama." Ou, ainda, quem sabe você foi submetido aos dois tipos de pressão: "Coma tudo o que está no seu prato, senão você não me ama; além do mais, existem crianças na China que estão passando fome." Portanto, talvez você tenha feito como eu. Quando cresceu, passou a "limpar" o prato, o prato do seu cônjuge, o prato do seu filho, a bandeja e o conteúdo da lata de biscoitos, porque "se não comer tudo, como você poderá ficar satisfeito?"

As crianças aprendem a ouvir o próprio corpo na mais tenra idade, a saber quando estão satisfeitas, e tentam nos dizer; só que nem sempre lhes damos ouvidos. O bebê cospe o bico da mamadeira para fora da boca; você o empurra de novo. A criança de dois anos afasta o prato para o lado; você brinca de aviãozinho para conseguir que ela abra a boca (e tudo o que ela tem de fazer é fechar a porta do hangar, e aí você perde).

Essa insensibilidade dos adultos não só é uma afronta à criança como também pode acarretar sérias complicações mais tarde. O modo como as crianças mais velhas respondem às três ameaças mais sérias da adolescência — promiscuidade sexual, uso compulsivo de drogas e suicídio — está relacionado a como consideram a si mesmas, à atenção que dão às manifestações do próprio corpo e à sua capacidade de comunicar aos outros o que o corpo diz. Embora os atos sejam físicos, o impulso compulsivo para o sexo, para as drogas e para a autodestruição se manifesta na mente, não no corpo. Uma pessoa habituada a ouvir o próprio corpo resistirá à compulsão sexual, à destruição de si mesma e à ingestão de substâncias nocivas (a menos que tenha alcançado o estágio do vício). A criança que está acostumada a ouvir o próprio corpo ouvirá as mensagens interiores em alto e bom som e as comunicará aos outros se, desde pequena, tiver sido ouvida e respeitada.

Obrigar as crianças a comer quando o corpo lhes diz que estão satisfeitas é o mesmo que afirmar: "O que o seu corpo lhe diz não importa. Eu conheço as suas necessidades. Você não." Quando a criança educada desse modo chega aos catorze anos e a pressão dos colegas a induz a fazer sexo ou a consumir drogas, ela ouvirá a mensagem que sempre ouviu: "O que você sente não importa. Eu sei (nós sabemos) do que você precisa. Você não." Ela aprendeu, pela experiência, que aquilo que ela sente no próprio corpo não importa e que a expressão desses sentimentos é descartada e ignorada. Assim, é mais provável que ela faça sexo, use drogas ou mesmo se machuque. Quando as crianças disserem que estão satisfeitas, acredite. Quando repelirem a comida, não insista. O que está em jogo é muito mais do que apenas nutrição e bons modos à mesa.

A hora das refeições propicia escolhas; mas faça com que elas sejam práticas e aceitáveis. Você pode dizer: "Você quer meio sanduíche ou um inteiro?", e não: "O que você quer comer no almoço?" Se a criança responder "Salsicha", o que você vai fazer se estiver pensando em servir salsicha no jantar? Dê opções com limites. Se ela disser que quer um sanduíche inteiro, evite lembrá-la de que no dia anterior ela comeu só metade. Por que você perguntou, se já sabia o que queria ouvir? Além do mais, como você se sentiria se fosse a um restaurante, pedisse a maior salada do cardápio, e o garçom lhe dissesse: "Na semana passada, você levou metade para casa numa embalagem para viagem; não seria melhor pedir uma salada pequena desta vez?"

Quando perguntei ao meu filho se ele queria meio sanduíche ou um inteiro, ele disse que queria um inteiro; então eu lhe dei o sanduíche. Mas, depois de comer só metade, ele falou: "Estou satisfeito." Se eu fosse usar minhas velhas técnicas, eu provavelmente o obrigaria a ficar lá até comer todo o sanduíche, uma vez que ele o pedira inteiro, apesar de seu corpo já ter lhe avisado que estava satisfeito. Quero que Joe ouça o próprio corpo, não que outra pessoa lhe diga quando ele está satisfeito. Assim, respondi: "Tudo bem, Joe. Ponha a outra metade na geladeira; se você sentir fome antes da próxima refeição, poderá comê-la." Não deixei que o sanduíche ficasse na geladeira até criar fungos nem o servi como o primeiro prato da refeição seguinte. Meu objetivo era que meu filho soubesse que pode ouvir o próprio corpo e que eu respeitaria as vontades do corpo dele. Ao mesmo tempo, eu reconhecia que havia a possibilidade de ele cometer um erro na avaliação da quantidade de comida que iria querer e dava-lhe um meio responsável de corrigir o erro.

O uso mais eficaz dessa técnica é na hora do jantar. Seu filho não quer a segunda porção de batatas que pôs no prato? Tudo bem, vai para a geladeira. Ele sai para brincar. Às oito horas, quando ele diz: "Ah, mãe, estou com tanta fome", você pode responder: "Ah, sim, há algumas batatas na geladeira." "Batatas?!" Se ele estiver realmente com fome, vai comê-las. Se não, não vai morrer de fome até a manhã seguinte.

Mas não lhe sirva as batatas no café da manhã. Isso é castigo. Lembre-se, você está apenas ajudando-o a fazer escolhas sensatas sobre quantidade de comida. Você não está ali para mandar ou para castigá-lo por cometer um erro sobre a quantidade de comida que ele pôs no prato. Os pais "parede de tijolos" o "fariam" comer as batatas antes de qualquer outro alimento — sempre.

Os pais "água-viva" teriam jogado as batatas fora ou dado para o gato. Quando o filho diz que está com fome, às oito da noite, o pai o censura ("Se você tivesse comido todas as suas batatas, não estaria com fome"), mas então cede ante os argumentos do filho e lhe dá uma tigela de cereais. O filho aprende: se eu agüentar as repreensões, no fim conseguirei o que quero sem ser responsável pelos meus erros.

Seu filho não gosta de legumes cozidos? Dê-lhe milho, cenoura e ervilhas congelados para beliscar. Talvez ele coma bastante. Milho, cenoura e ervilhas congelados não têm gosto de milho, cenoura ou ervilhas; têm gosto de congelado.

Seu filho demora muito para comer? Não o aborreça. Apenas diga: "Nós adoramos comer com você. Ficaremos aqui por mais dez minutos. Se você não tiver acabado, tudo bem; vamos deixá-lo comer em paz sozinho." Deixe-o terminar de comer sozinho e pôr o próprio prato na máquina de lavar louça. Se os pratos precisarem ser lavados e secos a mão, ele poderá fazê-lo sozinho, caso os outros pratos já estejam limpos quando ele tiver terminado de comer. Essa é uma conseqüência razoável por comer devagar. Evite aborrecer, implorar e subornar; isso torna o problema seu. Na realidade, comer devagar é mais saudável do que engolir a comida em três minutos.

Seu filho, se tivesse a oportunidade, comeria só macarrão com queijo em todas as refeições, todo dia? Sugiro que você elabore um cardápio da semana e deixe que ele escolha cinco pratos de sua preferência que seria capaz de preparar (ou ajudar a preparar). Podem ser, por exemplo, cinco refeições seguidas, ou cinco almoços, ou dois almoços e três jantares, ou qualquer outra combinação de cinco refeições durante a semana. Quem disse que macarrão com queijo não seria gostoso no café da manhã? Seria uma oportunidade de mostrar ao seu filho como variar a receita, o método de prepará-la e as maneiras de servi-la, respeitando o gosto dele pelos dois componentes básicos do prato e o modo de combiná-los. Esteja certo de que, se você se recusar a deixá-lo comer o macarrão com queijo, ele se recusará a comer qualquer comida que você lhe apresente.

A maioria das crianças que "ciscam" a comida tem pais apavorados. Geralmente, os filhos não demonstram problemas com a alimentação se não nos preocuparmos muito com isso. Porém nos preocupamos, preocupamos, preocupamos tanto que eles logo percebem que têm uma arma poderosa nas mãos para nos deixar em conflito. (Se seu filho fica "ciscando" o prato, não lhe sirva uma caçarola de legumes. Ele vai saber que você pôs *alguma coisa* ali de que ele não gosta e ficará obcecado por encontrar.)

É possível reduzir os problemas com a alimentação se forem seguidas algumas diretrizes simples:

- *Tenha uma variedade de bons alimentos em casa e coma-os.* Se você for viciado em chocolates, não os deixe à mostra para não tentar as crianças. Vá a uma loja de conveniência depois que eles tiverem dormido e compre-os. Ou, melhor ainda, reduza seu consumo de chocolates e dê exemplos de bons hábitos alimentares aos seus filhos. Se você se senta na frente da televisão comendo doces e bebericando refrigerantes, não se surpreenda se seu filho recusar um sanduíche e um suco. Os pais "parede de tijolos" dizem: "Nada de chocolates"; os pais "água-viva" falam: "Podem comer rosquinhas de chocolate com cobertura de chocolate o tempo todo e no café da manhã também." Proibir doces torna-os mais atraentes ao seu filho; doces em excesso não só causam sérios problemas de saúde como também restringem as oportunidades de comer alimentos nutritivos. Os pais "espinha dorsal" dizem: "Chocolates, só de vez em quando e com moderação." Eles sempre têm petiscos nutritivos disponíveis: cenouras descascadas, aipo em pedaços, frutas lavadas, suco num recipiente fácil de servir, iogurte na prateleira da geladeira.

- *Instrua seus filhos sobre a comida que eles estão comendo.* "Espaguete tem carboidratos; carne de boi, proteínas; farelo de trigo é laxante, bananas não. E, sim, você pode usar a palavra *carboidrato* com seu filho pequeno. Costumamos menosprezar a capacidade de nossos filhos de usar e entender palavras "grandes". Analisar os rótulos das embalagens dos alimentos é como ler ao mesmo tempo um livro de receitas, um romance, um livro de mistério, uma história de aventuras ou um livro de matemática. Por que se diz que canja de galinha não faz mal a ninguém e que cenoura é bom para os olhos? Os órgãos oficiais do governo, como o Ministério da Saúde e suas secretarias estaduais, editam guias com orientação sobre o valor nutritivo dos alimentos. Nos Estados Unidos, por exemplo, os ministérios da Agricultura e da Saúde desenvolveram o *Food Guide Pyramid: A Guide to Daily Food Choices*, com o valor nutritivo e a dosagem recomendada dos alimentos mais comuns do dia-a-dia. Isso ajuda as pessoas a planejar uma dieta balanceada de acordo com os grupos de comida.
- *Deixe para seus filhos a tarefa de planejar e preparar refeições balanceadas e lanches nutritivos.* Com a orientação de um guia de alimentos, seus filhos serão capazes de ajudar você a planejar e a preparar refeições e lanches para a família inteira. Será mais agradável para eles comer aquilo que ajudaram a fazer. Eles também perceberão que os lanches não são comidas extras ou supérfluas, mas uma parte importante e necessária de uma dieta saudável. Na pré-escola, Maria aprendeu a fazer "cabinhos recheados" (talos de aipo recheados com manteiga de amendoim e salpicados com passas). Durante meses, sempre que era a vez dela de ajudar com o cardápio, poderíamos contar com os "cabinhos recheados" como parte da refeição. Nós os experimentamos gelados, assados, resfriados, como aperitivo ou prato principal e como sobremesa!
- *Coma uma variedade de pratos servidos de diversas maneiras.* De vez em quando, faça um tipo de bufê *self-service* caseiro, de modo que, quando seus filhos depararem com um de verdade, não fiquem tentados pela gula — "Ah, olhe só quanta comida!" — e pensem que precisam comer tudo o que

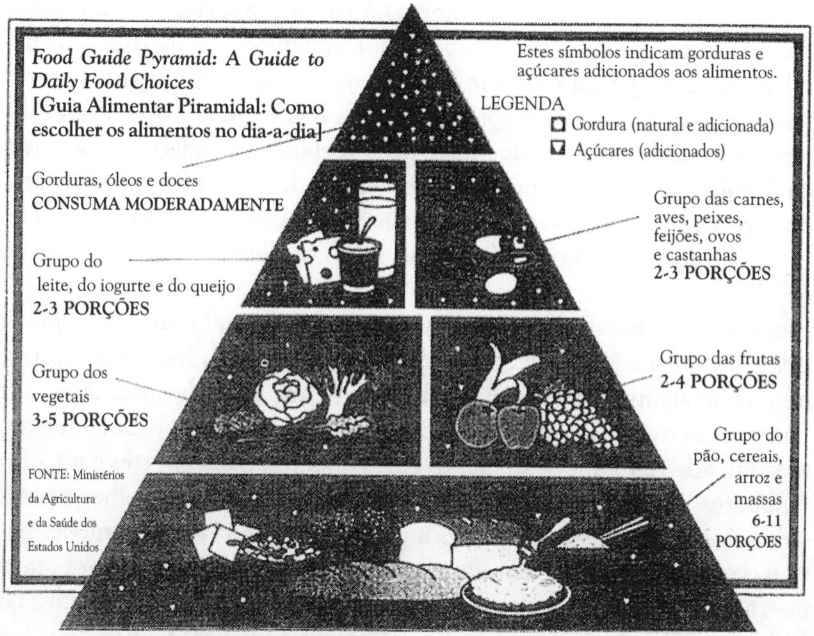


vêem. Assim eles terão a oportunidade de escolher entre uma variedade de comidas e aprender que podem comer de tudo um pouco. Faça refeições caseiras e ensine seus filhos a passar a comida aos demais sem transformar a toalha numa obra de arte apetitosa, a saber quanta comida devem pôr no prato e quando já estão satisfeitos. Organize piqueniques e ensine-os a refinada arte de equilibrar um prato de papel no joelho, assim como a evitar uma intoxicação gastrintestinal com a salada de atum e formigas vivas como condimento do sanduíche. Faça refeições formais, de modo que, quando seus filhos forem convidados para uma refeição assim, não exclamem (em voz alta): "Olhe, alguém se enganou: puseram dois garfos para mim."

- *Pelo menos uma vez por mês faça uma comemoração formal com os seus filhos.* Como eu sou de origem irlandesa, casada com um italiano católico, e temos três filhos, não nos faltam oportunidades para comemorar — aniversários, feriados, dias santos, domingos, o primeiro dia de aula. Pelo menos uma vez por mês, usamos nossa melhor toalha de mesa, colocamos música na vitrola, acendemos velas e servimos uma bela refeição para nós mesmos, porque merecemos e porque é divertido confraternizar em família.

Depois de uma de minhas conferências, um homem se aproximou de mim com a esposa atrás de si e pediu que eu falasse de novo a ela sobre "usar os utensílios bons pelo menos uma vez por mês". A esposa choramingou: "Mas aquilo é a herança da família; aqueles pratos estão na família há várias gerações. Poderiam se quebrar." O meu comentário com certeza não lhe agradou: "Se você comemorar usando os pratos da herança da família e muitos acabarem lascados ou quebrados, quando você morrer, seus filhos talvez fiquem apenas com um açucareiro do jogo antigo para servir nas festas, mas terão muitas recordações boas. Isso é melhor do que eles olharem para o armário cheio de pratos de porcelana nunca usados, da herança da família, e comentarem: 'Você se lembra de ter espanado esses pratos duas vezes por ano?' As recordações são mais fáceis de transportar no caminhão de mudanças do que os pratos. Não colecione pratos. Crie recordações."

- *Ensine a seus filhos os costumes religiosos e os hábitos culturais que sempre fizeram parte da sua família.* E, se você não tiver nenhum hábito ou costume, então crie alguns. Em momentos de comemoração ou de crise, esses costumes podem trazer lembranças maravilhosas. Quando a avó de meu marido morreu, aos 104 anos de idade, tivemos uma reunião com três gerações de familiares. Joe, o mais novo dos bisnetos, pegou o garfo e a colher e propôs: "Vamos enrolar o macarrão em homenagem à vovó!" E três gerações pegaram o garfo e a colher e enrolaram uma porção de espaguete em homenagem à bisavó, da maneira como ela ensinara pacientemente cada um a fazer ao longo dos anos. E todos se emocionaram naquele momento.

  Anos atrás, alguém deu à nossa família um prato vermelho especial, como parte de um costume europeu de identificar alguém de um modo especial à mesa de jantar. Esse prato vermelho se tornou um elemento importante de nossos costumes familiares nas festas de aniversário, refeições de boas-vindas, almoços de agradecimento e cafés da manhã de surpresa.

  Em casamentos, enterros e grandes reuniões familiares, a família inteira conta com a minha habilidade para fazer um prato (e só isso) que tenho grande prazer em preparar: uma sobremesa inglesa composta de bolo, creme, frutas e vinho.

  Converse com seus parentes sobre os costumes que criaram laços na família, pergunte sobre pratos tradicionais que passaram de geração a geração. Pode ser uma canja de galinha especial da avó, o melado do bisavô ou os biscoitos de feriado de uma prima. Se você não conseguir encontrar nenhum parente a quem perguntar nem se lembrar de algum costume de sua família de origem que gostaria de passar aos seus filhos — se as comidas da sua família eram um verdadeiro desastre ou não lhe agradavam —, pergunte aos amigos e vizinhos ou crie com seus filhos alguns costumes ou receitas que eles, por sua vez, passarão aos filhos deles.

- *Ensine aos seus filhos boas maneiras, não etiqueta.* Boas maneiras são virtudes sociais que permitem às pessoas comer uma ao lado da outra satisfatoriamente; a etiqueta se atém a normas sociais rígidas e cortesias sistematizadas que costumam se interpor na relação das pessoas que comem juntas. Pedaços de batata no cabelo não denotam boas maneiras, mas uma criança pequena usando uma colher para comer ervilhas talvez sim. Isso estaria de acordo com a etiqueta? É provável que não. No filme *Greystoke*, o primitivo Tarzan senta-se como convidado num jantar formal e leva a tigela de sopa à boca. Todas as pessoas ao redor ficam obviamente incomodadas pela falta de educação e de etiqueta; todos, menos um: o anfitrião. Em seus esplêndidos trajes formais e com graça extrema, o anfitrião leva a tigela aos lábios e bebe a sopa também. Ele tinha boas maneiras.

- *Ensine seus filhos a comprar mantimentos.* Você não precisa levá-los junto toda vez que for ao supermercado. Seria loucura de sua parte fazê-lo se puder evitar. Dê-se uma pausa para descansar. Uma vez ou outra, leve-os para que eles aprendam a fazer compras de maneira inteligente. Quando Anna começou a ajudar a fazer compras, ela conseguia escolher o próprio cereal desde que os primeiros três ingredientes da embalagem não fossem açúcar. Imagine uma menina de quatro anos procurando a palavra "açúcar" na embalagem e a excitação dela ao descobrir uma que não tinha nada de açúcar — farelo de trigo! Ah, bem, nós tentamos. Ainda hoje ela examina as descrições do produto nas caixas de cereal antes de comprá-las. É bem possível, com toda a informação que nossos filhos estão recebendo na escola e pela mídia, que eles acabem nos ensinando a fazer compras de maneira mais inteligente. "Mãe, esse sabão não é biodegradável. Você sabia que essas peras foram cultivadas sem agrotóxicos? Você não vai querer realmente esse chocolate com parafina, vai?"
- *Ensine seus filhos a cozinhar.* Odeio cozinhar. Quando eu era freira, tivemos de fazer testes para o coral. Quem não participasse do coro teria de cozinhar e lavar os pratos de 150 mulheres, todas as noites. Cozinhei e lavei os pratos de 150 mulheres, todas as noites. Ainda não sei cantar, e ninguém me ensinou a converter aquelas receitas para uma família de cinco pessoas. Assim, tão logo meus filhos conseguiram enrolar a massa de biscoito, ensinei-os a cozinhar. Geralmente, é mais prático você mesma preparar a comida, mas, no final das contas, ensinar os filhos a cozinhar para si e para os outros garantirá a você que, quando eles forem morar sozinhos, não comprarão uma caixa de latas de guisado em conserva e considerarão isso como jantar durante um mês. E talvez, quando você ficar velho, eles lhe levem algumas boas refeições.

*A vida é confraternização! Não deveria ser preciso reservar momentos para nos lembrarmos disso. Sábia é a pessoa que encontra um motivo para fazer de cada dia uma ocasião especial.*

— Leo Buscaglia, Bus 9 To Paradise

## *Capítulo 12*

# A Hora de Dormir Não Precisa Ser um Pesadelo

> ...o sono inocente,
> O sono que desmancha os nós da meada confusa de nossos cuidados,
> Que é a morte de cada dia de vida, banho que acalma a fadiga,
> Bálsamo das almas feridas, segunda lei da natureza,
> Alimento máximo do festim da vida...
>
> — *William Shakespeare, Macbeth*

Não minta para seus filhos. Não lhes diga que eles precisam dormir bastante. Seja honesto com eles: você quer que eles durmam e geralmente necessita de mais horas de sono do que eles parecem precisar. Você tem que resolver se prefere que eles vão para a cama cedo e acordem cedo ou que vão para a cama tarde e acordem tarde. Por mais que você queira, talvez não consiga fazer que eles se deitem cedo e acordem tarde, pela manhã.

Como família, vocês devem analisar juntos o que funciona melhor em sua casa. Por causa dos compromissos de trabalho e de seu próprio relógio biológico, talvez você prefira que seus filhos pequenos tirem um cochilo à tarde, acordem para ficar com vocês à noite e que todos durmam até tarde na manhã seguinte. Eu, por exemplo, sou uma pessoa matinal. Até me casar com meu marido, que é uma pessoa noturna, eu não sabia que existia um jornal das dez da noite. Quando nossos filhos eram pequenos, eu gostava de passar algum tempo com eles de manhã bem cedo, de modo que íamos dormir cedo e acordávamos cedo. Você deve fazer o que é bom para você, estabelecer o que é viável para a sua família e se adaptar às diferentes necessidades de sono e rotinas de cada um.

Mesmo as rotinas mais bem-intencionadas quanto ao horário de dormir podem se transformar em verdadeiros desastres. Você avisa: "Crianças, é hora de ir para a cama", e elas reagem com as reclamações de sempre. ("Ah! Não podemos ficar acordados só mais um pouquinho? Só até terminar o programa? Por que temos de ir para a cama tão cedo? Nenhum de nossos amigos precisa ir para a cama antes das dez.") Finalmente, eles vão para a cama. Você os acomoda, conta uma história, dá-lhes um beijo e um abraço e, sorrindo, vai para o andar de baixo para aproveitar algum tempo de sossego na companhia de seu marido.

Três minutos depois, um dos filhos desce os degraus da escada.

"Mãe, não consigo dormir. Você não quer ficar comigo?"

"Jamie, passei o dia inteiro com você. Vamos, vou ficar na cama com você mais um pouco."

Você a acomoda na cama. Depois, quando está pronta para se sentar em sua cadeira, para usufruir um pouco de paz e sossego, outro filho desce a escada.

"Mamãe, preciso ir ao banheiro."

"O que você está querendo dizer com ir ao banheiro? Cinco minutos atrás, você disse que não precisava ir. Se você tivesse ido antes, não teria necessidade de ir agora." (Uma coisa interessante a respeito do corpo das crianças é que elas conseguem passar horas sem sentir vontade de urinar, mas basta se deitarem na cama por cinco minutos e você começar a ler um bom livro para que a bexiga delas, com pontualidade precisa, indique que está "cheia".)

Agora o segundo filho já está de novo na cama, e então o terceiro aparece no canto do corredor.

"Mamãe, tem um monstro debaixo da minha cama."

"David, não tem nenhum monstro debaixo da sua cama."

Você vai olhar debaixo da cama, e seu filho pensa: *Por que ela está olhando se disse que não havia nenhum monstro debaixo da minha cama?*

Nesse momento, sua paciência se esgota. A calma que você manteve até então começa a minguar. "Se algum de vocês descer a escada mais uma vez, amanhã à noite todos os três vão para a cama duas horas mais cedo. O próximo que sair da cama vai levar uns tapas. Não quero ver nenhum dos três até o sol nascer!"

Eles voltam para a cama, dizendo um ao outro que devem dormir. Minutos depois, você vai até o quarto deles, na ponta dos pés, e os encontra dormindo com os travesseiros molhados de lágrimas; então você se sente terrivelmente culpada. E passa o resto de sua "noite calma e sossegada" se lamentando por ser uma mãe tão impiedosa. Você diz a si mesma que precisa encontrar um jeito de melhorar.

Quando nossos filhos eram bebês, eu não tinha nenhuma dificuldade em colocá-los na cama. Eu simplesmente os amamentava até que dormissem. No entanto, assim que eles cresceram um pouco, ficou evidente que era preciso estabelecer algum tipo de rotina. Um amigo aconselhou que os deixássemos chorar até dormir. Outro sugeriu que os deixássemos acordados até sentirem sono. E os outros, que tinham filhos mais velhos, apenas abanaram a cabeça e comentaram: "Isso também passa." Alguns especialistas diziam para simplesmente deixá-los chorar; outros afirmavam que a solução seria todos dormirem na mesma cama; e outros ainda garantiam que dependia de cada criança. Grande ajuda!

Don e eu decidimos que não íamos deixá-los chorar até dormir. Já tínhamos passado pela experiência de deixá-los dormir em nossa cama, quando eram bebês, mas percebemos que as três crianças tinham um padrão diferente para dormir. Assim, durante os anos em que eles eram pequenos, fizemos o seguinte acordo: um de nós punha as crianças na cama enquanto o outro fazia e servia o jantar e lavava a roupa. Um de nós sempre precisava de um descanso, e, às vezes, quando afundávamos no sofá depois que as três crianças haviam dormido, os pratos estavam limpos e a roupa dobrada, tirávamos a sorte para ver quem teria a folga.

## A Hora de Dormir na Família "Parede de Tijolos"

A hora de dormir na família "parede de tijolos" não é tanto uma rotina, mas um ritual predeterminado. Raramente a obsessão desse tipo de família por ordem, controle e obediência fica tão em evidência como nesse momento. Como eles aprenderam com os especialistas que os bebês gostam de ser embalados para dormir, mas que, na verdade, precisam aprender a dormir por conta própria, os pais põem o filho no berço na hora estipulada, apagam as luzes, vão para o aposento vizinho, aumentam o volume da televisão e deixam que os vizinhos escutem o choro do bebê durante a hora seguinte. Os sentimentos do filho são ignorados ou negados e, de fato, ele acaba aprendendo a dormir sozinho e, se por acaso acordar, a voltar prontamente a dormir, sem a ajuda dos pais. Não é de surpreender que tanto o filho quanto os pais em geral se tornem cada vez mais dessensibilizados ao sofrimento e ao choro. ("Depois que o deixamos chorar até dormir durante um mês, ele se tornou um bom bebê. Não ouvimos um barulhinho no quarto dele! Funcionou.")

A separação de quartos é uma norma rígida. As crianças dormem sempre em sua própria cama, em quartos separados, sem exceção. Eles acham que, se você os deixar dormir uma vez em sua cama, nunca mais conseguirá tirá-los de lá.

A hora de dormir é estabelecida pelos pais na época em que os filhos são pequenos e continua vigorando até os anos da adolescência, com pouca ou nenhuma interferência dos filhos. ("São oito horas, e você deve ir para a cama e estar dormindo às oito e quinze.") Não se permite a quebra das normas nem em ocasiões especiais, nem durante as visitas de amigos. ("Não me importa se o filme não acabou. Você devia ter pensado nisso antes de começar a assisti-lo. O horário de dormir é oito horas, e o sono é necessário para você.")

Mais uma vez, são usados subornos e ameaças para obrigar a obediência. ("Se vocês dois não pararem de conversar, nunca mais vou deixá-los trazer amigos para casa." "Se você for para a cama às oito horas, sem criar nenhum problema para a babá, eu lhe trarei um presente quando voltar.")

## A Hora de Dormir na Família "Água-viva"

A hora de dormir nas famílias "água-viva" é uma verdadeira desordem: os pais e os filhos simplesmente dormem a qualquer hora, onde quer que estejam. Não existe nenhuma rotina quanto a escovar os dentes, vestir o pijama, contar histórias para dormir e acomodar-se na cama. Os pais "água-viva" criados em lares "parede de tijolos" geralmente se recusam a definir uma rotina para os filhos. Eles rejeitam a rigidez dos pais mas não têm uma estrutura "espinha dorsal" própria, portanto não sabem criar uma rotina coerente para os filhos. ("Não temos nenhum problema com a hora de dormir. Simplesmente os deixamos dormir na sala de estar. Não há problema em que eles durmam de roupa; nós mesmos muitas vezes dormimos no sofá.") Isso funciona durante algum tempo, mas no final, quando os maus hábitos de dormir começam a aborrecer os pais e os filhos, os pais apelam para as mensagens "parede de tijolos" da infância. ("Vá já para a cama; estou cansado de você ficar acordado até tão tarde e acabar dormindo no sofá; você já está muito grande para ser levado no colo escada acima." "Se você sair da cama mais uma vez, vai levar uma surra." "Vá escovar esses dentes. Estou cheio de pagar contas enormes no dentista.")

Existe outro tipo de pais "água-viva", eles próprios criados num lar "água-viva", que não tem nenhuma noção da necessidade de uma rotina para a hora de dormir dos filhos pequenos. As crianças ficam brincando na vizinhança até altas horas da noite e chegam atrasadas na escola, no dia seguinte, porque perderam a hora. Geralmente, o filho mais velho tenta estabelecer algum tipo de ordem na vida dos irmãos mais novos, colocando os menores para dormir cedo para conseguir chegar à escola na hora certa, mas, com o caos que reina na casa, essa é uma tarefa quase impossível, a menos que algum adulto intervenha, com seu apoio, sua experiência e os recursos necessários.

## A Hora de Dormir na Família "Espinha Dorsal"

Os pais "espinha dorsal" criam uma rotina básica para a hora de dormir que seja flexível o bastante para se ajustar tanto às necessidades de cada um quanto às da família como um todo. A responsabilidade no que diz respeito a isso cabe, em primeiro lugar, aos pais; no entanto, à medida que os filhos crescem, eles assumem cada vez mais as responsabilidades e as decisões quanto à hora de dormir e à rotina de ir para a cama. Quando chega o momento de saírem de casa, os filhos têm uma consideração saudável pela necessidade de dormir, compreendem o próprio relógio biológico e respeitam as necessidades dos outros. No intercâmbio da vida em família, eles aprenderam a praticar gentilezas uns com os outros e são capazes de equilibrar as próprias necessidades e vontades com as necessidades e as vontades das pessoas com quem convivem. Abaixar o volume da música para não acordar o irmão de quatro anos poderá equivaler, mais tarde, a controlar o volume da música quando um companheiro de quarto na faculdade estiver estudando. Escovar os dentes, colocar a roupa suja na máquina de lavar ou no cesto apropriado, vestir o pijama, acomodar-se na cama para ler um pouco antes de apagar a luz são hábitos que, quando praticados regularmente na infância, não desaparecem quando o jovem adulto sai de casa.

Como pai/mãe "espinha dorsal", você deve criar condições que evitem a rigidez da família "parede de tijolos" e o caos da família "água-viva". Basicamente, o que precisa ser estabelecido é o *horário* de dormir, o *lugar* de dormir e uma *rotina* para dormir.

## O Horário de Dormir

O horário de dormir irá variar de acordo com a idade de seus filhos. As crianças têm seu próprio horário de sono, com o qual você, como pai/mãe, estará sintonizado. À medida que o bebê cresce, a rotina de sono começa a se desenvolver de acordo com o próprio relógio biológico da criança e com a estrutura que você estabelece para os horários de soneca e de dormir. Uma criança de um ano e meio pode resistir a dar um cochilo à tarde, mas logo você perceberá que a falta dele a deixará com o ânimo um tanto indócil. Geralmente, o horário da soneca evolui para horário de descanso e é deixado de lado na maioria das vezes quando as crianças começam a freqüentar a escola.

Eu não acho que seja uma boa idéia abandonar o horário de descanso. Eu gostava de aproveitar os horários da soneca e de descanso junto com meus filhos pequenos. Descansar um pouco no meio do dia sempre foi um costume universal e ainda é praticado por dois terços da população mundial. Reservar um tempo para relaxar e ficar longe da pressa e da agitação do dia é uma necessidade que o corpo nunca despreza. Em vez de lutar contra os sinais do corpo e ingerir mais cafeína e açúcar por meio do café, das pílulas ou do chocolate, talvez fosse mais conveniente a nós, adultos, aprender com os filhos sobre a necessidade de descansar um pouco.

Não é verdade que, à medida que as crianças crescem, seu horário de dormir se retarda automática e naturalmente. Seu filho que está cursando o primeiro grau pode ir para a cama antes do irmão menor, porque este tirou um cochilo à tarde. Deixe o filho menor acordado e aproveite para passar um momento especial com o maior fazendo-lhe companhia enquanto ele escova os dentes, contando-lhe uma história, aplicando-lhe uma massagem e aconchegando-o na cama. Assim que as crianças crescerem o bastante para ler, dê-lhes um abajur de leitura. Então, depois de cumprirem sua rotina habitual do horário de dormir, eles poderão dormir quando estiverem prontos. Talvez você imagine que seu filho ficaria acordado a noite inteira, se pudesse. Provavelmente não. Nas primeiras noites, minha filha mais velha amontoava pilhas de livros ao lado da cama. Durante três dias, ela foi se arrastando para a escola, com os olhos meio fechados. Eu poderia tê-la repreendido: "Se você não tivesse tentado ler tantos livros, não estaria tão cansada." Mas ela sabia disso e também que teria de enfrentar o cansaço. No quarto dia, ela já se habituara a ler durante algum tempo e depois dormir num horário decente. Mesmo agora, há ocasiões em que dou uma olhada no quarto dela antes de ir para a cama e ainda encontro o abajur aceso e Anna adormecida com o livro sobre o rosto.

Quando os filhos chegam à adolescência, é preciso decidir: "Precisamos da casa, ou eles ficam com ela?" Essa é uma pergunta legítima. Algumas pessoas têm mais necessidade de sono do que os adolescentes e poderão dizer: "Filho, quando acabar a lição de casa, apague todas as luzes." Outras talvez façam como eu, que disse aos meus filhos: "Eu preciso de algum tempo a sós à noite, portanto, às dez horas, gostaria que você estivesse em seu quarto, sentado à escrivaninha ou na cama, a escolha é sua, mas preciso de algum espaço aqui." E acho que isso é justo.

Você poderá passar à meia-noite pela porta do quarto do seu filho, olhar para dentro e vê-lo concentrado num trabalho para o dia seguinte. Resista a dizer: "Se você o tivesse feito três semanas atrás, não precisaria ficar acordado a noite inteira." Ele sabe disso. Um pai "água-viva" tentará socorrer o adolescente. "Venha, deixe que eu termino esse trabalho para você. Já está muito tarde; você precisa ir para a cama." Deixe-os terminar o próprio trabalho e sofrer por ir à escola mortos de cansaço porque foram relaxados; assim, eles sentirão as conseqüências do mundo real por terem esperado até o último minuto para terminar uma tarefa.

Eles aprenderão a organizar melhor o tempo? Pode ser que sim, pode ser que não. Eu era uma dessas pessoas que fazem o resumo do trabalho depois de tê-lo redigido, só que tendia a redigi-lo na última hora, alegando que escrevia melhor sob pressão. Um dia, meu marido me repreendeu: "Como é que você sabe disso? Você nunca tentou fazer de outra maneira." E ele tinha razão.

Converse com seus filhos adolescentes sobre horários de dormir razoáveis. Se a orientadora da escola lhe telefonar dizendo que seu filho está perturbando a aula de matemática com seus roncos, é sinal de que ele precisa de mais horas de sono. Se sua filha está com muita dificuldade de se levantar de manhã, talvez ela tenha que ir dormir mais cedo.

Desde o instante em que seus filhos nascem até o momento em que saem de casa, haverá noites em que eles terão problemas para dormir, noites em que precisarão de uma conversa ou de um segundo abraço. Isso é que é bonito na família "espinha dorsal": existe uma estrutura definida, mas também há flexibilidade.

Os pais que têm apenas filhos de colo e crianças pequenas talvez imaginem que nunca mais conseguirão desfrutar oito horas de sono. Uma pessoa que tenha filhos de dez e onze anos dirá: "Isso vai passar. Confie em mim." A privação de sono é um mal comum a pais de recém-nascidos. Uma consideração encorajadora de alguém que já passou por isso é: "Isso vai passar antes que você perceba."

Porém, a privação de sono retorna durante a adolescência de seus filhos. A única diferença é que, como pais de recém-nascidos, seus bebês o mantêm acordado em casa, mas, como pais de adolescentes, você fica acordado enquanto espera que eles voltem para casa. Em certa ocasião, fiquei tentada a estabelecer um horário para meus filhos adolescentes voltarem para casa, não porque eles precisassem estar cedo em casa, mas porque eu precisava dormir.

## O Lugar de Dormir

Onde dormir? Muito já foi escrito sobre onde as crianças deveriam dormir. As opções variam da cama dos pais às próprias camas, e nunca em nenhum outro lugar. A verdade é que não há uma maneira melhor; não existe um jeito certo e uma porção de maneiras erradas. Cada família precisa descobrir com que opções se adapta melhor, escolhendo uma que permita a todas as pessoas da casa dormir quanto lhes convenha, de acordo com suas necessidades de aconchego, de privacidade, ou com as necessidades emocionais das crianças e a necessidade dos pais de manter uma vida sexual natural e satisfatória. (Sim, é possível manter a vida sexual depois do nascimento dos filhos, embora os adolescentes tenham certeza de que os pais nunca "fazem aquilo".)

Quando nossos filhos eram bebês, eles dormiam conosco, e mais tarde passaram a ficar num berço encostado à nossa cama, com a grade abaixada — o que facilitava as coisas para todos. Quando eles começaram a engatinhar, no entanto, cada um ganhou sua própria cama, num quarto separado do nosso, e nós trancávamos nossa porta, não só de vez em quando, para despertar a curiosidade, mas sempre. Nós explicamos que os pais precisam de um tempo *sozinhos* para se beijar, se abraçar e "se amar". Se eles acordassem à noite, bastaria baterem na porta e um de nós se levantaria e iria até a cama deles.

Uma noite, quando Maria tinha cerca de três anos, acordei com ela tentando subir em nossa cama. Ela queria que eu voltasse para o quarto dela e me deitasse com ela. Fiquei confusa sobre como ela entrara em nosso quarto e perguntei onde estava o pai dela. "Ah, ele dormiu no chão, ao lado da minha cama. Agora é a sua vez."

Por que trancar a porta? Em primeiro lugar, porque assim é menos provável que você acorde com outras pessoas na cama; em segundo, para ter alguma privacidade; em terceiro, para que seus filhos aprendam a bater na porta antes de entrar num quarto; e, em quarto, porque você estará acordado quando for levá-los de volta à cama. Mas, em algumas ocasiões, abrimos a porta do nosso quarto, de manhã, e tropeçamos em um dos filhos, que havia estendido um saco de dormir junto ao batente e passou a noite ali, acampado no corredor.

Devemos fazer exceções? Às vezes, quando nossos filhos estavam doentes, eles dormiam em nossa cama ou um de nós dormia junto a eles. Quando eram pequenos, na maioria dos sábados, de manhã, eles se amontoavam em nossa cama e ficávamos por algum tempo ali, lendo em silêncio ou fazendo algum tipo de bagunça juntos. Uma vez ou outra, depois de uma semana cansativa, nos reuníamos todos na sala de estar, comendo algum petisco, e caíamos no sono enquanto assistíamos a um bom filme, às vezes acordando no meio da noite para irmos cada um para a própria cama, às vezes não.

## A Rotina da Hora de Dormir

As rotinas da hora de dormir também devem ser peculiares a cada família. Os filhos contam com algum tipo de estabilidade e organização. Basicamente, eles precisam cuidar da higiene pessoal (lavar o rosto e as mãos, tomar banho, se quiserem, escovar os dentes, ir ao banheiro, se necessário — normalmente é aconselhável), vestir o pijama, fazer alguma coisa que acalme, para relaxar (cantar, contar histórias, ler, receber uma massagem), diminuir ou apagar as luzes (algumas crianças não se importam de dormir no escuro, outras precisam de um pouco de luz) e dormir.

Se você praticar a rotina com seus filhos à medida que eles crescem, cada vez mais eles serão capazes de cuidar dela sozinhos, adquirindo bons hábitos mentais e físicos enquanto se tornam mais independentes. Quando nossos filhos eram bebês, nós escovávamos a gengiva deles, depois os dentes. Por volta dos dois anos, eles quiseram escovar os dentes sozinhos. "Muito bem, deixe-me escová-los primeiro, depois você pode terminar." Quando eles foram ficando maiores, dizíamos o seguinte: "Vou escovar os meus, e você escova os seus, durante três minutos." Então, pedi ao dentista tabletes de carbono vermelho para que, uma vez por semana, eles pudessem checar por si mesmos se estavam escovando direito os dentes — qualquer marca vermelha nos dentes e você perdia um ponto.

Ensinar os filhos a escovar os dentes é como ensinar-lhes a fazer qualquer outra coisa:

1. Dê o exemplo;
2. Faça junto com eles;
3. Ensine-os a fazer sozinhos;
4. Deixe-os fazer sozinhos e assumir a responsabilidade.

(Outra vantagem de você escovar seus dentes junto com eles é que assim você não terá vontade de sair para comprar escondido seu chocolate noturno.)

## Contar Histórias

A hora de dormir é o momento ideal para você atrair seus filhos para os livros, encantá-los com efeitos sonoros animados e transmitir-lhes as tradições familiares contando-lhes histórias. Meus três filhos adoravam que o pai lhes contasse maravilhosas histórias inventadas, com personagens malucos dos quais eles se lembram até hoje. Eles gostavam que eu lesse para eles suas histórias favoritas, interpretando cada personagem com sua voz e personalidade características. A avó também lhes contava antigas histórias da sua infância.

Quando eu precisava viajar, antes de sair costumava deixar gravada uma história para as crianças; elas podiam escolher entre as histórias do pai, "ao vivo", ou as minhas, em fita. Você também pode gravar umas fitas suas. Quando deixar seus filhos com uma babá, grave uma história com a sua voz, com todos os efeitos sonoros, acrescentando, se quiser, alguns comentários relativos à rotina da hora de dormir, para ajudar a babá e também os seus filhos: "E agora está na hora de abraçar o ursinho; a babá vai diminuir as luzes e sentar-se na cadeira de balanço, ao lado da sua cama, até que você durma."

## Massagem, o Toque que Acaricia

*O toque é a mais íntima de nossas sensações, e, quando estendemos a mão para os outros, a mensagem é clara: eu estou aqui, bem perto, e me importo com você. É uma pena que muitos de nós esperem a vida inteira para descobrir esse poder milagroso.*

— Leo Buscaglia, Bus 9 To Paradise

O toque é imprescindível à união humana. Todos nós, não importa nossa idade, precisamos tocar e ser tocados. O estímulo da pele, ou a falta dele, pode ter efeitos profundos em nosso bem-estar físico e mental.

As crianças adoram ser massageadas e acariciadas, em suaves movimentos circulares, no corpo inteiro. Os bebês e as crianças mais velhas gostam que lhes massageiem a cabeça, as costas, os braços, as pernas e os pés. Se você tem um filho muito ativo, com dificuldade de se acalmar na hora de dormir, experimente dar-lhe um banho morno, enxugá-lo com suavidade com uma toalha aquecida, carregá-lo para a cama e esfregar-lhe firmemente a sola dos pés. Os chineses conhecem a importância da massagem dos pés desde tempos muito antigos, e têm o seguinte provérbio: embora os olhos sejam as janelas da alma, os pés são a porta de entrada do corpo. Esfregar firmemente os pés de seu filho terá dois efeitos: relaxá-lo e mantê-lo na cama.

Se você tocar seu filho de maneira carinhosa e protetora, ele captará a mensagem de que o corpo dele é bom. Os toques carinhosos — massagem, cócegas suaves ou abraços — comunicam sua aceitação do corpo de seu filho. Ele aprenderá a se aceitar também. E seu respeito pelos limites dele — não lhe fazendo cócegas nem o abraçando se ele não estiver de bom humor para isso — o ajudará a reconhecer esses limites e a entender que eles serão respeitados e que ele tem um direito absoluto sobre o próprio corpo. Às vezes, é mais difícil abraçar os filhos quando eles mais precisam disso: quando estão irritados. Se uma criança está dando sinais de frustração ou cansaço, muitas vezes a coisa mais relaxante e útil que você pode fazer é envolvê-la num abraço carinhoso mas firme. Assim, ela compreende a mensagem de aceitação, por meio do corpo, que corta imediatamente a manifestação de irritação.

Muitos pais, por terem crescido numa família em que o toque era tabu ou em que não eram respeitados os limites físicos, resistem a ser tocados. Infelizmente, eles perderam uma das formas mais elementares de carinho e precisam aprender a tocar seus filhos regularmente, de uma maneira natural e saudável. Se abraçarmos e massagearmos nossos filhos na hora de dormir, quando forem adultos eles irão encarar o toque como algo natural. E existe um benefício adicional: o toque carinhoso tem efeitos recíprocos, e o contato físico com nossos filhos também nos dá prazer.

## Pesadelos, Bicho-papão e Monstros

Depois que eles passam a dormir sem problemas, nós podemos nos sentar e relaxar... talvez. Quando as crianças têm pesadelos ("Papai, papai, tem um urso me perseguindo, estou com medo"), é hora de começar a ensinar-lhes como lidar com os sonhos. Os sonhos têm influência em toda a nossa vida. Quando meus filhos têm pesadelos, costumo abraçá-los e fazê-los sentir-se seguros. Então digo: "Quer saber de uma coisa? Os sonhos são fantásticos porque, mentalmente, você é capaz de realizar coisas que talvez nunca consiga fazer quando está acordado. Uma delas é correr mais rápido do que qualquer urso do mundo inteiro; outra é poder criar uma árvore que nenhum urso consegue escalar. E no sonho você pode se virar para qualquer urso e dizer: 'Oi, urso. Eu gostaria de ser seu amigo.' "

Uma coisa que não se deve dizer às crianças é que, se elas não dormirem, o bicho-papão virá pegá-las, ou que, se saírem da cama, sairão monstros do armário para agarrá-las, ou que os sonhos delas não são reais. O bicho-papão não virá pegá-las, não há nenhum monstro no armário pronto para agarrá-las e os sonhos *são* reais. Dizer às crianças que os sonhos não são reais é um insulto à inteligência delas.

O filho de três anos de um amigo meu estava tendo pesadelos. Ele disse ao filho: "Joel, sei que os sonhos podem ser assustadores. Às vezes tenho sonhos assustadores também, mas sei que sempre vou acordar depois." Isso não bastou para Joel. Ele resolveu o assunto sozinho. Um dia, os pais o viram amarrando e esticando cuidadosamente um fio que ia de baixo da escada até em cima, passando pelo canto, seguindo pelo corredor e indo até o quarto, onde ele amarrou o fio à cama. Por fim, meu amigo perguntou ao filho o que ele estava fazendo. "É armadilha de sonho. Assim vou saber quando eles estarão subindo os degraus. Agora não vão mais me pegar." Os pesadelos pararam logo depois disso; é claro que os sonhos não se interromperam. Mas ele já não precisava da armadilha de sonho, porque a maioria dos sonhos não era mais tão assustadora.

Se formos receptivos em relação aos sonhos, medos e pesadelos de nossos filhos da mesma maneira que nos comportamos perante todas as suas experiências emocionais, e se tratarmos essas experiências com respeito e ensinarmos aos filhos como controlá-las, essa capacidade as acompanhará pelo resto da vida.

## Terrores Noturnos Não São Pesadelos Terríveis

Os terrores noturnos estão muito longe (tanto literal quanto figurativamente) dos pesadelos. Por volta dos dois anos de idade, depois de um dia estressante ou conflituoso, seu filho talvez comece a se revirar na cama de um lado para o outro, gritando incontrolavelmente, embora permaneça o tempo todo num sono profundo. O grito fará você ir correndo ao quarto dele. Ao chegar à porta, respire fundo e se acalme antes de se aproximar da criança. A última coisa de que seu filho precisa é ser acordado de um pesadelo e ver seu pai ou sua mãe aterrorizados à frente dele. Depois de se recompor, sacuda seu filho com delicadeza até acordá-lo e assegure-lhe que está tudo bem e que você ficará ali até ele dormir de novo. Ele provavelmente não se lembrará do incidente, e você talvez nunca o esqueça.

A hora de dormir é um momento especial, um momento de transição. É uma oportunidade de encerrar um dia e se preparar para o seguinte. É um delicado ponto de mutação no ritmo natural que dá sustentação e significado à vida. Da mesma maneira que as estações, os feriados e as comemorações marcam o andamento natural dos anos, a hora de dormir também marca a passagem dos dias. Com cuidado, paciência e consciência das necessidades de nossos filhos, cada hora de dormir pode ser uma celebração de amor e vida.

*Dormindo, nos recriamos e renovamos.*

— LEO BUSCAGLIA

## Capítulo 13

# Pronto, Sente-se, Faça — Como Ensinar os Filhos Pequenos a Usar o Banheiro

Quando você precisa ir, você precisa ir.

— ANNIE, EM LITTLE ORPHAN ANNIE

Na época em que seu filho sai da primeira infância e se aproxima dos terríveis dois anos de idade, afirmando sua identidade de várias maneiras, algumas bastante criativas, outras não tão construtivas assim, seus vizinhos e parentes começam a perguntar quando você vai ensiná-lo a usar o banheiro sozinho. Ontem mesmo ele não abriu a boca quando você tentou entrar com o avião-colher cheio de ervilhas no hangar; ele teve um acesso de raiva quando você não deixou que ele guardasse o sanduíche no videocassete; e pôs o ursinho dentro do vaso sanitário para nadar. Hoje ele ficou frustrado porque não conseguiu tirar os sapatos sozinho, teimou em abrir a tampa do pote de manteiga de amendoim sem nenhuma ajuda e praticou dizer não em toda oportunidade que teve, orgulhando-se do poder que essa simples palavra lhe dava. Você está pronto a encarar o desafio? E, mais importante ainda, seu filho está? Todas as ações que acabei de descrever são exemplos das tentativas de seu filho de assumir o controle total do próprio corpo. Quando ele aprender a usar o banheiro, será a primeira vez que realmente terá esse controle.

## Quem Está Aprendendo a Usar o Banheiro, Afinal?

### Abordagem "Parede de Tijolos"

Os pais "parede de tijolos", a exemplo dos demais setores da vida de seus filhos, assumem a responsabilidade pelo aprendizado do uso do banheiro. Geralmente, eles querem iniciar o processo antes de a criança estar fisicamente pronta. O filho aprendeu a agradar em todos os outros setores da vida e tentará obter a aprovação dos pais sendo bem-sucedido no banheiro, mas depois de vários acidentes talvez fique frustrado ou resistente, sentindo-se fracassado ou se recusando a sentar-se no vaso. É possível que você ouça um orgulhoso pai "parede de tijolos" gabar-se de que o filho aprendeu aos dez meses de idade. Ele sentava o filho no vaso a cada dez minutos. Seria o caso de perguntar: quem estava aprendendo a usar o vaso, o pai ou o filho?

Para ter um bom desempenho, a criança recebe todo tipo de pressão, seja na forma de recompensas palpáveis, seja como castigos pelos erros. Entre as recompensas, incluem-se:

"Faça no vaso e você ganhará um chocolate."
"Se você ficar com a calça seca durante toda a semana, eu o levarei à sorveteria."

Entre os castigos, destacam-se:

"Seu feio! Não gosto de meninos que fazem xixi na calça!" *(ofensa emocional)*
"Meninas grandes não urinam na calça." *(desaprovação verbal)*
"Você vai ter de usar fraldas como um bebê." *(humilhação)*
"Jimmy e Melanie não fazem mais xixi na calça. Por que você não pode ser um menino grande como eles?" *(comparação)*
"Não quero lhe dar um abraço — você fez xixi na calça." *(recusa de amor e afeto)*
"Você não pode se levantar enquanto não fizer. Vou deixar você aí até fazer alguma coisa. Não agüento mais trocar suas calças toda hora. Se não fizer aí no vaso ou fizer fora dele, vai apanhar." *(ameaça de castigo físico)*

Os pais "parede de tijolos" despejam uma ladainha de ordens, e o filho pode escolher entre agradar ou resistir. De qualquer modo, o filho perde e no fim capta a mensagem: *Não tenho controle sobre as funções de meu próprio corpo.* A coisa poderá se complicar se os pais e o filho entrarem em choque por causa do aprendizado do uso do banheiro. Talvez o filho se recuse a evacuar e fique com prisão de ventre. E, de repente, ele vê seu corpo sendo invadido por clísteres, supositórios e laxantes. A tensão por procurar ter um desempenho perfeito perante os pais pode deixar o filho mais nervoso, assustado e temeroso, o que, em conjunto, talvez resulte em intestino solto, quase impossível de controlar, e o ciclo de fracasso, vergonha e mágoa continua.

## O Aborrecido Aprendizado do Uso do Banheiro — A Abordagem "Água-viva"

Os pais "água-viva" têm uma atitude de *laissez-faire* em relação a todo o processo. Eles dão pouca ou nenhuma informação ao filho sobre como o corpo funciona. Os pais não percebem que o filho pode estar pronto para aprender aos dois anos de idade, porque nem se preocupam em notar os sinais, não têm energia ou paciência para estruturar a tarefa para a criança ou simplesmente não estão presentes para proporcionar a estabilidade, a estrutura, o apoio e a orientação necessários. Só quando a diretora da pré-escola avisa que a criança não pode freqüentar as aulas até que tenha aprendido a usar o banheiro é que esses pais começam a se preocupar com o assunto. Por não saberem por onde começar ou não querer se incomodar, alguns pais "água-viva" transferem a incumbência de ensinar os filhos a usar o banheiro para uma empregada ou babá, pondo fraldas no filho nos fins de semana e deixando com a babá, no começo da semana, uma sacola com calças próprias para esse treinamento.

A instabilidade só prolonga o processo do treinamento. Às vezes o filho é lembrado de ir ao banheiro, outras não; ou lhe dizem para controlar a vontade de urinar até chegar em casa ou falam para fazer na fralda mesmo, quando não é conveniente procurar um banheiro. Os pais "água-viva" do tipo A não só são incoerentes como dão mensagens contraditórias. Num dia, é certo ou mesmo engraçado que o filho tente, sem sucesso, chegar a tempo ao banheiro; no outro, os pais têm acessos de raiva e castigam severamente o filho por ter molhado as calças enquanto brincava no parque.

Os filhos de pais "água-viva" e "parede de tijolos" acabarão aprendendo a usar o banheiro, mas a um preço talvez muito alto. As crianças poderão sentir-se impotentes, mal-amadas, inseguras, humilhadas e confusas, e esses sentimentos terão influência em outros setores da vida delas. Em nenhuma dessas famílias as crianças aprendem que têm controle sobre o próprio corpo.

## Os Três Ps do Aprendizado do Uso do Banheiro: Preparo, Prática, Paciência — A Abordagem "Espinha Dorsal"

Os pais "espinha dorsal" deixam que o filho tenha o total controle das funções de seu corpo e dirija o treinamento de acordo com sua própria velocidade de aprendizado. Os pais propõem uma rotina flexível, são positivos e desinteressados quanto a essa rotina, esperam que ocorram erros e os encaram como oportunidades para aprender, têm uma atitude tranqüila e estão disponíveis para ajudar. O filho não se preocupa demais com a expectativa e os comentários dos adultos. O modelo "espinha dorsal" empregado são os Três Ps.

## PREPARO

Você e seu filho precisam estar prontos para assumir a tarefa do aprendizado do uso do banheiro. Você deve estar disposto e ser capaz de dedicar a seu filho o tempo, a paciência e o incentivo que ele vai precisar de você. E você tem de saber por que o está ajudando. Será porque você está cansado de trocar fraldas, porque a escola não o aceitará a menos que ele saiba usar o banheiro, ou porque o filho dos seus vizinhos já deixou de usar fraldas há meses? Se for por uma dessas razões, espere um pouco e pense de novo. Esses motivos poderiam influenciá-lo, mas a verdadeira pergunta é: você está pronto para ajudar seu filho porque ele está pronto para ser ajudado?

Eis três dicas para você saber se ele está pronto:

1. *Desenvolvimento físico.* A grande maioria das crianças está fisicamente apta entre as idades de dezoito meses e dois anos e meio, embora em algumas crianças com desenvolvimento normal isso possa ocorrer mais tarde, entre três anos e meio e quatro anos. Os sinais básicos de que a criança está fisicamente apta são que as evacuações intestinais tornam-se bastante regulares; ela tem plena consciência de quando está urinando ou de quando está para ter uma evacuação intestinal; e é capaz de ficar seca durante longos períodos no decorrer do dia.
2. *Vontade de aprender a usar o banheiro.* A criança pode estar fisicamente apta mas não ter nenhum interesse em aprender a usar o banheiro aos dezoito meses de idade, embora aos dois anos e meio demonstre uma grande vontade de usar roupa íntima estampada com figuras, como os amigos. Um bom indício de que ela está pronta para aprender é quando pede que lhe troquem a fralda imediatamente após ter urinado ou ter tido uma evacuação intestinal.
3. *Capacidade de se comunicar com você.* Embora não seja necessário ao sucesso do treinamento para usar o banheiro, será melhor se a criança puder lhe dizer verbalmente quais são suas necessidades. ("Quero fazer cocô." "Fiz xixi." "Quero fazer agora.") Ela também consegue entender orientações simples. Depois de trabalhar com crianças deficientes, aprendi que as crianças que ainda não sabem falar são capazes de comunicar, sem palavras, tudo o que for preciso para que o treinamento do uso do banheiro dê certo.

Se algum desses itens falhar, não existe coerção, promessa de doces, ameaças ou livros sobre o assunto que façam a criança aprender. Se ela estiver disposta a aprender e conseguir verbalizar suas necessidades, embora não esteja fisicamente pronta, poderá tentar várias vezes correr ao banheiro sem fazer na calça, mas, enquanto o corpo não estiver pronto, ela não conseguirá e provavelmente se sentirá muito frustrada, o que talvez a leve a desistir e se recusar a tentar de novo, mesmo quando o corpo estiver pronto. Os nervos e os músculos que controlam a evacuação voluntária precisam ser desenvolvidos, mas, se ela ficar chateada porque o irmãozinho mais novo está monopolizando o trocador de fraldas, o berço e a atenção dos pais, provavelmente não será uma boa idéia começar a ensiná-la a usar o banheiro, mesmo que a escola em que você pretendia matriculá-la exija isso.

Quando os três itens forem satisfeitos ao mesmo tempo, você e seu filho estarão prontos para embarcar na aventura do aprendizado do uso do banheiro. Depois desses itens, vêm os instrumentos auxiliares.

O instrumento número um é um vasinho especial só para a criança; isso torna bem mais fácil para ela sentar-se e levantar-se o tempo todo e é menos intimidador que o vaso sanitário comum. Seu filho talvez goste de sentar-se no banheiro em seu vasinho, ao seu lado, com você sentado no assento maior, ambos "lendo" sua revista ou livro. Deixe-o brincar com o vaso dele até ele se acostumar. No princípio, é possível que o ursinho passe mais tempo sentado ali do que o seu filho.

O instrumento número dois são as calças confortáveis, fáceis de pôr e tirar. As de algodão recobertas de plástico com fecho de velcro são práticas para o seu filho usar e fáceis de tirar quando ocorrer um "acidente". O importante é que a calça seja protegida com plástico e fácil de tirar e abrir para limpar, quando necessário.

O instrumento número três é uma grande quantidade de papel higiênico. Por alguma razão desconhecida, quando os filhos aprendem a usá-lo, costumam praticar enxugando praticamente todos os seus brinquedos estofados, além do banheiro inteiro. Quando eles aprenderem a urinar e evacuar no vaso, no princípio você vai ter de limpá-los, depois ajudá-los a se limpar e então, finalmente, deixar que o façam sozinhos. É importante ensinar as meninas a se enxugar da frente para trás, uma vez que as bactérias expelidas com a evacuação intestinal podem causar infecção, caso entrem na vagina.

O instrumento número quatro é um banquinho ou escadinha para eles usarem, primeiro para alcançar a pia e poder lavar as mãos, e depois para descansar os pés quando passarem a usar o vaso sanitário do banheiro.

O instrumento número cinco é um sortimento de fraldas. Sim, um sortimento de fraldas, apesar de você pensar que elas seriam dispensadas para sempre depois de iniciado o aprendizado do uso do banheiro. Algumas crianças mais velhas, uma vez que já estejam usando as calças plásticas, nunca voltam a precisar de fraldas, a não ser à noite. Outras acham que ainda não são capazes de controlar a bexiga e precisam voltar a usar fraldas, não como um castigo, mas como um intervalo no treinamento do uso do banheiro. Não há pressa; sempre é tempo de tentar de novo.

## PRÁTICA

Como ocorre com qualquer outra habilidade, a criança precisa de prática para aprender a controlar a bexiga e o intestino. Não existe uma maneira certa de fazer o treinamento. Você e seu filho podem descobrir juntos o que funciona melhor para vocês. O fundamental é você se lembrar sempre de que está ajudando seu filho a aprender a ter controle do corpo. As sugestões a seguir foram testadas várias vezes com crianças pequenas.

Quando a criança estiver seguindo você para todo lado, interessando-se por tudo o que você faz, leve-a com você ao banheiro e conte-lhe o que está fazendo. (Os meninos pequenos ficam muito interessados pela habilidade do pai em apontar e acertar um chumaço de papel higiênico no vaso e considerarão um grande passo quando conseguirem praticar com ele.) Ao trocar as fraldas, você poderá começar a ensinar à criança as palavras que ela usará mais tarde: "Jamie está molhada. Jamie fez cocô." Se ela estiver gemendo, fazendo força ou mancando, você pode comentar que parece que ela está tentando fazer cocô e perguntar se ela quer se sentar no vasinho. Deixe-a escolher se quer se sentar ou não. Lembre-se sempre de que o corpo é dela, e ela aprenderá a controlá-lo no momento certo e do jeito dela. Ela só precisa de sua ajuda, de orientação e apoio.

Se você prestar atenção aos sinais físicos e verbais de seu filho, logo perceberá que existe um ritual que se repete sempre e que lhe dará o indício de quando ele precisa ir ao banheiro. O ritual do seu próprio corpo também pode ser uma dica: quando você se levanta de manhã, depois do almoço, depois de uma soneca à tarde e antes de sair de casa para um passeio de carro. É importante levar seu filho a sério quando ele disser que precisa ir ao banheiro. As crianças que já andam conseguem se controlar por algum tempo; as menores não.

A companhia de outras crianças que já aprenderam e o hábito de vê-las usar o vaso às vezes ajuda a criança a entender o processo. Quando acontecerem acidentes, seu filho verá que eles podem acontecer com outras pessoas também; não é um grande problema; e sempre haverá uma nova calça seca para trocar. Todas as crianças fazem suas necessidades na calça, sem querer, em algum momento da primeira infância, e muitas vezes até depois, especialmente quando ocorre uma mudança importante na vida dela: um novo bebê, uma mudança de casa, um divórcio. Lembre-se: seus filhos estão aprendendo uma técnica, e não participando de uma competição em que terão de ser os vencedores.

O controle da bexiga normalmente acontece depois do controle da evacuação intestinal, e o controle durante o dia em geral ocorre antes do controle noturno. A incontinência urinária noturna (enurese) depois dos quatro ou cinco anos de idade pode dar origem a conflitos, sentimento de culpa ou vergonha, tanto por parte dos pais quanto da criança. Os pais talvez sintam necessidade de castigar ou recompensar o filho para que ele se controle à noite (é mais comum entre os meninos do que entre as meninas). Nada disso adiantará, e ainda pode levar o filho a dizer que não se importa ou a tentar esconder os lençóis molhados. O dr. T. Berry Brazelton, um pediatra notável, dá a melhor recomendação que já vi, em seu livro *Touchpoints: The Essential Reference:*

> No caso da incontinência urinária (...) o que está em jogo é a necessidade de a criança tornar-se independente em seu próprio ritmo. Embora as razões possam ser fisiológicas, como a bexiga imatura que se esvazia com freqüência ou o sono muito profundo (resultado de um sistema de alerta imaturo), a questão é quem controlará a situação. Ao mesmo tempo que os pais e os médicos começam a pesquisar motivos e a instituir medidas (como alarmes, castigos ou dispositivos de aviso que se desligam quando a criança molha a cama), a autonomia da criança e sua necessidade de controle se perdem. A criança se vê como um fracasso — imatura, culpada e desesperada. O prejuízo dessa imagem de si mesma no futuro será maior do que os próprios sintomas.

Hoje em dia, já existem à venda no mercado proteções especiais para usar à noite, e você pode comprá-las se tiver um filho de quatro ou cinco anos (ou mais velho) que ainda urina na cama e quer dormir uma noite na casa de um amigo, mas está com medo, pois ficaria envergonhado se isso acontecesse. Na verdade, não vejo nada de errado em que seu filho use algum tipo de proteção, todas as noites, até a bexiga dele amadurecer. A proteção é usada dentro da roupa íntima e tem um tecido que absorve a urina; não é nenhuma fralda vultosa, não vaza e não libera um odor característico; e seu filho pode ficar com a consciência tranqüila. A vovó ou o vovô talvez se lembrem de que, no seu tempo, também dependiam de um tipo de proteção semelhante.

Ao contrário do que afirmam algumas publicações populares, o treinamento do uso do banheiro não pode ser feito num dia. Se você esperar o tempo suficiente para colocar uma calcinha de "mulher" na sua filha pequena, ela a manterá seca desde o primeiro dia. Na verdade, ela deve ter passado por todas as outras etapas ao longo de meses. Em geral, o segundo e o terceiro filhos aprendem mais depressa que o primeiro, simplesmente porque têm mais modelos para imitar.

Seguir o exemplo, praticar tentativa e erro, imitar e ter senso de humor são as chaves do sucesso. Dar adeusinho à evacuação intestinal no vaso ao puxar a descarga, brincar de acertar as bolinhas de papel no vaso e cantar canções alusivas podem tornar o aprendizado ainda mais divertido e eficaz.

## PACIÊNCIA

*Paciência:* "O poder ou a capacidade de suportar sem reclamação algo difícil." É preciso paciência para interromper o telefonema de um amigo que você não vê há muito tempo para ajudar seu filho a se sentar no vasinho sanitário, só para ouvi-lo dizer: "Acho que ainda não estava na hora." É necessário mais paciência para ajudá-lo a se enxugar quando ele molhar a calça três minutos depois de ter afirmado enfaticamente que não precisava ir ao banheiro antes de entrar no carro. E paciência extra para agüentar todos os adultos dando palpites porque seu filho ainda não aprendeu direito a usar o banheiro aos dois anos e meio. Mas cada demonstração de paciência de sua parte valerá a pena.

Quando você e seu filho embarcarem na aventura do aprendizado do uso do banheiro, graças à sua vontade de estabelecer uma estrutura "espinha dorsal" de preparo, prática e paciência, ele começará a se ver como uma pessoa competente, diligente e responsável que está aprendendo a tratar o próprio corpo com dignidade e respeito.

> *Relaxe. Muitas mães e muitos pais ficam preocupados, pensando que ensinar o controle do intestino e da bexiga aos filhos implica uma relação misteriosamente poderosa entre pais e filhos, com todos os tipos de armadilhas inesperadas, que podem levar a bloqueios e neuroses. Mas, na realidade, aprender a usar o banheiro não é diferente de qualquer outra experiência de aprendizado da infância — como usar o garfo ou abotoar a camisa — que requeira uma combinação de coordenação mental e muscular.*
>
> — ALISON MACK, TOILET LEARNING

## *Capítulo 14*

# Sexualidade Não é uma Palavra de Quatro Letras

> Se ao menos pudéssemos aceitar a naturalidade inerente ao nosso sistema sexual, como fazemos com o sistema digestivo e a evacuação, estaríamos aptos a formar crianças sexualmente saudáveis.
>
> — LYNN LEIGHT, R. N. RAISING SEXUALLY HEALTHY CHILDREN

O filho de sete anos entra correndo na cozinha e pergunta: "Mamãe, de onde eu vim?" A mãe, derrubando dentro da pia o prato que lavava, vira-se para o garoto e pede a ele para sentar-se à mesa da cozinha que ela responderia já, já à pergunta. Meio nervosa e um tanto irritada, a mãe corre até o quarto e puxa dois livros da estante. O pai prometera comentar os livros com o filho no último acampamento que fizeram juntos; mas, agora, parece que caberá a ela essa tarefa. Enquanto a mãe coloca os livros cuidadosamente na mesa da cozinha, o menino, ansioso por voltar para o quintal e continuar a brincar, dá uma olhada nas capas e abana a cabeça. "Papai já me mostrou esses livros no último acampamento que fizemos. Só queria saber de onde eu vim. Eu me esqueci, é Nova York ou Nova Jersey?"

Muitos de nós ficam pouco à vontade para falar com os filhos sobre sexualidade em geral e sexo em particular, em parte porque nossos pais não nos disseram nada sobre o assunto, ou disseram muito pouco e esperaram que obtivéssemos a informação necessária na escola. E você e eu sabemos como costumavam nos informar mal. São as cegonhas que trazem os bebês? Os pássaros e as abelhas fazem isso — fazem o quê? As meninas ruins fazem isso, as meninas boas não fazem. Quem de nós, mulheres, não teve uma amiga que pensou que não poderia engravidar da "primeira vez" ou se ela estivesse menstruada, ou então que bastava ficar de pé, e depois descobriu que recebera as informações erradas? Mas como ela poderia saber? Ou quem de vocês, homens, não conheceu meninos que pensavam que cresceriam pêlos na mão se eles se masturbassem, e então o mundo inteiro descobriria que eles tinham feito aquela coisa feia? Uma menina que achou que estava com uma hemorragia quando teve seu primeiro período de menstruação; um menino que ficou com medo de estar perdendo o controle da bexiga quando teve sua primeira ejaculação noturna.

As crianças aprendem sobre a sexualidade mesmo que não as ensinemos. Mas, geralmente, o que elas aprendem são informações e interpretações erradas, exageros e noções distorcidas sobre o próprio corpo e o corpo das pessoas do sexo oposto. Se evitarmos comentar sobre a sexualidade com nossos filhos, estaremos dando a eles mensagens sutis e não muito saudáveis: "Isso está fora dos limites, não pergunte, não questione, não olhe, encontre a resposta em outro lugar."

Se quisermos ser os primeiros a ensinar sobre sexualidade aos nossos filhos, é imprescindível que comecemos a falar abertamente sobre o assunto enquanto eles ainda são bem pequenos, de modo a criar um padrão positivo de comunicação antes que as mudanças hormonais da puberdade afetem os pensamentos e os sentimentos deles sobre a própria sexualidade. Ao compreender que a sexualidade é muito mais do que sexo, nós, como pais, podemos informar a eles, com mensagens verbais e não-verbais, que a sexualidade é uma parte maravilhosa do ser como um todo, e não apenas aquilo que fazemos com os órgãos genitais. Nossas ações e expressões, nossas emoções, o modo como tratamos nosso corpo e o de nossos filhos, a maneira como respondemos aos seus apelos e reagimos às funções básicas do corpo deles — tudo isso ajuda as crianças a desenvolver atitudes saudáveis em relação à própria sexualidade, e também ajuda a criar um ambiente favorável para que elas possam conhecer o próprio corpo e fazer perguntas.

Os três tipos de família tratam as questões relativas à sexualidade de maneiras previsivelmente diferentes.

## Não Faça Isso, É Melhor Não Fazer Aquilo, Não se Atreva (Repreensões de Pais "Parede de Tijolos")

Os pais "parede de tijolos" usam principalmente mensagens do tipo negativo, impõem verdades absolutas e instilam um sentimento de vergonha sobre a atividade sexual: "Não toque, senão ele vai cair!" "Você sujou suas calças, seu safado!" "Todos os meses você terá essa maldição." "Não toque. É nojento." "Boas meninas não fazem isso." "Quando você tiver idade suficiente, procuraremos o padre, e ele vai falar com você sobre isso." "O sexo é uma coisa pela qual todos nós temos de passar. Você não precisa gostar, só precisa agüentar."

Geralmente, existe um "silêncio sagrado" ao redor dos assuntos sexuais, e as crianças captam a mensagem de que não devem fazer nenhuma pergunta a respeito. Em vez de ganhar uma compreensão sobre o que acontece consigo e com os parceiros do sexo oposto, elas permanecem temerosas e ignorantes. Um dos inconvenientes de reter a informação é que isso, em vez de manter as crianças longe da atividade sexual, muitas vezes ocasiona o contrário.

> *Pesquisas recentes indicam que crianças bem-informadas e que se sentem à vontade para falar com os pais sobre a sexualidade têm menos probabilidade de manter relações sexuais quando são adolescentes. O conhecimento não leva ao comportamento inadequado; a ignorância sim.*
>
> — Barbara Jones, The Stork Didn't Bring You

Eu já trabalhei com muitas adolescentes grávidas, mas nunca vi nenhuma que tivesse recebido informação. Isso simplesmente não acontece. As crianças têm menos probabilidade de ter relações sexuais na adolescência (e como resultado engravidar e/ou contrair uma doença sexualmente transmissível) quando são bem-informadas, comunicam-se abertamente com os pais e percebem que eles se relacionam sexualmente de maneira saudável.

## Espero que Nada de Mau Aconteça (Abordagem dos Pais "Água-viva")

A atitude de *laissez-faire* dos pais "água-viva" em relação à vida caracteriza as informações que eles transmitem sobre a sexualidade. Eles esperam que a escola, os amigos, a televisão, os livros ou o clero ensinem a seus filhos o que eles, como pais, não podem, não querem ou não sabem ensinar. Os pais "água-viva" radicais não têm limites ou fronteiras na expressão da própria sexualidade. Dão exemplo de promiscuidade e expõem os filhos pequenos a uma abundância de informação sexual que estes não estão prontos para entender ou que é perversa e degradante: "Não fará mal a ele assistir a esse filme. Eu vi uma porção de filmes assim e não me fizeram mal." "Sem dúvida, deixo essas revistas por aí. Elas são boas para ensinar às crianças tudo aquilo que elas não querem nos perguntar." "Quero que ela seja popular."

Em vez de adquirir uma compreensão saudável da própria sexualidade, as crianças de lares "água-viva" vêem o sexo como um instrumento para conseguir alguma coisa. As informações que elas têm sobre o próprio corpo são distorcidas, e os limites do comportamento sexual adequado e saudável simplesmente não existem.

Nos dois tipos de família "água-viva", os filhos não são capazes de fazer perguntas, de aprender a estabelecer limites para si mesmos nem de explorar a própria sexualidade num contexto de consciência do valor e da dignidade do próprio corpo e do corpo dos outros. É fácil para essas crianças sucumbir à pressão dos colegas. ("Todo mundo está fazendo isso." "Prove que você me ama." "Não acredite no que seus pais lhe dizem. Eles só não querem que você se divirta." "Confie em mim, você não vai ficar grávida.")

Também é mais fácil para elas sucumbir a uma coisa que é mais devastadora do que ceder à pressão dos colegas.

> *Muitos adolescentes americanos enfrentam índices cada vez maiores de morbidez associada à ignorância sexual, a decisões erradas e à educação inadequada sobre a sexualidade. Mais de 1 milhão de mulheres adolescentes engravidam a cada ano. Anualmente, um em cada sete adolescentes contraem uma doença sexualmente transmissível. Um em cada quinhentos universitários americanos é infectado com o HIV.*
>
> — Dr. Robert W. Blum, Ph.D.,
> Presidente da Society for Adolescent Medicine

## O Começo de um Relacionamento Maravilhoso

Os pais "espinha dorsal" começam a estabelecer uma base sólida para a formação de crianças sexualmente saudáveis antes mesmo de os filhos nascerem, entendendo a própria sexualidade e como ela é parte integrante de seus valores, de sua moral, de suas emoções e de sua sensibilidade sexual. (Falar é fácil, fazer é que são elas! No entanto, nunca é tarde para começar, agora mesmo, mesmo que seus filhos já estejam chegando à puberdade.) Essa forte consciência permite aos pais "espinha dorsal" enaltecer as boas qualidades dos meninos e das meninas sem estereotipar os papéis sexuais de cada filho. Ela também se torna um modelo para as crianças imitarem. Tratar o próprio corpo, o corpo do cônjuge e o dos filhos com dignidade e respeito é o início de uma relação vitalícia de confiança, cuidado e atenção.

## Curiosidade, Conforto e Palavras Corretas

À medida que seus filhos pequenos começam a localizar e a conhecer todas as partes do próprio corpo, estabeleça um canal aberto e honesto de comunicação usando os nomes formais de *todas* as partes do corpo. Isso também é mais difícil de fazer do que parece, uma vez que os maus exemplos se insinuam em nosso pobre vocabulário. ("Aqui estão seus olhos, suas orelhas, seu nariz, seu cotovelo, seu joelho, seu tornozelo e seu pipi?!") Por incrível que pareça, existem inúmeras expressões da gíria para pênis e outras tantas para seios, mas nenhuma para tornozelo. Essa constatação revela mais sobre a atitude cultural em relação à sexualidade do que sobre a falta de criatividade no que se refere aos tornozelos. Os termos da gíria, ao contrário dos nomes formais, sugerem algo misterioso, secreto, antinatural, proibido ou sujo. O uso da gíria nos permite contornar o assunto da sexualidade em vez de falar diretamente sobre os órgãos sexuais e suas funções.

Evitar os nomes formais também pode resultar em confusão e apreensão: "O bebê está crescendo na barriga da mamãe." Ontem mesmo você disse ao seu filho de quatro anos que o espaguete que ele comeu foi para a barriga. Agora ele forma uma imagem mental do espaguete e do bebê misturados. As crianças precisam de uma linguagem direta: "O bebê está crescendo no *útero* da mamãe. O útero é um lugar especial que a mulher tem onde o bebê pode crescer até estar pronto para nascer." E se surgir uma oportunidade dessas à mesa do jantar, você não precisa aproveitar para aprofundar as informações: "Não, os meninos não têm útero. Você gostaria de ver um livro com figuras mostrando as partes especiais que você tem como menino?" (Se ele tem uma irmã, provavelmente já deve ter notado algumas diferenças anatômicas, e essa não será a primeira vez que o assunto surge, nem será a última.) As crianças de quatro anos precisam de informações específicas, não de uma longa explicação ilustrada.

Desde a mais tenra idade, meus filhos gostavam de ver um livro sobre esse assunto: *Where Did I Come From?* O fato de nós o deixarmos na estante junto com os outros livros passava a mensagem de que seu conteúdo era tão importante, normal e divertido de ler como, por exemplo, *O Gato de Botas*.

Uma menina de quatro anos disse à mãe, na fila do supermercado, que sua vagina estava coçando. Os adultos ao redor ofegaram. É bem melhor uma menina de quatro anos poder dizer que sua vagina está coçando do que, quando tiver trinta anos, comentar com o médico: "Está coçando lá embaixo." A maioria das crianças de quatro anos é capaz de se referir às histórias da televisão com os nomes mais complicados, às vezes em outros idiomas. E ainda assim achamos que elas não são capazes de dizer ou entender palavras como "útero", "grávida", "pênis" ou "clitóris".

As oportunidades para ensinar a seus filhos pequenos sobre sexualidade geralmente ocorrem em situações simples, comuns do cotidiano. A gata do vizinho teve uma ninhada de gatinhos; sua irmã teve um bebê; assuntos delicados surgem diante da família reunida à mesa de jantar ("Pai, o Joãozinho está se alisando por baixo da mesa... pensei que você tivesse dito a ele para, por favor, fazer isso em particular.") — todas as oportunidades são propícias para você transmitir conhecimento, valores e uma moral "espinha dorsal" a partir da qual seus filhos possam desenvolver um conceito próprio de si mesmos como seres sexuados.

## Latente Não Significa Inexistente

Durante os últimos anos da infância, às vezes chamado de período latente, as crianças estão mais interessadas nos fatos. Não querem saber de explicações complicadas e ilustradas sobre qualquer coisa que perguntem. (Lembre-se da fase dos porquês, quando você achava que seu filho o deixaria louco, com todas aquelas perguntas. Aquele tempo passou.) Agora, que as crianças ainda têm pouco interesse nos parceiros do sexo oposto, elas estão mais interessadas em aprender sobre o próprio corpo e em compará-lo com o dos parceiros do mesmo sexo. ("Mostre o seu, que eu mostro o meu.") No entanto, não é o momento de você deixar de dar informações corretas sobre a sexualidade. Manter o fluxo de informações durante esse período, embora possa parecer inoportuno no momento, é importante por duas razões.

Em primeiro lugar, porque a desinformação continua a fluir rápido como sempre no pátio da escola, nas ruas, na mídia e às vezes na cabeça de seu filho. Não relaxe ao pensar que, porque você já explicou o assunto, a escola ensinou ou seu filho viu na televisão, ele realmente entendeu tudo.

Roy Bonisteel, um comentarista de uma rede de televisão canadense, conta a história de dois meninos de seis anos que acharam uma nota de cinco dólares na calçada.

Um deles disse: "Oba, vamos lá comprar uns biscoitos, umas balas e tomar um sorvete."

O outro exclamou: "Ah, não, vamos comprar um Tampax."

"Tampax?"

"É! Com Tampax podemos montar a cavalo, escalar montanhas e nadar!"

Só porque eles ouviram dizer, isso não significa que entenderam o significado.

A segunda razão para manter o fluxo de informações, mesmo que seja você a fazer as perguntas, é que assim é mais provável que os canais de comunicação permaneçam abertos durante a próxima fase de desenvolvimento, que é bastante crítica.

## Os Pré-adolescentes e a Longa Viagem de Carro (Dos Nove aos Onze Anos)

O período latente terminou, mas mesmo assim os hormônios ainda não se manifestaram com toda a força. Está na hora de concentrar o interesse de seus pré-adolescentes no próprio corpo e nas mudanças que estão acontecendo e que afetam o corpo, a mente e as emoções deles. De todos os lados, eles recebem uma enxurrada de informações sobre sexualidade, sexo, amor, namoro, doenças e espinhas. Querem saber de tudo. Esse é o momento em que eles precisam conhecer os fatos detalhados sobre sexualidade, intimidade, namoro e doenças sexualmente transmissíveis. Quanto mais informações receberem a essa altura, mais serão capazes de tomar decisões responsáveis sobre a expressão de sua sexualidade, mais tarde.

A melhor maneira que conheço para começar a dar esse tipo de informação é entrar no carro com seus pré-adolescentes, fechar as portas e pegar a estrada rumo a uma cidade a cerca de uma hora e meia de viagem. Faça isso por três razões:

1. Nenhum de vocês pode saltar do carro na estrada.
2. Você não precisa olhar para eles. Olhando para a frente, você pode dizer: "Filho, eu preciso falar com você a respeito de sexo." "Ah, pai, eu sei tudo sobre isso." "Filho, eu quero lhe contar o que eu sei. Se eu disser alguma coisa errada, me corrija. Se eu deixar de falar alguma coisa, me diga." E só você continua falando.
3. Quando chegarem ao seu destino, sugiro que desçam e vão a um restaurante. A conversa terminou; vocês podem respirar fundo e saber que esse foi realmente o começo de muitas conversas mais extensas sobre o assunto.

Se o seu conhecimento sobre o assunto for escasso, vá a uma biblioteca ou livraria e procure livros e filmes que não só dêem informações precisas como também as apresentem de uma maneira que reproduza os valores que você gostaria de compartilhar com seus filhos. E examine também os que não coincidem com seus valores. Talvez eles sejam úteis para que você possa avaliar o tipo de informação que eles apresentam e assim analisar seus próprios valores, reafirmando-os ou questionando crenças antigas que não lhe servem mais nem servirão a seus filhos agora.

## A Fase "In" — Incapaz de Ser um Adulto, Incapaz de Ser uma Criança e Querendo Ser as Duas Coisas (Dos Doze aos Quinze Anos)

O impulso para separar-se dos pais é muito grande durante esses anos. Ao mesmo tempo, os adolescentes estarão procurando a aprovação, o apoio e a orientação deles. Eles querem ser tratados como adultos e se aborrecem quando se espera que ajam como tal; assim, eles abusam da paciência dos adultos mais capazes que estão à sua volta. Os nossos três filhos faziam "bico" nessa idade, mas, depois de sobrevivermos à passagem de Anna por essa fase, resignamo-nos diante do fato de que o mesmo aconteceria com Maria e Joe e que isso, também, acabaria passando.

Essa idade é marcada por hormônios furiosos e perguntas simples que têm respostas complicadas. Sua filha entra pela porta da frente, toda sorridente. Minutos depois, ela está no banheiro, chorando. Seu filho atende ao telefone com uma voz grave de tenor, e instantes depois desafina num agudo de soprano. Ele quer saber se essa distorção nunca vai desaparecer.

A grande pergunta feita pelas meninas e pelos meninos é: "Será que eu sou normal?" Olhando ao redor, eles vêem o corpo dos amigos se transformar. O corpo deles próprios está mudando, mas não no mesmo ritmo que o dos amigos. A única coisa que parece normal é que a voz e o corpo de todo mundo está mudando. Será bom para os seus filhos se você conversar com eles sobre essas fases de desenvolvimento *antes* que as mudanças comecem. E, por falar nisso, comente sobre as transformações pelas quais os parceiros do sexo oposto estarão passando também. Eles já devem ter reparado; mas você pode ajudá-los com informações *concretas*.

Seus filhos adolescentes provavelmente estarão preocupados com assuntos como apaixonar-se, festas, masturbação, homossexualismo, relação sexual, além de outros como polução noturna, menstruação e gravidez. Embora você já tenha tocado no assunto quando ele era pré-adolescente, agora ele quer informações mais detalhadas: "Será realmente amor?" "Estou apaixonado pelo meu professor de história, será que sou normal?" "Só os meninos podem se masturbar?" "Sinto-me atraído pelo meu melhor amigo, será que sou homossexual?" "Todos os meninos têm poluções noturnas?" "Como é que todas as meninas ficaram menstruadas e eu não?" "Uma menina pode engravidar na primeira vez que tiver uma relação sexual?"

As meninas tendem a manifestar o impulso de crescimento físico e sexual aos onze ou doze anos, os meninos aos catorze ou quinze, e o desenvolvimento emocional de ambos pode acontecer antes, depois ou simultaneamente ao impulso de crescimento físico. Não é de admirar que a pergunta mais premente seja: "Será que eu sou normal?"

## COMEMORE A CHEGADA DA PUBERDADE

Comemorar a puberdade? Por que não? Nós comemoramos quase todos os marcos na vida de nossos filhos: o primeiro dente, a primeira palavra, o primeiro aniversário, a primeira vez que eles andam de bicicleta sem as rodinhas de apoio, o primeiro diploma, a chegada a 1,5 metro de altura, o primeiro namoro, a primeira barba, a primeira vez que eles dirigem o carro sozinhos. Por que não comemorar a primeira menstruação de nossa filha e a primeira polução noturna de nosso filho? Muitas culturas e religiões têm comemorações ou ritos de passagem com os quais dão aos adolescentes as boas-vindas a um envolvimento mais maduro com a comunidade. (Não estou falando de iniciações ou rituais de trote para testar homens ou mulheres jovens em processos que muitas vezes lhes roubam o senso de dignidade e individualidade.)

Somos os pais de nossos filhos até que eles cheguem à puberdade. Quando eles chegam a essa fase, é hora de abandonarmos o papel de educadores e nos tornarmos seus mentores, seus conselheiros e um exemplo para eles. Se os orientarmos bem nos anos da adolescência, quando forem adultos eles poderão ser nossos amigos. (É possível que alguns de vocês ainda não sejam amigos dos seus pais. Eles ainda não pararam de educá-los.)

Quando nossos filhos alcançam o marco da entrada na puberdade e nós iniciamos nossa jornada como mentores, podemos começar com uma comemoração. Uma opção é ir com o filho adolescente a um restaurante para fazer uma refeição especial ou programar uma caminhada ou um passeio de bicicleta diferente, que inclua só vocês três: a mãe, o pai e o filho. (Se você e seu cônjuge se divorciaram mas têm boas relações, reúnam-se para comemorar com o filho. Caso contrário, comemorem individualmente. Os adolescentes precisam saber que a mãe e o pai têm conhecimento do que está acontecendo e estão dispostos a apoiá-los como seus conselheiros.) Você pode dar um presente especial ao seu filho, falando sobre a importância de chegar a esse ponto maravilhoso da vida. Lembre-o de que ele têm inúmeros direitos e uma enorme responsabilidade. Então reafirme que você estará ao lado dele para orientá-lo durante os excitantes anos da adolescência à medida que ele começar a entender e a explorar mais completamente a própria sexualidade.

## Sexo, Valores, Intimidade e Compromisso (Dos Dezesseis aos Dezenove Anos)

É durante esta fase que seus filhos adolescentes se encaminharão para a independência em todos os setores da vida. Eles já não vêem vocês como pais, mas os consideram como conselheiros e mentores no que se refere a assuntos como a responsabilidade e o respeito no comportamento sexual. Temas que foram abordados apenas superficialmente antes agora assumem o centro do cenário:

- Sexo — por que algo tão natural e bom é tão complicado?
- Abstinência — a única maneira segura de evitar a gravidez e as doenças sexualmente transmissíveis. Há outros benefícios?
- Exame ginecológico — o que vem a ser e quando se deve fazê-lo?
- A AIDS e outras doenças sexualmente transmissíveis — as causas, a prevenção, os sinais e os sintomas. Posso confiar nela se ela disser que sou o primeiro?
- Contracepção e sexo seguro — as duas coisas podem acontecer juntas?
- Amor e sexo — você pode se apaixonar sem ter relação sexual?
- Abuso sexual — o que é e como posso evitar?
- Intimidade e amizade — qual é a diferença entre ambos? É possível ter as duas coisas?

À medida que ficam adultos, os filhos vão assumindo plena responsabilidade por seu crescimento físico, espiritual, moral e sexual. Você permanecerá como um mentor, e então terá início o maravilhoso processo de tornar-se amigo deles.

*As crianças que se sentem amadas e queridas e têm a sorte de ter pais que se respeitam terão mais possibilidade de apresentar um desenvolvimento sexual saudável.*

— BARBARA JONES, THE STORK DIDN'T BRING YOU

# Epílogo

> Seus filhos não são seus filhos.
> São filhos e filhas da Vida querendo se manifestar.
> Eles vêm por meio de você, mas não vêm de você,
> E, embora estejam com você, ainda assim não lhe pertencem.
> Você pode lhes dar seu amor, mas não seus pensamentos,
> Porque eles têm os próprios pensamentos...
> Você pode se esforçar para ser como eles, mas não procure fazê-los iguais a você.
> Porque a vida não anda para trás nem fica parada.
>
> — Kahlil Gibran, O Profeta

Queridos pais,

Depois de serem atenciosos e coerentes... firmes e justos... de serem sinceros e verdadeiros e cumprirem o que prometeram fazer... de terem eliminado o sarcasmo, a ironia e o embaraço da conversa com seus filhos... e de terem desenvolvido uma estrutura "espinha dorsal" para a hora das refeições, a hora de dormir, as tarefas domésticas, as mesadas, as brigas — mesmo já estando totalmente exaustos, há uma coisa que vocês ainda podem fazer. Depois que seus filhos forem dormir, hoje à noite (é mais fácil quando eles estão dormindo), entrem no quarto deles, olhem para cada um, e lembrem a si mesmos que há algo que vocês e eu, como pais, não podemos fazer nem pensar em fazer se realmente refletirmos a respeito: é controlar a vontade de nossos filhos — aquele espírito que permite a eles ser alguém independente de você e de mim.

Nós não os pusemos no mundo para possuí-los, controlá-los, manipulá-los, nem mesmo para forçá-los a ter uma opinião. Como disse Kahlil Gibran, eles "são filhos e filhas da Vida querendo se manifestar". São dádivas para nós. Por mais que eles sejam diferentes e peculiares, ainda assim são dádivas para nós, e devemos tratá-los como tal. Temos de encorajar a nova geração a se tornar tudo aquilo que quiser, e não tentar forçá-la a ser o que nós queremos que ela seja. Ninguém se beneficiaria com esse pensamento estreito. Nem eu nem você podemos sequer imaginar os sonhos que essa geração vai ter, nem responder às perguntas que lhes serão propostas.

Se você quer que seus filhos façam escolhas sábias, dê-lhes a oportunidade de fazer muitas escolhas — incluindo algumas pouco inteligentes. A menos que algumas dessas escolhas pouco inteligentes coloquem a vida deles em risco, sejam uma afronta à moral ou prejudiciais à saúde (e nesse caso você precisa intervir), permita-lhes sentir as conseqüências reais de seus próprios erros e escolhas malfeitas, por mais dolorosas que elas sejam.

Quando eles caírem, não corra para socorrê-los nem para castigá-los. Esteja com eles para apoiá-los e orientá-los. Transmita-lhes as seis mensagens decisivas para a vida deles: acredito em você... confio em você... sei que você é capaz de lidar com isso... você tem quem o ouça... você tem quem cuide de você... e você é muito importante para mim.

Se você se dispuser a oferecer a seus filhos essas seis mensagens, não se esqueça do seguinte: você deve dar o exemplo de tudo o que está contido nessas mensagens. A melhor maneira que conheço de fazer isso é reservar pelo menos meia hora do seu tempo, diariamente, para a única pessoa que vai passar o resto da sua vida com você — isto é, você. Honestamente, você é a única pessoa com quem poderá contar quando precisar mais de si mesmo. Assim, pegue aquela meia hora e faça algo que signifique: *Eu gosto de mim!*

Alguns de vocês provavelmente estão pensando: *Será que você não entende que temos pilhas de roupa para lavar, pratos sujos empilhados na pia, três filhos e mais um a caminho? E você ainda quer que eu arranje meia hora para mim?* Pode apostar que sim, porque, se você não fizer isso, garanto que ninguém mais vai fazer. Em primeiro lugar, antes de tentar convencer seus filhos de que eles valem a pena, você precisa acreditar que *você* vale a pena. Portanto, aproveite aquela meia hora e faça uma caminhada, reze, leia um bom livro, sente-se em silêncio, tome um banho longo (não coma um pedaço de bolo de chocolate, senão vai se arrepender) — faça algo que signifique: *Eu gosto de mim.*

Depois de fazer isso, você não vai achar que é perfeito ou que tem os filhos mais bem-comportados ou mais aplicados da escola. Não, se você se der aquela meia hora, sentirá algo maior — você vai encontrar, diariamente, a energia e a serenidade para reconhecer três coisas: *eu gosto de mim; posso pensar por mim mesmo; e quanto à educação dos filhos, hoje não existe nenhum problema tão grande que não possa ser resolvido.* Você se verá vitorioso na educação dos filhos, e não vai bater neles, nem controlá-los, nem obrigá-los a obedecer. Em vez disso, você se sentirá realizado por induzir e encorajar seus filhos a ser tudo aquilo que eles quiserem. Ou seja, pessoas responsáveis, diligentes, maleáveis, carinhosas, que têm o dom da disciplina interior.

Você vale a pena, e eles também. E, se você ainda não tiver motivos suficientes para desenvolver uma forte estrutura "espinha dorsal" em sua família hoje, gostaria de dar-lhe um último motivo: a velhice. Quem sabe você e eu tenhamos a oportunidade de envelhecer e compartilhar nossa sabedoria com a geração na qual estamos investindo agora nosso tempo, nossa energia, e, acredito, toda a nossa vida.

Se conseguirmos motivar os jovens dessa geração a acreditar que podem amar a si mesmos, eles serão capazes de estender seu amor aos outros.

Se conseguirmos ensinar-lhes que eles podem pensar por si mesmos, eles nunca permitirão que os outros — os governos, os traficantes de drogas ou os amigos — os manipulem, nem decidirão manipular os outros para satisfazer seus próprios interesses.

Se conseguirmos ensinar-lhes que eles não precisam ser bonitos, brilhantes, magros e jovens (esse tolo meio de troca em nossa cultura) para ter dignidade e valor, eles entenderão que têm dignidade e valor porque são crianças, e por nenhuma outra razão — simplesmente porque *existem*.

Se conseguirmos ensiná-los a não ser ferozmente competitivos, mas pessoas de fato competentes, cooperativas, decididas, veremos que, quando surgirem oportunidades em que eles precisem, queiram ou sejam forçados a competir, eles o farão com um senso moral.

E, se conseguirmos ensiná-los a resolver seus problemas pessoais, sociais e culturais, acredito que lhes teremos passado a mensagem de que, neste mundo, não há nenhum problema tão grande que não possa ser resolvido.

Se ensinarmos aos nossos filhos todas essas coisas, então, quando você e eu formos velhos e a nova geração começar a tomar decisões por nós e pela geração seguinte que irão criar, poderemos ter a certeza de que o tempo e a energia que gastamos na educação dos nossos filhos e no desenvolvimento de uma forte estrutura "espinha dorsal" valeu a pena. Graças ao tempo que gastamos, à nossa energia e ao nosso amor, essa geração será capaz de tomar decisões responsáveis, conscientes e afetuosas.

Vale a pena ser pai ou mãe! Vale a pena ter filhos!

Alegria!

Barbara Coloroso

# GIRO INTERIOR:
## O Processo de Criação de Imagens Mentais Dirigidas na Educação de Crianças e Adolescentes
*Maureen Murdock*

"*Giro Interior* pode ser o acontecimento decisivo na vida das crianças, visto que oferece a elas os meios de se abrirem para os potenciais da mente e do corpo, que aumentarão muito suas capacidades de aprender e descobrir. Trata-se de um livro para ser utilizado freqüentemente em casa e na escola e sempre que se deseje aproveitar os preciosos e excitantes exercícios destinados a ampliar as possibilidades humanas." — JEAN HOUSTON, autora de *A Redescoberta do Potencial Humano* e de *A Busca do Ser Amado: A Psicologia do Sagrado*, ambos publicados por esta Editora.

Se você alguma vez quis mostrar às crianças e adolescentes como enriquecer a sua vida com meditação e visualização, este livro lhe dará prazer. Ele apresenta exercícios simples de imagens mentais que visam ajudar crianças e adolescentes de três a dezoito anos a: relaxar para aprender; fixar a atenção e aumentar a concentração; desenvolver a capacidade de ouvir bem; estimular a criatividade; criar uma forte imagem de si mesmo; melhorar as habilidades escolares, artísticas e atléticas; cultivar a paz interior e a harmonia de grupo.

O uso das imagens mentais dirigidas foi internacionalmente reconhecido como um método eficaz de aprender "com todo o cérebro". A abordagem da autora terá um atrativo especial para pais e professores que se sentem decepcionados com um sistema educacional que parece premiar apenas aquelas crianças que se destacam na aprendizagem verbal e linear. Com os exercícios deste livro, as crianças podem descobrir os tipos de aprendizagem que são eficazes e agradáveis para elas. Essas técnicas de imagens mentais dirigidas oferecem às crianças, assim como aos adultos, um caminho para penetrar na riqueza de criatividade e sabedoria que têm em seu interior.

* * *

Maureen Murdock é educadora, terapeuta e artista. Descobriu os benefícios das imagens mentais dirigidas com seus próprios filhos e depois levou essas técnicas para a sala de aula, a sua prática terapêutica e para os seminários que dirige em todos os Estados Unidos e no Canadá, destinados a pais, terapeutas e professores.

EDITORA CULTRIX

*O DESENVOLVIMENTO DA CRIANÇA E DO ADOLESCENTE*

*Sidney A. Manning*

*As pesquisas recentes acerca do desenvolvimento da criança (ou "psicologia do desenvolvimento") responderam a muitas perguntas antigas e suscitaram outras tantas, novas. Qual a importância das experiências iniciais do indivíduo sobre seu desenvolvimento ulterior? O que poderemos aprender dos estudos de transculturação? Qual a importância da hereditariedade? Ou do meio ambiente? E as perguntas de ordem prática: Falta de disciplina é pior que excesso dela? Em que idade "deveria" a criança aprender a ler, a andar de bicicleta ou ir para a escola? Por que a adolescência é uma fase tão difícil e o que podem fazer os pais para ajudar os filhos adolescentes?*

*Há um século atrás, pouco se sabia a respeito de como as crianças percebem o mundo e de como reagem a ele. Hoje, o problema é o excesso, não a carência, de informações e idéias sobre isso. Existem tantos estudos, levantamentos e teorias sobre a educação da criança que o efeito total é antes de confusão que de orientação. O DESENVOLVIMENTO DA CRIANÇA E DO ADOLESCENTE apresenta os principais dados de pesquisa e as principais teorias de maneira direta e concisa. Destina-se aos cursos universitários da matéria em diversas áreas disciplinares, sobretudo Psicologia e Educação. Mas também pode ser utilizado para a aprendizagem e revisão autodidáticas de conhecimentos de vez que, organizado nos moldes do ensino programado, o livro mede, a cada passo, o quanto já foi aprendido pelo estudante.*

*O autor de A PSICOLOGIA DA INFÂNCIA E DA ADOLESCÊNCIA, Sidney A. Manning, é professor-adjunto de Psicologia da Universidade do Distrito de Colúmbia (E.U.A.). Seus campos de especialização são a Psicologia Social, a Aprendizagem e o desenvolvimento da agressão na criança.*

*EDITORA CULTRIX*

# VISUALIZAÇÃO CRIATIVA COM CRIANÇAS

## Um Guia Prático

*Jennifer Day*

Nós pensamos por meio de imagens o tempo todo. A visualização é um meio fácil de estimular essa capacidade inata. Este manual prático ajuda as crianças a cultivar e a desenvolver sua habilidade natural de criar imagens e a usá-las de forma criativa para vencer os desafios que enfrentam no dia-a-dia.

O manual de Jennifer Day entretém e informa, além de:

- Ser simples, divertido e fácil de usar.
- Aumentar a auto-estima da criança, fazendo-a sentir-se mais segura.
- Trazer soluções para problemas infantis, como pesadelos ou dificuldade nos relacionamentos.
- Ajudar a criança a desenvolver a capacidade de concentração e a se comunicar melhor com os outros, além de ensiná-la a se livrar da tensão.
- Oferecer uma introdução e um novo método passo a passo e uma grande variedade de visualizações orientadas.
- Poder ser usado em família ou com grupos de crianças.

**JENNIFER DAY** é consultora qualificada para o controle do *stress*, com ampla experiência como professora de expressão corporal, produtora e coreógrafa. Há vários anos ela dirige *workshops* criativos para crianças.

* * *

"Muitas pessoas me perguntam como usar a visualização criativa com crianças. Este livro é um excelente manual para ensinar exatamente isso. Recomendo-o a todos."

Shakti Gawain, autora de *Visualização Criativa*

EDITORA CULTRIX

## ...E FORAM FELIZES PARA SEMPRE

*Allan B. Chinen, M.D.*

Contados e recontados através dos séculos, os contos de fadas constituem um rico tesouro da sabedoria humana, parábolas que são da jornada do homem pela vida. Em muitas dessas histórias, os protagonistas são crianças ou, quando muito, adolescentes, e enfatizam a psicologia da juventude, terminando, quase sempre, com o clássico "...e foram felizes para sempre".

Mas, na vida real, a história não termina nem começa aí. E vem, naturalmente, a pergunta: o que aconteceu depois?

Este livro de Allan B. Chinen dá a resposta, contando e interpretando várias histórias cujos protagonistas não são tão jovens.

* * *

Allan B. Chinen é psiquiatra e autor de numerosas teses sobre o desenvolvimento do adulto e o envelhecimento. É formado em Medicina pela Universidade de Stanford e hoje integra o corpo clínico da Universidade da Califórnia.

Aqui estão reunidos, pela primeira vez, contos de fadas nos quais os "velhos" são os protagonistas. As histórias, em si mesmas, são adoráveis, porém, interpretadas pela hábil pena de Allan B. Chinen, expõe uma psicologia da maturidade em que a sagacidade e a sabedoria substituem o vigor e a audácia do jovem. O livro é, em uma palavra, encantador. É muitíssimo bem escrito, generoso e feito com muito critério.

June Singer,
autora de *Androginia – Rumo a Uma Nova Teoria da Sexualidade.*

* * *

*...E Foram Felizes para Sempre* é um livro maravilhoso, capaz de encantar o velho sábio e a criança que existe em todo adulto que o lê. Sabedoria e autenticidade estão presentes em cada conto, cuidadosa e prazerosamente escolhido. [...] Mas isso é apenas o começo, pois Allan B. Chinen — ele próprio um psiquiatra e um sábio — nos proporciona ricas descobertas a respeito do significado psicológico e espiritual das histórias, as quais, obviamente — já que os contos de fadas estão ligados a temas arquetípicos — referem-se a todos nós.

Jean Shinoda Bolen,
autora de *A Sincronicidade e o Tao.*

EDITORA CULTRIX

# NARCISISMO E TRANSFORMAÇÃO DO CARÁTER

*Nathan Schwartz-Salant*

Ao longo de 2.000 anos, a história do envolvimento de Narciso com seu próprio reflexo tem sido uma rica fonte de especulação a respeito da condição e da salvação da alma humana. Este livro, que tem como base uma variedade de pontos de vista psicanalíticos, lança nova luz sobre as questões criadas pelas desordens do caráter narcisista e pelos problemas de identidade pessoal.

Utilizando amplo material de casos e diferentes versões do mito de Narciso, o autor demonstra de que forma uma compreensão dos padrões arquetípicos universais que estão por trás dos sintomas clínicos individuais do narcisismo pode assinalar um caminho para uma saudável reestruturação da personalidade — incluindo um harmonioso equilíbrio entre os aspectos masculino e feminino.

Trata-se de obra única em sua abrangência. Do ponto de vista clínico, enfoca a psicologia da inveja, da raiva, do exibicionismo, da idealização, da grandiosidade, da necessidade de reflexo, do temor ao inconsciente e da relação entre o ego e o Si-mesmo. Descreve, ainda, a dinâmica envolvida na projeção e na transferência-contratransferência e ilustra a diferença entre o poder feminino e o masculino.

Do ponto de vista mitológico, a obra demonstra a importância de que se reveste, para a psicologia individual, não apenas Narciso e Eco, mas também Osíris, Dioniso, Deméter, Perséfone e Hermes/Mercúrio.

Em termos gerais, a obra ilustra o processo de transformação do caráter, com uma orientação clínica realista e delicadamente equilibrada por uma perspectiva arquetípica. Pela sua concepção e clareza estilística, esta obra agradará tanto a leigos como a terapeutas profissionais.

* * *

Nathan Schwartz-Salant é Ph. D. pela Universidade da Califórnia, em Berkeley, e é diplomado em Psicologia Analítica pelo Instituto C. G. Jung, de Zurique (1969).

EDITORA CULTRIX

# O CAMINHO DO GUERREIRO PACÍFICO
## Um Livro Que Modifica Vidas

*Dan Millman*

*"...um livro insólito — de uma sabedoria notável, de um humor provocante e de uma beleza assombrosa — que poderá mudar a vida de muitos daqueles que o lerem com atenção."*

STANLEY KRIPPNER

"A vida não é um assunto particular. Uma história e suas lições só se tornam úteis quando compartilhadas. Assim, resolvi homenagear o meu mestre partilhando com o leitor sua sabedoria e seu perspicaz senso de humor.

"Esta história baseia-se na minha aventura, mas é um romance. Meu mestre, o homem a quem dei o nome de Sócrates, realmente existiu. Contudo, ele tinha uma maneira de se fundir com o mundo que às vezes ficava difícil dizer onde terminava ele e onde começavam os outros mestres e as experiências de vida. Tomei certas liberdades com os diálogos e com algumas seqüências de tempo a fim de ressaltar as lições que Sócrates gostaria que eu transmitisse ao leitor.

* * *

"Não sou ninguém especial. Todos temos os nossos Sócrates. Ele é o seu Eu superior. E a qualquer momento você poderá perguntar: 'O que o meu Eu superior faria neste caso?' Lembre-se de que você é o ser espiritual por quem está esperando."

Dan Millman

* * *

Do mesmo autor a Editora Pensamento publicou *A Jornada Sagrada do Guerreiro Pacífico.*

EDITORA PENSAMENTO

CAPA: Nave direita da capela do mosteiro de Santa Clara a Velha, em Coimbra.
(Foto: Frederico O. P. de Barros)